KB214722

신앙, 그 순례의 여정

성경으로 보는 '사람 사는' 이야기 2

CBS TV 성경 사랑방

신앙, 그 순례의 여정

백소영 지음

꽃자리

목차

성경 사랑방 문을 열며…

사랑방 문을 활짝 엽니다. 기웃기웃 조심스러우실지도 모르겠어요. 말과 글의 홍수 속에서 흥미를 잃으셨을 수도 있고요. 정보를 제공하기 위한 책은 아니에요. 그러니 빠르고 효율적인 학습을 원하신다면 굳이 머무시지 않아도 좋아요. 책이 넘쳐나고, 더구나 '세계적 베스트셀러'인 성경책에 대한 주석서나 해설 단행본이 이미 '충분'한 마당에, 여러분에게 제가 어떤 새로움을 드릴 수 있을까요? 아니, 이 책을 통해 우리는 어떤 새로움을 함께 만들어갈 수 있을까요?

첫 만남의 어색함을 두런두런 푸는 이야기들로 시작하죠. '사랑방'하면 무슨 생각이 드세요? 예전에 유교 문화권에서 사랑방은 주로 손님을 맞이하던 공간이었죠. 하긴 남자들의 공간이기는 했어요. 그러니 마주한 손님도, 맞이하는 주인도 모두 남자였겠죠? 그런데 '안방마님'같은 제가 이렇게 사랑방에 턱 하니 앉아 손님맞이를 하게 되었으니, 시대가 바뀌기는 했나 봐요. 하지만 남녀노소가 무슨 상관이겠어요? 중요한 건 우리가 둘러앉은 자리가 '사랑방'이라는 거죠. 이런 저런 사는 이야기들을 나누며 행복해 하고 의미 있는 소통이 가득한 공간이었으면 좋겠네요. 중의적 의미도 있어요. 사랑이 가득한 방, 사랑방! 그런 의미에서 '사랑방' 같은 이 책을 통해 성경 이야기를 하게 된 것이 일단은 무척 설렙니다.

사실 요즘 현대인들이 사는 모습을 보면 너무 바쁘고 힘들어 보여요. 수치화된 성과로 평가받는 세상이고 보니 사람들을 만나도 늘 기능적이기 쉽죠. 효율성 위주로 시간이나 작업을 분담하고 생활을 '나노'단위로 쪼개어 살다보면 인간적인 이야기는 할 새도 없고요. 정신없이 일하다 헤어져 돌아오는 길에 문득 떠올려보면 정작 그 사람 자체에 대해서는 아는 것이 없는 경우가 많습니다. "저 사람이 어떤 사람이었지?" "저 사람은 어떤 걸 좋아하고 어떤 가치로 살아가지?" 더구나, 많은 사람들이 '쓰이고 버려지는' 세상입니다. 그래서 행여 시간이나 여건이 가능해도 눈을 맞추고 서로에게 의미가 되려 하지 않아요. 금세 헤어질 거니까요. 그리고 어쩌면, 내가 그를 버리는 선택에 가담하게 될 지도 모르니까요. 이래저래 '사람'에 집중할 수 없게 된 삶, 오로지 일이 주인공이 되고 돈이 가치가 된 세상에서 사람은 도구가 되어 그저 주어진 시간을 버텨갑니다.

이런 시절에 '사랑방'이라… 단어만으로도 왠지 눈물이 납니다. 한 호흡 쉬어갈 수 있을 것만 같고요. '처리되어야 할' 하나의 일을 놓고 분초를 다투며 일하던 손을 멈추고, 서로 눈을 맞추고 한 사람 한 사람 서로의 이야기에 집중할 수 있을 것 같습니다. 계산하지 않고 탐색하지 않고 그저 '사람 사는' 이야기를 나누는 동안에 어느덧 치유와 성장이 가득해질 것 같고요. '나'의 이야기를 하고 '너'의 이야기를 듣는 동안에 배움이 커지고 어느덧 서로가 부쩍 자라는 곳, 그런 공간이 바로 사랑방이 아닐까 합니다. 허니, 우리도 만남과 소통을 통해 배움이 커지고 깊어지기를 기대합니다.

책을 통해서 소통을 하겠다니…, 저자의 일방적인 강의이지 이게 무슨 '소통'이야? 그러게요. 결국은 제가 다 이야기할 거면서. 하지만 이 책을 '소통'이라 부르는 까닭을 전해봅니다. 이 책은 2014년 가을부터 2015년 겨울까지 1년 2개월간 〈CBS 성경 사랑방〉에서 진행되었던 "성경으로 보는 '사람 사는' 이야기"의 내용을 글로 푼 것이에요. 그래서 실제로 마주했던 사랑방 손님들이 있었더랬죠. 네 아이의 아빠이자 사랑방 맏형답게 묵직하고 울림이 있는 감상을 나누어주던 지헌 형제, 늘 4차원의 질문과 재치 넘치는 답으로 녹화장을 생기 있게 만들어주던 인영 자매, 그리고 막내답지 않은 의젓함과 막내다운 발랄한 추임새를 함께 선보이며 진행자인 저에게 힘이 되어준 용환 형제(사랑방에서는 모든 호칭을 형제자매로 할게요. 세상의 타이틀보다는 그리스도 안에서 하나님의 가족 된 관계가 더 귀하니까요.), 세 분 모두 저와 의미 있게 소통했던 사랑방 손님들이었습니다. 지헌, 인영, 용환 형제자매와 함께 방송에서 나누었던 이야기, 서로 주고받았던 질문과 답들을 기억하며 본문을 재구성했어요. 매회 유튜브로 올라온 동영상을 보며 온라인 오프라인 대화를 나누었던 귀한 사랑방 손님들도 기억납니다. 오경석 형제, 장승순 형제, 박한나 자매, 이순영 자매, 유소라 자매, 이예향 자매, 장유미 자매, 김은정 자매, 엄취선 자매, 김용

주 형제, 이나영 자매, 최성훈 형제, 문유림 자매, 박지윤 자매, 최영수 자매, 노아라 자매, 최은영 자매…. 여기 다 못 담을 수많은 이름을 적어내려 가며 댓글로 혹은 마주하며 나눈 소통의 내용들을 다시 곱씹어 보았습니다. 동창이 텔레비전에 나오는 모습이 신기해서 모니터링 하다가 새록새록 생기는 질문에 만남이 더 잦아졌던 대학 친구 김현아 자매, 제작팀의 '본분'(?)을 넘어 날카로운 질문과 넘치는 감동의 소감 나눔으로 언제나 녹화 이후의 소통에 불을 당겼던 맹재열 형제, 양승관 형제, 신석현 형제, 반태경 형제, 김보영 자매, 이경남 형제, 정수미 자매, 최혜온 자매. 모두 말로 풀었던 방송을 글로 옮기면서 떠올린 귀한 만남들이었습니다. 이분들과 함께 했던 이야기들은 본문 글 사이사이 귀한 흔적으로 남겨두었습니다. 하여 이 책은 저의 독백이라기보다는 한 텍스트(성경)를 매개로 함께 소통한 이야기들을 정성스레 모아놓은 글이라고 말씀드리고 싶어요.

말로 했던 이야기를 다시 글로 옮기려니 부족한 것들을 덧붙이고 싶기도 하고, 또 학자적 욕심에 학계에서 진행되는 복잡한 논의들을 옮기고 싶기도 했어요. 하지만 그럴 때마다, 온라인 오프라인에서 만났던 순하고 신앙 깊은 얼굴들이 떠올라 조심스러워지더라고요. 어쩌면 이 책은 제가 그동안 세상에 내어놓았던 책들 중에서는 가장 쉽고, 가장 '은혜로운' 책일 거예요. 학자적 날카로움을 다 내려놓았거든요. 물론 군데군데 들은 풍월이나 평소 생각이 불쑥불쑥 어쩔 수 없이 튀어나올 때도 없지 않겠지만, 기본적으로 아주 단순하고 예쁜 신앙을 가진 평신도들의 마음으로 읽을 때 놀람이나 상함이 없도록 눈을 맞추어 이야기하듯 글을 썼어요. 그래서 가끔 이야기를 푸는 과정에서 꼭 들어가야 했던 특정학자의 독자적 언어를 쌍따옴표로 표시한 것 외에는 각주나 더 읽을거리 등의 사족은 달지 않았습니다. 또한, 사람과 사람이 마주보고 눈을 맞추는 것이 중요하듯, 성경본문 그 자체와의 만남 역시 귀하다고 생각했기 때문에 그 어떤 2차 자료 보다 성경본문과 직접 대면할 수 있도록 이야기의 틀거리를 구성했습니다. 직접 인용된 성경본문은 한글개역개정판을 사용했지만, 본문 안에서 풀어낸 이야기 안에는 종종 편안한 대화체의 요즘 표현들을 사용해 보았어요. 마치 우리 곁에서 지금 이야기되고 있는 듯 생생하게 전하고 싶어서요.

1권은 1강 "말―걸음, 그리고 이름―불러줌"이란 제목의 창조 이야기부터 21강 "헤렘과 헤세드, 기브온 족속 이야기"의 여호수아서까지 스물 한 개의 강의를 모아봤습니다. 이스라엘이라는 공동체가 형성된 초기의 이야기들이 담겨 있죠. 생명을 지으시고 "살아라"라는 창조명령과 "살려라"라는 구원명령으로 우리에게 말 걸어오신 여호와 하나님, 그리고 불투명한 삶의 길목마다 그분을 만났던 절실한 체험을 언어로 표현한 신앙 선배들의 만남을 이야기체로 담아보았습니다. 인류 역사상 '을 공동체'의 체험이 세계적인 주류서적이 되어버린 아주 독특한 책 '히브리 성경'(구약성경), 그 책을 '살아낸' 사람들의 이름은 누구며 그들의 '사는' 이야기는 어떠했는지. 교리적 접근보다는 사람 사는 이야기를 추적해 갔습니다. 그들의 경험이 어떤 의미를 추구하게 했으며, 어떤 신앙고백 속에서 어떤 대안적 공

신앙, 그 순례의 여정

동체를 꿈꾸게 했는지, 그 긴 여정을 함께 걸으며 그 방향의 의미를 되새기는 것이 1권의 과제입니다.

2권은 22강 "언약 공동체−세겜 이야기"로부터 45강 "복음을 전하는 아름다운 발길, 네 사람의 나병환자"까지의 이야기를 통해 가나안 땅에 정착하고 사사시대를 거쳐 왕국을 건설하며 살아간 이스라엘에 대한 본문 묵상을 모았습니다. 1권을 통해 '밝히' 드러난 이스라엘 공동체의 대안적 비전이 현실의 욕망과 맞닥뜨리면서 어떻게 제한받고 때론 좌절되고 또 종종 배반되는지를 한 사람 한 사람의 사건들을 통해 조명해 보았습니다. 성경 인물이라고 늘 정답을 가지고 있는 반듯하고 모범적인 신앙인들만이 있었던 것은 아니니까요. 신앙 선배들의 좌절과 실패를 보며 현재 우리의 무지와 게으름과 타협을 적당히 정당화하고자 함이 아닙니다. 오히려 경계로 삼고자 함이죠. 지난 일들을 기억하는 목적이 거기에 있지 않겠어요? 기억하고 되새기고 반복하지 않도록 주의하기 위해! 하여 2권에서는 성공적이고 영웅적인 사건들 못지않게 넘어지고 깨지고 아파하고 후회하는 이야기들도 거르지 않고 담아냈습니다.

3권은 46강 "회중(카할)의 신앙적 선택"부터 63강 "본향을 향하여"까지 분열된 왕국의 후기 역사를 통해 '결국'은 실패한 이스라엘의 공동체적 비전을 묵상했습니다. 네. 이스라엘은 '실패'한 공동체입니다. 적어도 하나님께서 그들을 "나의 백성"이라 부르며 너희들은 '달리' 살라고, 이 세상에 대안적인 '제사장적' 모습의 공동체로 살아달라고 부탁했던 그 비전을 율법으로 선포하고 온 존재로 외친

성경 사랑방 문을 열며…

예언자들이 존재했음에도 실패했던, 그 마지막의 이야기들이 3권에 담겨 있습니다. 살기 힘든 대한민국의 요즘 현실을 어리고 약하고 힘없는 상태로 경험하며 아이들이 자조적으로 사용하는 '기승전-병(맛)'의 서사구조처럼, 이스라엘의 야심찬 꿈도 '일어나고' '이어지고' '진행되다가' 결국은 '망하고' 말았습니다. 드라마였다면 시청자 게시판이 항의글로 도배가 되었을 일입니다. 어쩌자고 망한 공동체의 이야기를 그동안 그리 길게 진지하게 곱씹었느냐고. 실은 그 폐허에서 다시 꿈꾼 종말론적 비전이 오늘 우리를 살게 하는 동력이기 때문입니다.

하여 3권 마지막에는 성탄을 맞아 특별기획 되었던 "복음을 노래한 사람들: 마리아, 사가랴, 시므온 이야기"를 부록으로 담아보았습니다. 결국 한 구체적인 공동체로서의 이스라엘이 역사 안에서 꿈꾸고 실험하고 실패했던 공동체적인 비전을, 여전히 '기쁜 소식'으로 노래하며 기대하기를 그치지 않았던 사람들의 이야기죠. 실은 우리의 이야기이기도 합니다. 예수가 그리스도라는 것, 메시아라는 것의 의미가 우리의 삶에 어떤 의미를 주는지, 어떤 힘을 주고, 어떤 동기를 부여하며, 어떤 삶의 방향을 제시하는지, 그런 이야기들을 나누며 글을 마무리했습니다. 그 기다림이 우리의 기다림이 되고, 그 복음이 우리가 살아가는 이유가 되도록.

그 어느 때보다도 하루를 살아내는 것이 버겁고 힘든 시절입니다. 사람이 빵으로'만'은 살 수 없다지만 하루치의 그 빵이 보장되지 않

신앙, 그 순례의 여정

아 매일 일어나는 죽음과 죽임의 사건들이 우리를 슬프게 합니다. 불안하게 하고 지치게 하고 화나게 합니다. 그러니 역시 살 길은, 구원의 길은 '하나님의 말씀'일까요? 네. 저도 그리 생각합니다. 그러나 '하나님의 말씀'안에 빵이 배제된 것은 아니라는 것이, 제가 읽은 방식의 성경 묵상의 결론이었습니다. 문제가 되는 것은 하나님의 말씀이 빠진 빵이지, 빵이냐 하나님의 (영적) 말씀이냐는 양자택일이 아니라는 것입니다. '하나님의 말씀'안에 성경이 왜 '사람 사는 일'에 가장 결정적인 힘이요 동기요 소망이요 이정표가 되는지, 왜 공동체의 윤리규범이 되고 사는 방식이 되고 구체적인 실천이 되는지, 그래서 수천 년 전 타국 땅 사람들의 사는 이야기가 왜 우리에게도 여전히 유효한 이야기인지, 그걸 나누는 이 자리에 여러분을 초대합니다.

아름다운 표지를 그려주신 정진성 목사님, 본문 삽화를 정성스럽게 담아주신 임종수 목사님, 꼼꼼하게 교정교열을 해 준 제자 이예향에게도 감사 인사를 전합니다. 이 글을 출판하는 출판사의 이름 '꽃자리'처럼, 하나님을 만난 사람들의 이야기를 나누는 이 자리에서 싹이 나고 꽃이 피고 열매가 맺히기를 소망합니다. 그 기대와 소망을 가득 담아 사랑방 문을 엽니다. 어서 들어오세요.

'세겜' 이야기, 언약공동체 '이스라엘'
여호수아 23-24장
. . . .

첫 권의 마지막 이야기에서 핵심 단어는 '헤렘'과 '헤세드'였습니다. 헤렘은 진멸, 헤세드는 은총, 서로 상반되는 의미라서 보통은 둘을 완전히 떼어서 이해해왔죠. 여호와의 뜻대로 사는 사람에게는 '헤세드'가, 여호와 보시기에 악을 행하는 이에게는 '헤렘'이 임하는 것으로 말이죠. 하지만 저는 이 두 단어가 우리 삶 가운데 항상 함께 묵상되고 적용되면 좋겠다고 생각했어요. 즉 내 욕심과 이기심과 교만은 온전히 주께 태워 드리는 산제사로 '헤렘' 하고, 여호와의 영으로 가득 채운 신자로서 이웃에게 '헤세드'를 전하는 삶을 살자고 다짐했습니다.

"헤렘은 나에게로, 헤세드는 너에게로"라는 구호를 만들어 외치기도 했죠. CBS 성경 사랑방을 빠짐없이 시청하시던 한 애청자께서 이런 해석에 감명을 받으셨다면서 사연을 보내주시기도 했답니다. 헤렘과 헤세드를 짝으로 보니까 예수님의 십자가가 온전히 그 "짝으로서의 헤렘과 헤세드"를 적용한 사건인 걸 알겠다고요. 당신을 산제사로 헤렘하시어 우리에게 헤세드를 베푼 사건이라고요. 정말이지 이웃을 위하여 내 목숨까지 '헤렘' 할 수 있는 사랑의 경지는 차마 우리가 섣불리 따라가기 힘든 길입니다. 하지만 예수님의 그 사랑만큼에는 못 미쳐도 우리 역시 "헤렘은 나에게로, 헤세드는 너에게로"를 기억하며 이웃에게 작은 헤세드라도 실천할 수 있어야겠습니다. 그래야 '그리스도인' 즉 주를 따르는 사람이라고 할 수 있겠지요. 그런 의미에서 오늘도 열심히 성경이 전하는 복음을 공부하고 나누는 일에 힘써 보기로 해요.

여호수아가 남긴 말, "기억하라"

오늘은 여호수아 23장과 24장을 집중적으로 공부하겠습니다. 여호수아의 인도로 가나안에 들어온 이스라엘, 그 과정이 단번에 이루어진 것은 아니었죠. 오랜 기간 여러 사건이 있었습니다. 그러는 동안 세월 또한 꽤나 흘렀겠지요? 가나안 땅에 정착하기까지 많은 어려움을 헤쳐 가며 용감하고 꿋꿋하게 이스라엘을 인도했던 지도자 여호수아도 어느덧 나이가 들어 죽을 날이 다가왔습니다. 모세가 그러했던 것처럼 여호수아도 생각이 많았을 겁니다. 그동안 이끌어왔던 이스라엘 백성에 대한 걱정이 컸겠죠. 자신의 마지막 때가 왔다고 직감한다면 여러분은 가장 먼저 어떤 일부터 준비하시겠어요?

어수선했던 집안의 물건들을 차근차근 정리할 수도 있겠지요. 이것은 누구에게 물려주고, 저건 누구에게 나눠줘야지 하면서 말입니다. 혹은 지나온 날들을 돌아보는 회고의 글을 쓰고 싶어질 수도 있겠죠. 어쩌면 모든 일을 뒤로하고 낭만적인 여행을 떠날 지도 모르겠네요. 평소 자식들에게 늘 퍼주던 삶이었다면 얼른 자산을 정리해서 통장을 준비하려나요? 그런데 여호수아는 이런 개인적인 준비를 하지 않았습니다. 공동체의 지도자답게 자신이 떠나고 난 뒤에 남을 이스라엘을 위한 준비를 가장 우선적으로 서두릅니다. 먼저 장로, 수령, 재판장, 관리들을 불러 모으죠. 여호수아는 그들에게 무슨 말을 했을까요?

여호와께서 주위의 모든 원수들로부터 이스라엘을 쉬게 하신 지 오랜 후에 여호수아가 나이 많아 늙은지라 여호수아가 온 이스라엘 곧 그들의 장로들과 수령들과 재판장들과 관리들을 불러다가 그들에게 이르되 나는 나이가 많아 늙었도다 너희의 하나님 여호와께서 너희를 위하여 이 모든 나라에 행하신 일을 너희가 다 보았거니와 너희의 하나님 여호와 그는 너희를 위하여 싸우신 이시니라. … 그러므로 너희는 크게 힘써 모세의 율법 책에 기록된 것을 다 지켜 행하라 그것을 떠나 우로나 좌로나 치우치지 말라 너희 중에 남아 있는 이 민족들 중에 들어가지 말라 그들의 신들의 이름을 부르지 말라 그것들을 가리켜 맹세하지 말라 또 그것을 섬겨서 그것들에게 절하지 말라 오직 너희의 하나님 여호와께 가까이 하기를 오늘까지 행한 것 같이 하라(여호수아 23:1-3, 6-8).

신앙, 그 순례의 여정

여호수아는 우선적으로 여호와께서 이스라엘을 위해 어떤 역사를 이루어 오셨는지 '기억'하라고 당부합니다. 그러니 자신의 죽음 이후에도 여호와의 역사에 동참하며 여호와의 뜻을 현실에 나타내는 공동체가 되라고 당부하죠. 그것은 어떻게 가능할까요? 여호수아의 말에는 날카로운 대비가 강조됩니다. 모세로부터 전해진 여호와의 율법과 가나안의 이방신을 섬기는 삶 사이에 타협이나 중첩 지점은 없습니다. 그러니 좌우로 치우치지 말고 오직 올곧게 여호와 하나님만을 위한 삶을 살라고 말입니다. 그러기 위해서 모세의 율법을 따라야 한다고 말합니다. 남은 이들이 해야 할 일을 명확하게 정리해준 것이지요.

하지만 여호수아는 지도자들, 그러니까 공동체의 수뇌부들에게만 이 유언을 전하고 끝내지 않습니다. 그는 온 백성을 '세겜'이라는 곳에 모아 놓고 다시 당부합니다. 여호수아는 이스라엘 공동체가 여호와 신앙을 유지하기 위해 어떤 행동을 해야 하는지, 가장 근본이 되는 원리를 재차 강조합니다. 그야말로 길고 긴 여호수아의 연설이 시작되는데요, 읽어보면 아시겠지만 연설문을 미리 정리해놓은 것도 아닐 것이고, 그렇다고 전문적으로 연설문을 대필해준 작가가 있는 것도 아닐 텐데, 연로한 여호수아의 연설문은 그야말로 길고도 치밀한 구조로 전개됩니다. 그래서 성경의 편집 역사를 연구하는 학자들은 이 연설문이 후대의 신학적 저자들에 의해서 작성되고 삽입되었다고들 하죠. 늘 말씀드립니다만, 우리는 이런 논의들을 무시하지는 않되 성경 본문 그대로를 우리 삶의 텍스트로 놓고 성경 시대를 살아간 사람들의 현장성에 초점을 맞추려 합니다.

여호수아의 긴 연설 내용에서, 이스라엘이 여호와의 뜻대로 살아가는 공동체로 계속 존속하기 위해서 행해야 할 첫 번째 행동으로 강조된 것은 바로 "기억하라!"입니다. 2014년도 겨울이었죠? 〈국제시장〉이라는 영화가 크게 흥행했습니다. 6·25를 직접 겪은 세대는 물론이고 그 다음 세대조차 아이들의 손을 잡고 극장을 찾았는데요, 많은 이들이 이 영화를 보고 크게 감동받을 수 있었던 이유는 무엇일까요? 우리 공동체가 6·25라는 공동의 기억을 공유하고 있기 때문입니다. 공통으로 겪은 일, 부모님께 생생하게 들은 일에 대한 집단기억의 힘! 그 기억을 끄집어내었을 때, 그것이 나의 아버지의 이야기이자 나의 이야기라고 여기게 되는 것이죠. 바로 이 "기억하기"를 통해 공동체 의식이 생겨나는 것입니다. 여호수아는 이 집단적 기억의 힘을 알고 있던 것이었죠. 살아계신 여호와께서는 이후로도 그의 역사를 계속 만들어 가실 테지만, 이스라엘이 하나의 공동체적 정체성으로 결속하기 위해서는 선조들의 삶 가운데 역사하신 여호와를 잊으면 안 되니까요. 그러므로 공동체 안에서 우리가 하나 되기 위해서 해야 할 첫 번째 행동은 바로 "기억하는" 것입니다. 그렇다면 과연 여호수아는 이스라엘 백성들에게 무엇을 기억하라고 했을까요? 그 첫 이야기는 이렇게 시작됩니다. 여호수아 24장 2절 말씀입니다.

옛적에 너희의 조상들 곧 아브라함의 아버지, 나홀의 아버지 데라가

신앙, 그 순례의 여정

강 저쪽에 거주하여 다른 신들을 섬겼으나(여호수아 24:2).

아니, 언제적 이야기부터 시작하는 건가요? 무려 아브라함의 아버지인 데라가 있었던 시대의 이야기부터 시작합니다. 이스라엘의 선조가 떠나온 메소포타미아 땅과 그 땅의 신에 대한 언급부터요. 저는 1권《삶, 그 은총의 바다》에서 이 부분을 해석할 때, '신들'이란 이방 신들을 포함하되 신적 권위를 독점하고 백성들 위에 군림하는 인간-왕들을 의미한다고 했습니다. 자신들의 통치 질서 안으로 머리를 조아리고 들어오도록 웅장한 성문(바벨)을 만들고 견고한 성벽과 높은 탑을 쌓는 인간-왕들, 그들 하나하나가 다 '신들small gods' 이었습니다. 스스로를 높이고 많은 피지배 계층의 사람들을 사람으로 대접하지 아니하던 그 위계적 질서를 '떠나온' 것이 이스라엘 공동체의 시작이라는 선언입니다. "우리 이스라엘의 공동체적 기억의 시작은 거기서부터다. 아브라함이 다른 신들을 떠나온 것, 인간-신들의 시스템을 떠나온 거기부터 우리 공동체 안에서 행하신 여호와의 역사를 회상하며 기억하라"는 말입니다. 여호수아는 그 시대를 시작으로 이집트의 노예생활, 출애굽기, 광야생활, 가나안 땅에 온 모든 이야기를 회상하며 기억하라고 당부합니다. 신채호 선생님이 《조선상고사》머리말에서 그런 말씀을 하신 적이 있어요. "땅을 잃은 민족은 재생 가능해도 역사를 잃은 민족은 재생할 수 없다"고요. 그런 점에서 공동체가 함께 그들의 특정한 기억을 공유한다는 것은 동서고금을 막론하고 어느 공동체이든 꼭 지켜내야 할 사명인 것 같습니다. 어느 특정 지식인들만 기억하는 것이 아니라 공동체가 '함께' 기억하는 것이 중요합니다.

때문에 '세겜'에 온 이스라엘 백성을 불러 모아 이스라엘의 역사를 들려주는 여호수아의 행위는 의미심장합니다. 더구나 이러한 행동은 이스라엘이 지향하고 있었던 공동체의 원리를 너무나 잘 나타내는 행위였습니다. 특정 인물에게만 그들의 기억을 전하는 것이 아닌, 공동체 구성원 모두에게 그들이 기억해야 할 것을 전한 것은 '효율성'이 아닌 '평등성'을 강조하는 행동이었으니까요. 상상해보세요. 하다못해 초등학교 운동장에 한 학교 학생들만 모아놓아도 어수선하고 정신이 없는데, 온 이스라엘 백성들을 다 모으다니요. 물론 이 장면의 역사성에 대해 학자들의 의견은 다릅니다만, 이 장면이 여호수아 당시에 그대로 벌어진 일이냐 아니냐의 사실 여부와는 별개로, 중요한 것은 여호수아가 기억하라는 이 내용이 이스라엘 모든 사람들에게 기억되기를 바라며 기록된 것임에는 틀림이 없다는 사실입니다. 똑똑한 인물들 몇 명을 뽑아서 리더로 삼아 역사적 기억과 공동체의 지식을 독점적으로 전달한다면 더욱 효율적이긴 하겠죠. 하지만 그렇게 지식과 역사관을 제한적으로 독점하는 집단이 생기면 결국 그들은 특수 계층이 되기 마련이고 이어서 위계질서가 따라오게 됩니다. 이렇게 기득권자가 되고 나면 자신들의 권력 유지라든가 기타 이익을 위하여 역사적 사실을 왜곡해도 평민들은 모르거나 미혹될 가능성이 있습니다. '히브리인'(위계적 수직구조의 가장 밑바닥에 있던 사회적 약자 집단)이었던 이스라엘 공동체입니다. 이런 피라미드 구조가

신앙, 그 순례의 여정

어떤 방식으로 또다시 사람을 사람 위에 군림하게 하고, 사람을 사람답지 않게 대접할 지를 너무나 잘 아는 공동체입니다. 그러하기에 이제 새 땅에서 위계가 아닌 평등을 지향하는 공동체적 삶을 시작하려는 이스라엘에게 여호수아가 보인 행동은 매우 중요한 의미가 있었습니다. 회중을 모아 놓고 공동체 기억을 말하는 방식은 효율성은 떨어지나 평등성은 뛰어납니다. "자, 모두 들어라! 그리고 모두 다 기억하라! 너희 한 사람 한 사람이 다 이 대안적 공동체의 책임 있는 구성원이다."

이것이 성경에서 하나님이 말씀하고 싶어 하시는 핵심이라고, 저는 그렇게 이해합니다. 인간 사회에는 갑을 구조가 있으면 안 된다! 효율성이나 계산적인 이유 때문에 소수가 지식이나 역사 해석을 독점하는 것은 하나님께서 기뻐하시는 방식이 아닌 것이죠. 그것을 알고 있던 여호수아였기에 조금 힘들지라도 모든 이들에게 공동의 기억을 전하는 평등한 선택을 한 것이라고 봅니다. 여기서 여러분이 그럼 모세는 왜 그렇게 하지 않았죠? 일찌감치 여호수아를 점찍어 가까이 데리고 다니면서 지도자 승계 수업을 하고 콕 집어서 그를 지도자로 삼은 것은 어떻게 해석할 건데요? 그렇게 따지신다면, 제가 모세도 아니고 그의 심중을 어찌 다 알겠습니까마는, 나름의 짐작은 가져봅니다. 모세에서 여호수아로 이어지던 당시는 아직 가나안 땅에 정착하여 새 공동체를 이루기 전입니다. 한마디로 긴박한 이동이 있었고 늘 '전시'같은 상황이었죠. 공동체의 생존을 위해 빠른 의사 결정과 전달 방식의 '효율적 통치 과정'이 필요했을 수 있다는 말입니다. 물론 이런 분위기를 조장해서, 혹은 실제로 그런 역사적 긴박함에 직면하여, 임시 상황의 독점적 권력이 존재했음을 우리는 대한민국 근현대사를 통해 알고 있습니다. 이를 기억할 때, 한 사람에게 집중된 이런 리더십 승계의 위험성은 늘 염두에 두어야 할 일입니다. 하지만 한 가지 분명한 것은 이제 가나안이라는 "약속의 땅"에 들어가 정착할 이스라엘 공동체에게는 스스로의 삶을 살아갈 권위와 책임이 모든 백성들에게 주어졌다는 겁니다. 때문에 여호수아는 새로운 질서 속에서 회중을 향해 "기억할 것"을 강조합니다. 하나님의 구원사역의 역사를 반드시 기억해야 한다고 강조합니다. 사실 여호와의 구원 역사를 기억한다는 것과 여호와를 기억한다는 것은 같은 의미입니다. 영이신 여호와께서는 오직 구원의 사건을 통해서만 그 형상을 드러내시기 때문입니다. 그리고 그 형상으로 살아내는 몫이 인간에게 있는 겁니다. 그래서 사람은 "하나님의 형상"입니다. 그러니 사회적 지위의 높고 낮음은 중요하지 않습니다. 사람이라면 모두 여호와를, 여호와의 역사를 기억해야 합니다. 그래야 현재에서 여호와를 드러낼 수 있습니다.

이것은 현재 우리의 삶 속에서도 적용해야 할 부분이 많습니다. 어쩌면 그 시절보다 개개인의 역량이 훨씬 더 증진된 오늘날에 더 의미심장하게 새겨들어야 할 메시지라고 생각합니다. 평신도라고 성경과 하나님 말씀에 대한 모든 것을 목사나 속장, 조장, 간사 등의 리더들에게 의지해야 하는 것이 아닙니다. 평신도 개개인이 여호와를 알고 그의 뜻이 나타났던 역사를 기억하고, 그 역사적 의미를 해석하고 그 뜻을 공동체 안에서 함께 공유하려는 노력이 필요합니다. 이스라엘 백성들에겐 당시 고대 근동의 다른 나라들처럼 튼튼한 성채가 없었다고 했지요. 심지어 성벽과 성문을 만드는 이를 저주할 것이라고, 여호수아는 여호와의 뜻을 전하며 불같이 호령한 바 있습니다. 여리고성을 함락한 이후의 이야기였죠. 그들이 함께 지키고 공유해 나갈 수 있는 유일한 성채는 바로 여호와 하나님과 그분이 행하신 기적의 역사뿐이었습니다. 약자들을 살려내시는 하나님, 여호와를 온전히 믿는 자들을 구원하시는 그 역사를 기억하는 것만큼 든든한 보호벽이 또 어디 있을까요? 그래서 온 회중이 함께 그 구원의 역사를 기억하며 살아가는 것이 이스라엘 공동체가 살기 위한 방법인 것입니다. 우리들도 삶 속에서 기억함이 주는 푯대와 기준을 항상 의지해야 합니다.

그리고 선택하라!

이스라엘이 여호와의 백성으로서 그 정체성을 이어가기 위해, 여호수아가 집단적 기억에 대한 요청과 더불어 두 번째로 강조한 것이 있습니다. 과거의 영광, 과거의 하나님만을 기억하는 '과거지향적 시각'으로는 여호와를 현재 우리 공동체 가운데서 드러내는 삶을 살 수 없습니다. 그래서 여호수아는 한 가지를 더 강조합니다. 바로 "선택하라"는 것입니다. 너희의 삶 속에서 끊임없이 선택해야 한다고 말합니다. 과연 무엇을 선택해야 한다는 말일까요? 본문에 그 답이 있습니다. 24장 14-15절 말씀입니다.

그러므로 이제는 여호와를 경외하며 온전함과 진실함으로 그를 섬기
라 너희의 조상들이 강 저쪽과 애굽에서 섬기던 신들을 치워 버리고 여
호와만 섬기라 만일 여호와를 섬기는 것이 너희에게 좋지 않게 보이거든
너희 조상들이 강 저쪽에서 섬기던 신들이든지 또는 너희가 거주하는 땅
에 있는 아모리 족속의 신들이든지 너희가 섬길 자를 오늘 택하라 오직
나와 내 집은 여호와를 섬기겠노라 하니(여호수아 24:14-15).

여호수아는 온 회중을 향해 "너희가 섬길 자를 오늘 택하라"고 말
합니다. 여호와 신앙을 가졌던 이스라엘 백성들이었지만 그 시대에
는 아직 유일신관이 확립되지 않았던 시절입니다. 여호와가 온전히
단 하나의 신이라고 생각하지 못했죠. 다른 신들의 존재 역시 믿고
있었던 것입니다. 각각의 민족마다 수호신이 있다고 생각했던 시기
였기에 어떠한 신이 더 강한가에 대한 비교나 선택의 문제가 백성들
에게 늘 주어졌습니다. 그렇기에 여호수아는 그 많은 신들 중에 너
희가 섬길 자를 택해야만 한다고 말한 것입니다.

온 우주만물의 근원이시며 통치자이신 유일신 하나님을 고백하
는 오늘날의 신자들에게 있어 "섬길 자를 택하라"라는 말은 "여호와
를 온전히 따르겠니? 아니면 네 멋대로 살겠니?"라는 맥락으로 해석
되지만, 그 시절 이스라엘 사람들에겐 그야말로 '신들' 가운데 선택
하라는 요청이었습니다. 그 많은 수호신들 중에서 "어떤 신에게 너
의 삶을 바칠 것이냐?"라는 질문이었던 것이지요. 그 선택은 여호와
(신)냐 너(인간)냐가 아닙니다. 신들 중에서 선택하라는 것입니다. 선

신앙, 그 순례의 여정

택 여부에 따라 승패, 그리고 삶과 죽음이 달려 있던 매우 무서운 질문이었던 것입니다.

청동기 말기 정도의 문명과 그 '정도'의 신神 이해를 가지고 있었던 이들에게는, 자칫 힘이 더 약한 신을 선택했다가는 인생 패망인 것이죠. 더구나 각각의 신이 가지고 있던 효능(?)도 달랐습니다. 가나안 농경 신이었던 바알은 물질적 풍요와 국가 부흥을 약속하는 신이었습니다. 바알을 자신들의 신으로 선택한다는 의미는 물질 축적의 욕망을 그대로 드러내는 선택이겠지요. 바알을 섬기는 선택을 한다면 필시 수십 년도 못가서 이스라엘 공동체 안에는 부의 위계가 만들어질 것입니다. 그러나 여호와를 선택한다는 것은 전혀 다른 질서, 전혀 다른 관계방식으로 살겠다는 말입니다.

이스라엘 신의 풀 네임(full name)을 말한 적이 있지요? "히브리인의 하나님 여호와"라고요(출애굽기 3장을 다룬 1권 "여호와를 만난 모세" 참조). 히브리가 누굽니까? 당시 고대 근동에 떠돌던 사회적 약자들의 총칭이라고 했습니다. 이들을 살피시고 살리시는 여호와이신데, 이 신을 주인으로 삼는다는 것은 여타 다른 신을 선택하는 것과는 완전히 다른 삶의 방식을 선택하는 것입니다. 왕이 되려는 욕망도, 부자가 되려는 탐욕도 내려놓는 삶입니다. 어찌 보면, 불안하기도 하고 믿기도 힘든 선택이라는 것이지요.

후에 이야기하겠지만, 이스라엘 백성들은 몇 백 년 동안 상비군도 왕도 없는 삶을 선택합니다. 공동체를 든든하게 지켜주는 상비군도 없고 그들을 다스릴 왕도 없는 공동체, 얼마나 불안하고 걱정되었을까요? 여호와를 의지하지 않으면 할 수 없는 선택이었습니다. 오로지 여호와 하나님만이 피난처시고 성벽이시라는 고백 없이, 그리고 그 믿음 없이는 불가능한 선택입니다.

여호수아는 그들에게 비록 불안하지만 인간—왕의 위계적 시스템을 선택하지 않고 하나님 여호와를 믿는 삶을 택하라고 말합니다. "그와 그의 가족은 여호와 하나님만을 섬길 것"이라고 외치면서 말이지요. 그리고 그의 유언과도 같은 요청에 이스라엘 백성들이 화답합니다. "저희가 그렇게 살겠습니다, 그런 삶을 살기 원합니다"(여호수아 24:16 참조). 감동적인 장면이지요? 물론 이스라엘 회중들이 여호와를 선택한 근거는 그들의 "기억"에 있습니다. 약자들을 구원해내신 여호와의 구원 역사를 기억하니까요. 조상에게 베푸신 여호와의 헤세드를 기억하니까요. 그래서 이들은 자신들의 미래를 걸고 과감한 선택을 했고, 비로소 "언약 공동체"로서의 삶을 살기로 결단합니다.

물론 그들도 인간인지라 다시 마음이 무뎌지기도 하고 약속을 지키지 못하기도 합니다.(실은 그런 적이 더 많았습니다.) 그러나 최소한 이 세겜이라는 곳에서만큼은 공동체의 합의가 있었습니다. 학자들은 이것을 "세겜 계약"이라고 부릅니다. 현대 사회에서 이야기하는 상호 이익에 근거한 계약contract이 아니라, 언약covenant적인 계약이었습니다. 커버넌트covenant는 상호적 사랑에 의해 이뤄지는 약속(계약, 맹세)입니다. 하나님과 사람, 사람과 사람 간의 공동체적인 사랑의 약속이지요! 세겜에서 '여호와 하나님은 이스라엘의 하나님이 되고 이스라엘 백성은 여호와의 백성이 되는' 공동체적 계약이 이루어졌습니다.

언약의 장소 '세겜'

이런 아름다운 언약 관계가 체결된 공간이라니! 이스라엘에게 있어서 세겜은 공동체적으로 중요한 장소가 되는 것이지요. 어찌 보면 이스라엘 공동체에게는 예루살렘보다도 더 의미 있는 장소가 아닐까 싶어요. "세겜"이라는 장소가 상징하는 의미가 참으로 귀하니까요. 적어도 오늘의 본문이 전하는 세겜 이야기에 따르면, 이스라엘 공동체는 "하나님께서 주신 이 땅에서, 조상에게 행하신 여호와의 구원 역사를 기억하면서, 앞으로 다가올 고난에도 늘 여호와를 선택하며, 여호와께서 가르쳐 지키라 하신 율례대로 살아가는 삶을, 대대손손 살겠어요." 그렇게 고백한 것이니까요. 참 아름다운 고백이죠? 이쯤 되면 여호수아도 마음 놓고 하나님께로 돌아갈 수 있었겠다 싶어요. 물론 우리는 그 뒤의 이야기를 알기에 안타깝지만, 오늘 성경공부는 '이스라엘의 선택으로 말미암아 하나님과 이스라엘 공동체는 언약적 공동체가 되었다'는 아름다운 이야기로 마무리를 하죠. 다음 이 시간에는 이러한 뿌듯한 계약 이후에 어떤 일들이 발생하게 되는지 공부하겠습니다.

기도

  사랑의 하나님, 오늘은 긴긴 방랑의 여정을 마치고 가나안에서의 정착 생활을 맞이한 이스라엘 공동체에 대하여 공부했습니다. 특히 여호수아가 온 회중을 향해 했던 유언과 같은 귀한 말씀을 함께 새겨보았습니다. 여호와께서 과거에 이 공동체를 위하여 그리고 공동체와 더불어 함께 하셨던 구원의 역사를 기억하라. 현재 우리 삶 속에서 불완전하고 불투명하지만 여호와 하나님만을 앙망하는 삶을 선택하라. 이스라엘이 언약 공동체로서 살아갈 수 있는 이 두 가지 귀한 원칙을, 오늘을 살아가는 우리들 역시 마음에 새기게 하소서. 약하고 미천한 생명까지도 살리시고 보듬으시는 여호와의 구원 역사를 기억하고, 우리 삶 속에서 그러한 여호와의 뜻을 따르는 삶의 방식을 선택하기 원합니다. 임마누엘, 주께서 동행하시며 힘을 주시옵소서. 예수님의 이름으로 기도합니다. 아멘.

세겜에서 여호수아가 남긴 마지막 유언처럼, 하나님의 구원 역사를 기억하고 삶의 한가운데에서 여호와를 선택하는 삶을 삽시다!

신앙, 그 순례의 여정

스물세 번째 만남

이스라엘 통치의 근거, 여호와의 영
사사기 2-3장

세겜에 온 회중을 모아놓고 이스라엘의 지도자 여호수아의 마지막 당부는 이러했습니다. "조상에게 행하신 여호와의 구원 역사를 기억하고, 여호와를 내 삶의 주인으로 선택하라!" 참으로 감격스럽게도 회중은 여호와의 백성이 될 것을 선택했는데요, 그러한 결단이 이스라엘 공동체로 하여금 어떤 사회적 삶을 합의하도록 이끌었는지, 오늘 이 시간을 통해서 이스라엘의 제도적 독특성을 공부해보도록 하겠습니다.

사사들의 통치

여호수아가 죽은 이후 약 200년 동안의 시대를 "사사시대"(여호수아 사후부터 이스라엘의 초대 왕 사울의 등장까지, 약 1220년에서 1020년 B.C.E)라고 부릅니다. 사사는 영어로 judge, 재판관이라는 의미입니다. 히브리어 원어로는 "다스리다" "재판하다"라는 뜻을 가진 "샤파트"에서 파생된 단어죠. '사사士師'라는 말은 중국어 성경을 번역하면서 전해진 것입니다. 사사는 중국 주나라 때 백성들을 재판하여 형벌을 주던 관리를 가리키는 말이라고 해요. 그러니까 사사들이 다스리던 시대가 사사시대이고 그 역사를 기록한 것이 〈사사기〉로 불리는 것이죠.

사사들은 역할에 따라 소사사와 대사사로 나뉩니다. 소사사는 제의祭儀 집전과 재판관의 역할을 합니다. 아무리 평등성을 지향하는 공동체라고 해도 여호와를 향한 제사를 지낼 때 예배자들을 인도하는 사람은 있어야 하니까요. 공동체로 살다 보면 서로 이웃 간에 다툼도 발생하는 법이니, 그러할 때 여호와의 규례에 따라 지혜롭고 공정하게 판단해주는 사람이 필요했겠죠. 이런 일들을 소사사가 담당했습니다. 대사사는 일종의 전쟁 지도자였어요. 지난 시간에 이스라엘은 위계질서를 만들지 않기 위해 노력하는 공동체라고 했지요. 하여 초기에는 상비군을 두지 않았습니다. 군대란 예나 지금이나 상하 명령−복종 관계로 운영되는 시스템이잖아요. 상비군이 존재한다는 것은 위계적 관계가 제도화된다는 의미니까요. 하지만 그렇다고 해서 외세의 침략에 그대로 눈 뜨고 당할 수는 없었겠죠. 기껏 수확한 곡식을 약탈해가는 무리나 강도질을 일삼는 외부 세력이 침입했을 때, 백성들을 이끌고 지혜와 용기로 방어전을 성공적으로 수행할 카리스마 넘치는 지도자가 필요한 법입니다. 그 역할을 수행했던 사람이 대사사였습니다. "나를 따르라!" 하지만 그런다고 평소 농사나 짓던 오합지졸 같은 백성들이 괭이나 삽을 들고 얼른 나서기가 쉽겠어요? 때문에 이스라엘의 대사사들은 뛰어난 지략이라든지 아니면 비범한 힘, 혹은 카리스마 넘치는 호소력 등 보통의 사람들과는 다른 지도력을 발휘했습니다. 사사기에 등장하는 사사들은 옷니엘, 에훗, 삼갈, 드보라, 기드온, 돌라, 야일, 입다, 입산, 엘론, 압돈, 삼손입니다. 드보라와 함께 전투에 나갔던 바락까지 수에 넣는다면 열셋이네요. 이들은 어떻게 그런 비범한 지도력을 가질 수 있었을까요? 그 비범한 능력으로 행여 왕이 될 욕심은 품지 않았을까요? 평등하게 살기로 선택한 이스라엘 공동체 안에서 이들의 통치권은 어떻게 작동했던 걸까요?

'제도'란 사회학적으로 정의하자면 "한 사회 구성원들이 합의한 같이 살기의 방식"(로버트 벨라)입니다. 공동체에 속한 다수의 사람들이 합의하지 않으면 '제도'란 이뤄질 수 없다는 말입니다. 현재 우리나라의 경제 제도는 '자본주의 제도'이고, 정치 제도는 '자유 민주주의 제도'이죠. 이 역시 다수의 국민들이 이 제도에 적극적이든 암묵적이든 동의하고 있기 때문에 이런 제도 속에서 살아가는 겁니다. 마찬가지로 '사사 제도'라는 것은 이스라엘의 초기 공동체가 합의했던 같이 살기의 방식이었던 겁니다. 인간 위에 인간이 군림하지 않는 평등한 공동체를 꿈꾸었던 이스라엘, 그러나 여호수아의 죽음 이후 실제 상황은 그리 낭만적이지 않았습니다. 그들을 다스리는 자도 없고, 규칙은 제각각이었으며, 상비군도 없었습니다. 난제입니다. 한 공동체가 효율적이고 질서 정연하게, 그리고 안정적으로 유지되자면 지도자가 필요한데, 그 지도자가 자신의 세력을 공고히 하고 확장하며 백성 위에 군림하면 또다시 고대 근동의 다른 나라들과 다를 바 없는 위계적 공동체가 되고 마는 겁니다. 이런 상황에서 이스라엘은 사사 제도를 선택했고 200년간이나 그 제도를 지속했습니다. 이스라엘 열 두 부족을 끈끈하게 연대할 수 있게 한 힘은 과연 무엇일까요? 사사 제도를 200년 동안이나 지속시켰던 작동원리는 무엇이었을까요?

여호와 공동체로 살아가는 법

여호수아가 죽기까지도 아직 가나안 정복이 완전히 이루어진 것은 아니었습니다. 그걸 어떻게 아느냐고요? 사사기를 보세요. 여전히 각 지파 별로 가나안의 다른 주민들과 갈등하고 땅을 얻기 위해 충돌하는 이야기들이 기록되어 있으니까요. 여호와의 명령대로라면 가나안적인 것들은 다 진멸(생명의 진멸보다는 '가나안적 삶의 방식을 버림'으로 읽자고 했었습니다.)했어야 했습니다. 그러나 여호수아 사후 이스라엘 사람들은 가나안 사람들과 섞여 살며 조금씩 그들의 문화를 받아들이게 됩니다. 그들을 하나로 묶어주었던 여호와 신앙마저 느슨해진 것이죠. 그렇게 살다보면 이스라엘 공동체에게 어떤 일이 벌어질까요?

가장 먼저 발생하는 일은 가나안적인 삶의 방식이 이스라엘 사람들에게 스며들어 어느덧 동화되어 버리는 것입니다. 가나안 땅에서 가나안 사람들과 함께 살아가다 보면 그들의 문화적 풍습, 종교적 신념, 가치관, 삶의 태도에 젖어들기 마련이니까요. 그래서 이스라엘 초기 공동체 형성 과정을 묘사한 본문에서 '진멸'이라는 언어가 자주 등장한 건 지도 모르겠습니다. 사실 이스라엘이 처음부터 그렇게 하나의 정체성을 가지는 민족으로 단번에 가나안 땅에 들어가 정착한 것이 아니라고 말하는 학자들이 많습니다. 부족 단위로, 그것도 시기나 장소가 다르게 정착해 들어갔다고 합니다. 더구나 그중 상당 부족(레아의 아들들로 묘사된)은 아예 일찌감치 가나안 사람들과 섞여 살고 있었다고 봅니다. 그러니까 이스라엘의 열 두 부족은 처음부터 완성된 형태로 가나안 땅에 이주한 것은 아니었다는 것이죠. 아니, 뭐라고요? 알고 계신 것, 그리고 성경에 쓰인 이야기와 다른 말이라 해서 놀라거나 거부감을 가지실 지도 모르겠습니다. 물론 저도 20대 대학 시절에 이런 학문적인 접근을 배웠을 때에 마치 제 신앙이 통째로 날아가는 것 같이 당황스럽고 마음이 어려웠어요. 하지만 비 온 뒤에 땅이 굳는다고 오히려 이런 이성적이고 학문적인 지식들은 성경 안에 살아 숨 쉬며 빛을 내는 하나님의 계시를 찾아내기에 훨씬 더 견고한 도구가 되었었습니다. 이 본문을 읽으며 중요한 것은 이들이 한 번에 들어갔느냐 따로 들어갔느냐가 아닙니다. 원래부터 있던 사람들이 얼마나 되느냐도 중요한 질문이 아닙니다. 사사기의 내용이 우리에게 전달하는 가장 중요한 메시지는, 하나님께서 원하시는 뜻은 "가나안적인 삶을 돌이켜야 한다"는 것이죠. 가나안적 습속에 젖은 이스라엘 백성들에 대한 하나님의 경고가 사사기 2장 1-2절에 기록되어 있습니다.

여호와의 사자가 길갈에서부터 보김으로 올라와 말하되 내가 너희를 애굽에서 올라오게 하여 내가 너희의 조상들에게 맹세한 땅으로 들어가게 하였으며 또 내가 이르기를 내가 너희와 함께 한 언약을 영원히 어기지 아니하리니 너희는 이 땅의 주민과 언약을 맺지 말며 그들의 제단들을 헐라 하였거늘 너희가 내 목소리를 듣지 아니하였으니 어찌하여 그리하였느냐(사사기 2:1-2).

이 엄중한 경고에도 불구하고 사사기에선 이스라엘의 탈선 이야기들이 반복됩니다. 세겜에서 그렇게 아름답고 감격스럽게 여호와를 선택하고 그의 질서대로 살겠다고 맹세했음에도 불구하고 말이지요. 그들의 맹세는 이해타산적 법적 계약인 컨트렉트contract가 아니고 상호적 사랑에 의해 이뤄지는 언약, 즉 커버넌트covenant라고 했지요? 하나님과 이스라엘 백성이 가졌던 관계는 사랑의 언약관계였습니다. 상호 신뢰와 사랑이 있기 때문에 계약을 위반했을지라도 그대로 끝이 아닙니다. 컨트렉트라면 한쪽이 계약 파기적인 행동을 하면 손해배상을 청구하고 관계는 종료되기 마련입니다. 그러나 커버넌트적 관계에서는 한쪽이 계약 파기적 행동을 해도 애통함으로 상대방이 다시 돌아오기를 기다립니다. 왜요? 계약의 기반이 사랑과 소망이기 때문입니다. 이 언약적 계약 속에는 헤세드를 베풀기 위한 하나님의 뜻이 담겨 있습니다. 하나님은 헤세드를 베푸시기 위해 끊임없이 이스라엘을 부르십니다. 계속해서 그들이 돌이켜 그분께로 돌아오기를 원하며 부르신 것입니다.

신앙, 그 순례의 여정

그러나 이스라엘 백성들에겐 가나안적인 삶이 더 편하게 다가왔습니다. 물질적 부와 풍요로움, 나와 내 가족만 생각하는 삶, 자기 욕망과 경계를 넓혀가는 재미. 이런 '가나안적'인 삶을 누리던 그들에게 여호와를 선택하는 것은 이제 쉽지 않았습니다. 1권《삶, 그 은총의 바다》처음에서 인간이 경계해야 하는 죄 중에서 "교만으로 인한 자기 확장의 욕망"을 지적한 적이 있었죠. 이런 죄된 행동들이 이스라엘 공동체 안에서 발생하기 시작했습니다. 부를 축적하고 무력을 행사합니다. 이웃을 돌보기는커녕 같은 공동체 안에서도 힘이 약한 이웃의 것들을 약탈합니다. 더욱 더 물질적인 탐욕을 부립니다. 과연 이렇게 '돌아오지 않은' 이스라엘 백성들에겐 무슨 일이 일어날까요? 사사기 3장 7-8절 말씀입니다.

이스라엘 자손이 여호와의 목전에 악을 행하여 자기들의 하나님 여호와를 잊어버리고 바알들과 아세라들을 섬긴지라 여호와께서 이스라엘에게 진노하사 그들을 메소보다미아 왕 구산 리사다임의 손에 파셨으므로 이스라엘 자손이 구산 리사다임을 팔 년 동안 섬겼더니(사사기 3:7-8).

여기서 핵심어는 "섬겼더니"입니다. 여호와만이 '성벽'인 이스라엘이 여호와의 뜻을 져버렸을 때, 결과는 저리 처참했습니다. "파셨다"는 표현이 나옵니다만, 설마 여호와께서 자기 백성을 문자적으로 파셨을 리가 있나요. 자유를 잃게 된 자신들의 상황을 훗날 사가들이 이렇게 표현한 것이겠죠. 여호와를 섬기지 않으면 인간—왕의 섬김에 놓이게 된다는 것을 강조하기 위해서요. 약자들을 살뜰하게 보듬고 살리시며 공동체로 살게 하신 여호와의 뜻을 외면하고 약육강식의 삶을 선택하면, 더 힘이 센 외세의 통치 아래서 다시 종속된 삶을 살게 된다는 겁니다. 본문 처음에 보면 그들의 행위가 악하여 여호와를 "잊어버리고"라는 표현이 등장합니다. 지난 시간에 여호수아가 강조했던 첫 번째 "기억하라"와 정 반대되는 모습이지요. "기억하라"는 "잊어버리고"와 대조를 이루는 표현입니다. 즉, 하나님의 구원 역사를 잊어버렸습니다. 여호와를 선택하지 않고 바알과 아세라를 섬기기로 선택합니다. 풍요와 다산을 상징하는 농경신 바알과 그의 배우자 여신 아세라! 이는 맘몬Mammon 즉, 물질에 대한 탐욕을 상징합니다. "너희가 하나님을 잊어버렸기 때문에 가나안적인 삶을 선택하는구나!" 이렇게 한탄하시는 여호와께서 그들을 외세에게 "파셨습니다." 이것은 이스라엘에 대한 보호를 거두셨다는 것입니다.

결국 이스라엘 백성은 다시 자유를 잃고 노예의 삶을 살게 됩니다. 노예의 삶으로 돌아온 그들에게 가장 먼저 떠올랐던 것이 무엇일까요? 바로 애굽에서 겪었던 노예생활과 그들을 구해내어 지켜주신 여호와였을 것입니다. 자유를 잃은 자신들의 상황이 불신앙 때문임을 깨달은 이스라엘 백성은 다시 여호와께 부르짖습니다. 과연 그들의 부르짖음에 여호와께선 어떻게 반응하셨을까요?

이스라엘 자손이 여호와께 부르짖으매 여호와께서 이스라엘 자손을 위하여 한 구원자를 세워 그들을 구원하게 하시니 그는 곧 갈렙의 아우 그나스의 아들 옷니엘이라 여호와의 영이 그에게 임하셨으므로 그가 이스라엘의 사사가 되어 나가서 싸울 때에 여호와께서 메소보다미아 왕 구산 리사다임을 그의 손에 넘겨주시매 옷니엘의 손이 구산 리사다임을 이기니라(사사기 3:9-10).

이러한 이야기가 사사기 안에서 계속 반복됩니다. 사사 에훗의 등장 배경도 그러합니다. 이스라엘의 행악함에 여호와께서는 모압 왕 에글론으로 하여금 열여덟 해 동안 이스라엘을 다스리도록 "넘겨" 주었다고 사사기 저자는 기록하고 있습니다.(사사기 3:12-14 참조) 18년 동안 다시 인간—왕에게 시달리게 된 이스라엘. 이제 뭐가 남았죠? 다시 부르짖는 거죠. 그럼 하나님은 또 들으시고요. 요즘 젊은이들 사이에서 '호구'라는 말이 유행한다는데, 이쯤 되면 여호와께서는 '우주적 호구'로 등극하실 지도 모를 일입니다. 이게 어디 한두 번이어야죠. 이스라엘 백성이 여호와를 잊으면 외세에 종속되고, 다시 돌이켜 여호와께 부르짖어 구하면 구원자를 통해 건져주심! 이 패턴 속에서 위기의 순간마다 등장하는 구원자가 바로 '사사'입니다.

임마누엘, 주와 동행하는 리더십

사사는 공동체 안에서 굉장히 큰 리더십을 발휘합니다. 과연 그러한 사사는 어떤 능력과 조건을 갖추고 있었을까요? 사사가 되는 배경은 좋은 집안이었을까요, 풍성한 재력이었을까요? 이미 성경 본문에 명시되어 있습니다만, 이스라엘 공동체에 있어 사사가 되는 유일한 근거는 바로 '여호와의 영이 임하는 것'이었습니다. 10절 말씀에 "여호와의 영이 그에게 임하셨음으로"라는 표현을 놓쳐선 안 됩니다. 하나님이 사사를 선택하신 것이지요. 이스라엘 백성은 그들이 여호와를 기쁘게 하면 언제나 '여호와의 영'이 구원자로 활동할 사람에게 임한다는 것을 믿었습니다. '여호와의 영'이 누구에게 임할지 알 수 없기에, 누구든지 사사로 세워질 수 있었습니다. 그렇기에 그 공동체 안에서 누구도 사사의 자리를 놓고 혈통이나 부에 근거하여 위계를 조장할 수 없었습니다.

여호와의 영이 임함으로 세워진 사사에게는 카리스마가 있었습니다. '카리스마'라는 헬라어 단어는 사사기에서 등장하는 사사들의 특별한 능력을 지칭하는 말에서 유래했습니다. 요즘엔 일상어가 된 단어죠. "와, 저 후보는 카리스마가 넘치는 걸?" "그 가수는 무대에서 카리스마가 장난 아니야~" 평소에 우리는 이런 말들을 자주 씁니다만, 카리스마는 이스라엘의 사사들이 가진 능력을 표현할 때 썼던 말입니다. 바로 하나님이 주신 특별한 능력을 뜻합니다. 사실 인간의 능력이란 거기서 거기죠. 하지만 가끔 범상치 않은 뛰어난 능력을 가진 사람들이 있어요. 우리는 그들을 '천재天才'라고 부르잖아요. 그 뜻이 바로 '하늘이 내려준 재능'이란 의미죠. 그런 재능이 '판단하는 지혜'라면 판관의 역할을 잘 할 수 있겠죠. 삼손과 같은 어마어마한 힘이라면 대사사의 능력을 감당할 수 있을 겁니다. 이렇게 하나님이 주신 재능으로 공동체를 이끄는 힘이 바로 카리스마였습

신앙, 그 순례의 여정

니다. 그 재능은 여호와께서 주시는 것이니 당연히 돈을 주고 살 수도 무력으로 빼앗을 수도 없는 것이죠. 평등성의 원칙이 여기에서도 발견됩니다. 오직 여호와께서 필요한 재능을 부여한 사람을 선택하시어 사사를 삼으십니다.

그러나 무엇보다 사사 제도의 진수는 그 통치권의 '임시성'에 있습니다. 아무리 여호와께서 선택하신 리더라 하여도, 하나님의 영이 함께 하시는 동안에만 그 리더십이 지속되었다는 것입니다. 사사가 살아있을지라도 그가 완악하여지면 여호와의 영이 떠나게 되고 그의 리더십은 사라져 버립니다. 옷니엘은 살아 있는 동안 늘 여호와의 영과 함께 했으며 그렇기에 죽을 때까지 그의 리더십을 잃지 않았습니다. 사사기 3장 11절 말씀입니다.

> 그 땅이 평온한 지 사십 년에 그나스의 아들 옷니엘이 죽었더라(사사기 3:11).

옷니엘은 하나님과 동행하며 그의 공동체를 지혜롭게 이끌다 행복하게 죽었습니다. 그러나 지도자 없이 남겨진 이스라엘은 어찌되는 것일까요? 사실 이스라엘 백성들이 여호수아의 유언대로 살았다면 사사조차도 필요가 없었을 겁니다. 모두가 여호와의 규례를 기억하고 그의 구원 역사를 기억한다면 굳이 한 사람의 지도자가 왜 필요할까요? 저마다 자기 인생의 사사(판단자)가 될 수 있었겠지요. 그러나 그들은 지도자가 없어질 때마다 다시 가나안적인 삶을 반복했습니다. 끊임없이 돌아서는 이스라엘 백성을 보는 하나님의 마음도 매우 아프셨을 것입니다. 그러나 그럼에도 불구하고 하나님께서는 계속해서 이스라엘의 부르짖음에 응답하시고 사사를 보내주셨다고 성경은 기록합니다. 하지만 여호와께서는 필시 그들이 지도자 없이도 살아갈 수 있는 날을 기다리고 계셨을 겁니다. 예수께서는 "문을 두드린다"는 표현으로 설명하셨습니다만, 여호와의 영은 사실 몇몇 사사들에게만 제한된 영이 아닙니다. 받기로 하고 간절히 구하면 언제나 만나주시는 영입니다.

사실 만인에게 '여호와의 영'이 임하는 가능성은 이스라엘 공동체가 후대에 와서야 깨닫게 된 것이었죠. 그래서 "그날"에 대한 종말론적 비전을 담아 소망하게 되었고요. 하지만 언제나 지도자가 있어야 움직이는 삶을 살아왔던 이 초기 공동체에게, 그 지도력이 계승이나 세습 없이 '임시적'이라는 상황은 불안하기만 하였을 겁니다. 여호와의 영이 함께 하며 그들을 다스리는 카리스마적 지도자가 있는 동안에는 안심이지만, 그가 사라지고 나면 자연 승계할 기반이 없는 제도이니까요. 어느 누가 또다시 "내게 여호와의 영이 임하셨습니다!" 그렇게 선언해야 지도력이 계승되는 겁니다. 직접 이집트 탈출 경험을 했고 고대 근동의 하비루의 삶을 기억하는 세대에게야 그나마 견디기 쉬운 제도였을 수 있습니다. 권력이 세습될 때 어떤 불상사가 생기는 지를 직접 체험했으니까요. 그러나 세대가 가면서 어느덧 노예의 기억은 희미해졌습니다. 그저 현재의 불안과 불편함만 부각됩니다. 계속해서 이러한 삶이 반복되다 보면 왕을 뽑아 왕

신앙, 그 순례의 여정

위를 세습하는 것이 편하지 않을까? 이런 생각들이 스물스물 올라옵니다. 그러고 보면 이스라엘 백성들이 200년 동안이나 왕을 뽑지 않는 선택을 했다는 것은 놀라운 일입니다. 그들 마음 깊숙이에 여호와만을 자신들의 왕으로 섬기고자 하는 신앙(여호와-왕 사상)이 자리 잡고 있었기에 가능했던 일입니다.

구원에 대한 염원은 인간의 공통된 바람입니다. 모든 종교가 다른 방식으로 자신들이 구원이라고 생각하는 상태에 도달하려 노력합니다. 도교에서는 인간의 몸과 혼의 수련을 통하여 신선의 상태에 도달하는 것을 구원 상태로 봅니다. 불교는 몸을 입고 마음을 가진 이 현존하는 자아 자체가 실은 우연성의 결집임을 깨닫고 그 모든 집착에서 벗어남으로써 다시 태어남이 없는 완전한 '무無'로 돌아가는 것을 구원이라고 생각하지요. 유교는 하늘의 원리를 잘 헤아려 인간관계 안에서 이를 성실하고 질서 있게 수행하는 삶을 구원 상태로 봅니다. 그 외에도 각 종교들이 주장하는 바 구원에 이르는 길이 각자 다릅니다만, 그들의 출발점은 하나같이 같습니다. 그것은 인간의 유한성입니다. 수명도 유한하고 아는 것도 유한하며 해결 능력마저 유한하여, 사는 동안 고통을 겪고 불안에 시달리다가 결국엔 죽음에 이르는 유한자인 인간! 우리는 어떻게 해야 사는 동안 안식을 얻고 죽음을 극복하는 영원을 얻을 수 있을까요? 이에 대한 유대-기독교적 답은 바로 '임마누엘'입니다. "인간은 유한하지만 하나님의 영과 동행하면 온전하신 여호와의 영께서 우리가 바른 선택을 하도록 도우신다."는 것입니다. 그래서 실은 인간 가운데 존재론적 위계란 불가능합니다. 더 훌륭한 자도, 더 고귀한 자도 없습니다. 인간은 누구나 같습니다. 하여 어느 인간이 다른 인간들 위에 군림할 근거가 없습니다. 그럼에도 만약 공동체를 구원할 지혜나 용기가 남다른 자가 있다면, 그것은 그가 존재론적으로 남들과 다른 '우월한 존재'이거나 '신적 존재'이기 때문이 아니라, 여호와의 영과 동행하기 때문이라는 겁니다. 나는 유한하지만, 나를 인도하시는 여호와의 영이 우리를 구원에 이르는 지혜와 용기로 이끄신다는 고백입니다. 나의 뛰어남은 남을 깎아 내릴 근거가 되지 못합니다. 그것이 내 힘인 줄 알고 교만해지는 순간 여호와의 영은 나를 떠나실 겁니다. 그러고 나면 나는 그저 미약하고 힘없는 인간일 뿐입니다. 그렇기에 우리는 결코 교만해선 안 됩니다. 따라서 하나님만을 따르는 것이 구원의 길입니다. 우리의 삶 가운데서 우리는 각자의 사사로 살아가야 합니다. 언제나 여호와의 영을 구해야 합니다. 우리 모두는 우리 삶의 사사이며 재판관입니다. 통치의 근거는 내가 아니라 여호와의 영이 나와 동행하심에 있어요. 여호와의 영이 함께할 때, 우리는 여호와께서 기뻐하시는 선택을 할 수 있습니다. 그리고 그런 선택만이 공동체에게 선이 되고 득이 되는 삶을 살게 합니다.

기도

사랑의 하나님, 오늘 우리는 이스라엘 공동체가 선택한 사사 제도에 대해 배웠습니다. 인간적인 눈으로는 너무나 불안정하고 불확실한 제도임에도 200년 동안이나 지속된 힘이 여호와 신앙에 있음을 깨닫습니다. "여호와만이 우리의 왕이 되신다"는 그 고백이 인간 사이에 위계를 없애려는 히브리들의 간절한 공동체적 염원이었음을 기억합니다. 그럼에도 자주 약육강식의 세상적 삶을 선택한 이스라엘 공동체의 모습이 한심해 보이지만, 우리가 그 자리에 있을 때 우리의 선택이 어떠했을지는 자신이 없습니다. 그 시대나 지금이나 세상은 하나님의 방식으로 살면 부와 권세를 누릴 수 없다고 유혹합니다. 그러나 비록 불안정할지라도, 세상적 자리로 안정을 꾀하기보다는 임마누엘 주님과 동행함으로 늘 정의롭게 살아가는 삶을 허락하소서. 그리함으로 언제나 주님이 기뻐하시는 선택을 하는 스스로의 사사가 되게 하여 주시옵소서. 예수님의 이름으로 기도합니다. 아멘.

이스라엘 공동체의 리더십의 근거는 '여호와의 영과 함께함' 이었습니다. 우리도 주님과 동행하며 선한 선택과 판단을 하는 '내 인생의 사사'가 됩시다.

싸우시는 여호와와 인간의 몫,
드보라·바락·야엘 이야기
사사기 4장
·················

이스라엘의 사사에게는 특별한 점이 있다고 했습니다. '여호와의
영'이 임해야만 사사로 인정받을 수 있다는 것이지요. 지도자로서의
통치 근거가 '여호와의 영과 동행함'인지라 세습은 불가능했습니다.
심지어 사사 당사자라고 해도 그 행동거지가 영 '여호와의 영과 동
행하는 자'의 모습이 아니면 통치권을 상실했죠. 그러니 왕을 '신의
아들'이라고 주장하면서 존재론적 우월성을 내세워 대대손손 지도
적 권력을 세습하던 당시 근동의 도시국가 체제와는 상당히 대조적
인 공동체 질서임이 분명합니다. 세겜에 모든 백성들을 모아놓고 여
호와의 뜻에 맞는 삶의 방식을 선택하라고 간곡히 청했던 여호수아
의 바람처럼, 사사 제도는 평등성을 지향하는 공동체적 살림살이였
습니다.

신앙, 그 순례의 여정

물론 신앙적인 고백으로만 보자면 참으로 평등한 이상적인 시스템입니다. 하지만 그 작동방식에 있어 인간적인 기준으로는 상당히 불안정한 것이 사실입니다. 어느 누가, 그리고 얼마 동안이나 지도자가 될지 모르는 상황, 다음 지도자는 누가 될지 모르는 상황에서, 공동체의 실제 모습은 어떠했을까요? 사사기의 맨 마지막 구절에서 기록자가 평가하듯이, "그 때에 이스라엘의 왕이 없으므로 사람이 각기 자기의 소견에 옳은 대로 행하였다"(사사기 21:25)는 말씀은 당시의 생활상을 한 줄로 요약해줍니다. 저마다 자기 의견대로 행하므로 어수선하고 혼란스러웠던 겁니다. 관료제적 시스템에 익숙한 현대사회의 정치전문가에게 평가해보라고 한다면 효율성이 떨어지는 제도라고 비판하겠죠. 그런데도 이스라엘 백성들은 200여 년간 사사제도를 선택했습니다. 이집트나 바벨론과 같은 권력 독점의 구조를 피하고 여호와만이 통치하시는 제도를 택한 신앙 때문이었습니다. 앞으로 몇 번의 만남을 통해서 사사들의 이야기를 공부하려고 합니다. 비록 불안정하고 비효율적으로 보이지만(또 실제로 그러했지만), 이들이 살아내고자 했던 공동체의 원리는 무엇이었는지 찬찬히 살펴보기로 해요. 그들의 실천이 실패했다고 해서 그 원리와 이상까지 버려서는 안 되니까요. 또한, 그 이상이 평등한 시민권에 대한 제도적 가능성이 훨씬 더 열려있는 오늘날의 사회에서는 어떻게 이어질 수 있는지 고민했으면 하는 마음도 있거든요.

불꽃같은 여성 지도자, 드보라

오늘 공부할 사사는 '여자' 사사입니다. 사사기에 나오는 12사사 중 유일한 여자죠. 많이 들어보신 이름일 텐데. 네, 맞습니다. 그녀의 이름은 드보라입니다. 드보라Deborah라는 이름은 "불의 여자", 혹은 "섬광의 여자"라는 뜻을 가지고 있습니다. 그녀는 유부녀였죠. 가부장적 시대에 한 남자의 아내인 여자가 한 공동체의 지도자였다니, 상당히 놀라운 부분입니다. 오늘날까지도 성경의 구절을 들먹이며 여자는 조력자, 내조자의 역할을 하도록 지음 받았다고 말하는 남성 지도자들이 많은데, 그야말로 파격적인 일입니다. 하지만 '사사'라는 이스라엘의 지도자가 통치권을 인정받는 근거가 '여호와의 영'인 이상, 여호와의 영이 임한 사람이라면 누구나 사사가 될 수 있는 것이지요. 그렇다면 논리적으로 여자가 사사로 부름 받지 못할 이유가 없습니다. 그 시절에도 여성에게 부여되었던 권위인데, 지금 생각하면 성령이 모든 신자들에게 임한다고 고백하는 오늘날에도 여전히 여성에게 성직자로서의 권한에 제한을 두는 교단이나 교파가 있다니, 참으로 안타까운 일입니다.

우선 드보라가 사사로 활동하기 직전의 이스라엘 상황을 본문을 통해 살펴보겠습니다.

에훗이 죽으니 이스라엘 자손이 또 여호와의 목전에 악을 행하매 여호와께서 하솔에서 통치하는 가나안 왕 야빈의 손에 그들을 파셨으니 그의 군대 장관은 하로셋 학고임에 거주하는 시스라요 야빈 왕은 철 병거 구

신앙, 그 순례의 여정

백 대가 있어 이십 년 동안 이스라엘 자손을 심히 학대했으므로 이스라엘 자손이 여호와께 부르짖었더라(사사기 4:1-3).

이쯤 되면 무슨 공식이나 문법 같죠? 이스라엘 백성들은 이전 사사가 죽은 이후엔 '어김없이' 다음 사사가 나타나기 전까지 여호와의 목전에서 또다시 악을 행합니다. 하나님께서 진정 원하시는 것은 사사조차도 필요 없이 모두가 여호와의 규례를 지키며 평화로이 평등하게 살아가는 공동체였는데 말이죠. 지도자가 없어도 이스라엘 백성 모두가 하나님의 계명대로 살아가기를, 그래서 사사가 필요치 않게 되기를 원하셨건만, 이스라엘은 늘 그 기대를 저버리고 맙니다. 이스라엘 공동체는 이전 사사인 에훗이 죽자 다시 악을 행하게 됩니다. 그들은 우상을 숭배하고 가나안의 문화에 젖어들어 부를 축적하였으며, 같은 공동체에서 생겨난 가난한 자들을 멸시하는 죄를 저지릅니다. 사사기 저자는 여호와께서 다시 화가 나셔서 하여 가나안 왕 야빈의 손에 그들을 "파셨다"고 표현합니다. 여호와께서 그리하시지 않고서야 어찌 그의 백성이 인간-왕의 압제 아래서 20년 동안 살아가게 되었겠나, 그런 통탄의 고백인 것이죠. 또다시 강자에게 굻어야 하는 삶이 전개되었습니다. 야빈에게는 철 병거가 구백 대나 있었다고 합니다. 겨우 청동기 말기 정도의 문명적 삶을 살아가던 이스라엘은 감히 덤벼볼 수 있는 상대가 아니었지요.

결국 이스라엘은 다시 하나님께 부르짖게 됩니다. 그리고 언약의 관계를 갖고 계셨던 여호와께선 그들에게 또다시 사사를 보내십니다. 그 '구원자'가 바로 드보라였습니다. 그녀의 처음 역할은 소사사의 임무였던 것 같습니다. 여호와의 뜻과 율법을 헤아려 지혜로이 재판을 하는 소사사 드보라, 그녀의 이야기가 사사기 4장에서 시작됩니다.

> 그 때에 랍비돗의 아내 여선지자 드보라가 이스라엘의 사사가 되었는데 그는 에브라임 산지 라마와 벧엘 사이 드보라의 종려나무 아래에 거주하였고 이스라엘 자손은 그에게 나아가 재판을 받더라(사사기 4:4-5).

놀랍지 않나요? 성경 본문은 드보라를 이미 "선지자"로 칭하고 있습니다. 성경에서 "여선지자"라는 말은 자주 등장하는 표현이 아닙니다. 과거에 미리암이 여선지자로 불렸고, 지금은 드보라가 여선지자로 표현되어 있습니다. 그녀는 율법을 잘 알고 여호와의 영 안에서 선한 판단을 할 수 있는 사람이었습니다. 이스라엘 백성들도 그녀에게 찾아가 많은 것을 묻곤 했습니다. 필시 그녀의 판단이 여호와의 규례에 맞고 공정하며 지혜로운 것을 공동체가 알고 인정했기 때문이겠지요. 그리고 그 공정함과 지혜가 여호와의 영과 늘 함께하기에 가능함을 믿었을 테고요.

그런데 이렇게 종려나무 아래에 앉아 재판을 하던 드보라가 불현듯 일어나 "바락"을 불러냅니다. 야빈의 잦은 괴롭힘으로 살기가 힘든 시절에 언제까지 종려나무 아래 앉아 내부 공동체 구성원들의 시시콜콜한 분쟁만 해결할 수 있겠습니까. 하여 무언가 판단이 선 것

신앙, 그 순례의 여정

이겠지요. 물론 여호와의 영에 감동을 받아서요. 그런데 바락은 누구일까요? 정황상 군대와 관련된 인물 같아 보입니다. 바락Barak은 "번개"라는 뜻이 있습니다. 드보라의 이름 뜻에 "섬광"이라는 의미가 있다고 했죠. 섬광과 번개, 왠지 환상의 짝꿍인 것 같죠? 실제로 드보라와 바락은 이름에 걸맞게 협력하여 이스라엘을 구원하였습니다.

드보라가 사람을 보내어 아비노암의 아들 바락을 납달리 게데스에서 불러다가 그에게 이르되 이스라엘의 하나님 여호와께서 이같이 명령하지 아니하셨느냐 너는 납달리 자손과 스불론 자손 만 명을 거느리고 다볼 산으로 가라. 내가 야빈의 군대 장관 시스라와 그의 병거들과 그의 무리를 기손 강으로 이끌어 네게 이르게 하고 그를 네 손에 넘겨주리라 하셨느니라(사사기 4:6-7).

야빈의 군대 장관이 철 병거를 이끌고 쳐들어와서 이스라엘을 괴롭힌 지가 무려 20년입니다. 상대가 되지 않았기에 그 학대를 고스란히 받았습니다. 그런데 이번에는 갑자기 맞상대를 하자는 겁니다. 드보라와 함께 하시는 여호와의 영을 인정하지 않는다면, 참으로 뜬금없고 어이없는 요청입니다. 사실 이 부분 때문에 바락을 전쟁지도자인 대사사로 보느냐에 논란이 있게 된 것 같습니다. 바락은 여호와께로부터 직접 명령받지 않았기 때문이죠. 그러나 분명한 것은 소사사의 임무를 수행하던 드보라가 하나님의 말씀을 받아 바락을 부른 것입니다. 바락에게 이제 나아가 싸우라고 전합니다. 필시 바락은 강한 힘과 용맹함을 가지고 있던 사람으로 당대에 어느 정도 이름이 난 장수였을 겁니다. 그러니 다른 사람이 아닌 바락에게로 간 것이 아니겠어요? 그럼에도 불구하고 상대는 철 병거 구백을 가지고 있습니다. 인간의 이성으로 판단하건데 이길 수 있는 싸움이 아닙니다. 드보라가 전하는 여호와의 뜻을 받았을 때, 바락은 어떤 심정이었을까요? 바락의 반응을 살펴보겠습니다.

바락이 그에게 이르되 만일 당신이 나와 함께 가면 내가 가려니와 만일 당신이 나와 함께 가지 아니하면 나도 가지 아니하겠노라 하니(사사기 4:8).

어머나, 바락은 '소심남'인 걸까요? 남자가 어쩌자고 여자인 드보라에게 같이 갈 것을 청하는지, 얼른 보면 체면이 영 말이 아닙니다. 허나 이를 남녀의 문제로 접근하면 맥락을 오해하게 됩니다. 저는 바락도 신앙의 사람이었다고 생각합니다. 드보라가 '여호와의 영'이 함께하는 사사임을 알고 인정했기 때문에 이러한 요청을 했을 겁니다. 만약 바락이 신앙의 사람이 아니었다면, "말도 안 돼요. 미쳤어요? 철기 무기 하나 없는 우리 힘으로 야빈의 철 병거 구백 대를 상대하라고요?" 충분히 이렇게 반박했을 수도 있을 일입니다. 그러나 바락은 그 대신에 여호와의 함께 하심을 간구했습니다. 중요한 것은 말도 안 되는 상대를 두고 싸우기로 결심했다는 그의 신앙 표현입니다. 다만, 이 무서운 싸움에 여호와께서 앞장서 주시기를 원한 것입

신앙, 그 순례의 여정

니다. 물론 드보라가 곧 여호와일 리 없지만, 이미 '여호와의 영'과 함께 하는 사사로 인정받는 드보라였기에 그녀에게 동행을 청한 것이었죠. 의미는 분명합니다. 여호와여, 우리와 함께 하소서! 드보라는 함께 하기로 결단합니다. 대사사의 역할까지도 감당하게 되는 용맹한 여성 지도자의 모습입니다. 잠시 다른 이야기입니다만 저는 랍비돗도 참 훌륭한 인물이라고 생각해요. 아내가 전장에 나가겠다는데 그걸 보내는 남편이라니, 보통 남편은 아닌 게지요. "애들은 내가 볼게. 걱정 말고 다녀와, 여보." 그리 말했을까요? 하하, 비록 성경에 오직 드보라의 남편으로만 묘사된 랍비돗이라 그의 성품이나 활약상은 더 알 길이 없지만, 당시의 여느 부부와는 매우 달랐을 그와 드보라 사이를 떠올려보자니 재미있는 상상력이 발동되네요.

여호와의 전쟁

섬광과 번개, 이 둘이 여호와의 임재 가운데 임한 전쟁에서 어떤 일이 일어나는지 함께 보겠습니다. 사사기 4장 14-15절 말씀입니다.

> 드보라가 바락에게 이르되 일어나라 이는 여호와께서 시스라를 네 손에 넘겨주신 날이라 여호와께서 너에 앞서 나가지 아니하시느냐 하는지라 이에 바락이 만 명을 거느리고 다볼 산에서 내려가니 여호와께서 바락 앞에서 시스라와 그의 모든 병거와 그의 온 군대를 칼날로 혼란에 빠지게 하시매 시스라가 병거에서 내려 걸어서 도망한지라(사사기 4:14-15).

만 명이면 적은 숫자가 아닙니다. 그러나 잘 훈련된 상비군은 아니었습니다. 그럼에도 더 이상 당하고만 살 수는 없다는 결기로, 무엇보다 여호와께서 이번에는 도와주신다는 믿음으로 시스라의 병거 앞에 섰을 것입니다. 사실 이들을 모으는 일도 보통 일은 아니었을 겁니다. 이들은 직업군인들이 아닙니다. 농사짓던 기구들을 저마다 하나씩 들고 모인 오합지졸에 불과했습니다. 바락 입장에서도 이들을 데리고 전쟁터에 나간다는 것이 보통의 결심은 아니죠. 각오가 아무리 남다르다 해도 야빈의 강력한 병거와 군대가 눈앞에 펼쳐졌을 때의 공포감은 얼마나 컸을까요? 겁에 질려 바락의 공격 명령을 듣지 않을 수도 있습니다. 이 모든 부정적인 예측에도 불구하고 오직 '동행하시는 여호와'만을 믿고 적 앞에 선 바락의 신앙심은 높이 살만 합니다.

그런데 놀라운 일이 벌어졌습니다. 무슨 일인지 시스라의 철 병거들이 서로 엉겨 대혼란이 일어났습니다. 아이들 말로 '팀킬'('같은 팀끼리 죽이기'라는 청소년 게임용어)이죠. 서로의 칼날에 죽고 죽이는 일이 벌어진 겁니다. 사실 사사들이 이끈 전투는 다 이런 방식이었습니다. 전면전은 거의 없다시피 합니다. 군사적 전략으로 어찌 하기도 전에 불가사의한 일들이 생겨 공동체의 안위가 보장받게 됩니다. 그야말로 기적이라고 밖에는 고백할 수 없는 일이 벌어지죠. 이스라엘은 이러한 사건을 "여호와 전쟁"이라고 불렀습니다. 여호와께서 앞장서서 적을 무찌르신다는 고백입니다. 보통은 자기들끼리 혼란에 빠지거나 자국의 문제가 급하게 생기거나 아니면 전염병 등의 재해로

신앙, 그 순례의 여정

말미암아 전면전을 전개하기도 전에 적이 소멸되는 그런 상황들이 발생했습니다. 하지만 이건 인간의 계획 너머의 일들입니다. 하여 군사적으로 약자였던 이스라엘은 여호와께서 앞서가셔서 적들을 혼란케 했고, 적의 군대는 혼비백산 흩어졌다고 고백한 것이죠. 이런 일이 시스라의 군대에게도 일어났습니다.

급기야 대장인 시스라는 병거에서 내려 걸어서 도망을 갑니다. 저기 도망가는 이는 무려 '시스라'입니다. 이스라엘은 물론 주변 국가들을 벌벌 떨게 만들었던 유명한 장수 시스라. 그가 혼비백산하여 도망가는 모습을 봤을 때, 바락의 마음은 어떠했을까요? 처음에 이 전쟁에 임했을 때는, "내가 시스라의 철 병거와 대적을 한다고? 그걸 어떻게…"하는 두려움이 있었을 겁니다. 비록 여호와께서 함께 하신다는 믿음으로 섰더라도 인간적인 떨림이 어찌 없었을까요? 그런데 눈앞에서 벌어지는 이 놀라운 승세의 모습에, 그래도 나름 힘깨나 쓰는 장수였던 바락은 욕심이 났을 수 있습니다. 적장을 잡아 자신의 손으로 전쟁을 멋들어지게 끝내려는 '욕심' 말입니다. 자신에게 돌아올 영광 또한 생각했을 것입니다. 시스라를 죽이는 것은 장수로서는 대단한 무공일 테니까요. 주변 나라들에 자신의 이름을 높일 수 있는 절호의 기회입니다. 하여 바락은 시스라를 쫓습니다.

그게 잘못인가요? 아니, 전쟁터에서 패전하여 도망가는 적장을 뒤쫓은 일이 무슨 '욕심'이라는 건지. 공감이 안 되실 지도 모르겠습니다. 하지만 이렇게 말씀드리는 이유가 있어요. 사실 바락은 전쟁에 임하기 전에 드보라를 통해 이미 시스라의 말로에 대해서 예언을 들었습니다. 시스라의 목숨을 빼앗아 영광을 누릴 자는 바락이 아니라고요. 한 번 본문을 볼까요?

이르되 내가 반드시 너와 함께 가리라 그러나 네가 이번에 가는 길에서는 영광을 얻지 못하리니 이는 여호와께서 시스라를 여인의 손에 파실 것임이니라 하고 드보라가 일어나 바락과 함께 게데스로 가니라(사사기 4:9).

이 예언을 듣고도 바락은 자신의 임의대로 시스라를 뒤쫓은 겁니다. '여인'이라 했으니 혹 드보라가 그 영광을 차지하려나? 만약 이런 생각까지 했다면 바락의 발은 더욱 분주했겠죠. 그러나 시스라는 뜻밖의 복병을 만나 죽임을 당합니다. 어떻게 된 일일까요? 먼저 도망하는 시스라부터 살펴보겠습니다. 사사기 4장 17-18절 말씀입니다.

시스라가 걸어서 도망하여 겐 사람 헤벨의 아내 야엘의 장막에 이르렀으니 이는 하솔 왕 야빈과 겐 사람 헤벨의 집 사이에는 화평이 있음이라 야엘이 나가 시스라를 영접하며 그에게 말하되 나의 주여 들어오소서 내게로 들어오시고 두려워하지 마소서 하매 그가 그 장막에 들어가니 야엘이 이불로 그를 덮으니라(사사기 4:17-18).

도망하던 시스라는 헤벨의 집에 들어가 자신을 숨겨달라고 부탁합니다. 서로 평화조약을 맺고 있는 사이였던 지라 안심하였던 것 같습니다. 마침 집에 있던 헤벨의 아내 야엘이 그를 맞이하며 이불로 덮어 숨겨줍니다. 비록 하솔 왕과 헤벨의 집 사이에 조약 관계가 있다고 하지만 그건 왕과 집안의 가장이 맺은 것이었겠죠. 그 식솔들까지 모두 하솔 왕과 그 부하들에게 충성할 필연성은 없는 겁니다. 더구나 겐 족속이 누군가요? 모세의 장인이 겐 족속 출신이었죠. 여호와 신앙을 갖고 있던 부족입니다. 야엘이 여호와를 경외하는 여인이었다면, 그녀 역시 여호와의 말씀을 받지 못할 까닭이 없습니다. 드보라가 "시스라를 죽이는 영광을 여인이 차지할 것"이라는 미래의 일을 여호와의 영 안에서 밝히 볼 수 있었다면, 야엘인들 여호와의 예언을 못 들을 까닭이 없습니다. 비록 성경에는 기록되지 않았지만 야엘의 담대한 행동으로 보아서는 그녀 역시 분명한 계시적 메시지를 받고 마음의 준비를 하고 있었을 수도 있는 일이죠. 야엘이 어떤 심정으로 잠을 자는 시스라를 말뚝으로 박아 죽였는지, 우리는 야엘의 의도를 알 길이 없습니다. 그러나 한 가지 분명한 것은 가나안의 큰 군대를 거느리며 호령하던 시스라가 '일개'(그들의 문화적 시선으로는) 한 여인에게 죽임을 당했다는 사실입니다.

어디서 멈출까

시스라를 죽이는 공로는 평범한 여인에게 돌아갔습니다. 그 당시에 '여자의 손에 죽는다'는 것은 장수로서 엄청난 수치였습니다. 시스라 입장에서도 기왕 죽임을 당한다면 상대편 적장인 바락이 낫지 않았을까요? 인간적으로 생각한다면 바락의 입장에서도 분했을 일입니다. 저렇게 어이없게 갈 바에는 내가 멋지게 장수답게 보내 줄수 있었을 텐데! 그게 나았을 텐데. 그러면 나 역시 공동체로 돌아갈 때 으쓱할 수 있었을 텐데. 하지만 그가 신앙적으로 자신의 마음을 돌아보았다면 아마 여인의 손에 죽은 시스라를 보고 드보라의 예언을 기억하며 뒤늦게 아차 싶었을 것입니다. 아, 내가 드보라의 예언을 잊고 있었구나. 여호와께서 내게 명하신 나의 몫은 만 명의 자원병사들을 데리고 산에 올라 적들 앞에 서는 것이었는데. 거기까지가 내 역할이었는데, 하면서 말이죠.

여기서 우리가 묵상해야 하는 메시지는, "바락은 '센 언니들'인 드보라와 야엘 사이에 치어서 고생만 하고 얻은 것이 없어 불쌍하다"가 아니겠죠? 구원은 여호와로 말미암는 것이니, 각자는 자신의 몫을 성실하게 하면 되는 겁니다. 내가 시작했으니 마무리까지 해서 영광을 받아야지! 이런 욕심을 가지면 그건 여호와께 온전히 공로를 돌리는 삶이 아니니까요. 싸우시는 분은 여호와이십니다. 그러니 승리나 성취를 인간의 공로로 돌릴 일이 아니죠. 그저 겸손하게 너에게 주어진 일을 믿음으로 행하라. 드보라, 바락, 야엘에게는 각자 자기가 해야 할 몫이 있었던 겁니다. 그리고 그 일들은 약자를 구하시고 살리시는 하나님 여호와의 뜻을 이루는 큰 역사가 진행되는 동안 합력하여 선을 이루게 되는 겁니다. 한 인간이 공을 인정받는 것이 아닙니다. 진정으로 이스라엘을 이끄시는 것은 여호와 한 분뿐이라는 것, 이것이 사사기의 핵심 고백입니다.

이 메시지는 오늘을 사는 우리에게 어떤 교훈을 줄까요? 우리들의 삶 속에서도 비슷한 경우가 많습니다. 내 역할 이상의 것을 욕심 내고 이를 통해 영광을 나의 것으로 돌리고 싶어지죠. 업적과 실적에 따라 평가 받는 신자유주의적 사회 구조이고 보니 더욱 그러한 욕구가 발동되기 쉬운 환경입니다. 심지어 남의 성취도 빼앗아 오려는 마당에, 영광이 눈앞에 보이는데 "그건 내 몫이 아니지" 그러면서 멈추기가 어디 쉽겠습니까? 쉬운 일이 아니기에, 예수께서는 딱 맡은 역할만 성실하게 수행하고 그 이상을 욕심내지 않았던 세례 요한을 "태어난 이들 중 가장 큰 자"라고 평가하셨을 겁니다. 인간으로서 그런 욕심을 그치는 것이 어렵다는 것을 아신 까닭입니다. 내가 시작한 일인데, 내가 키운 공동체인데, 마지막 영광까지 내 손으로 취하겠다는 생각과 시도는 "하나님이 싸우신다"는 것을 잊는 인간의 탐욕입니다. 나의 욕심이 행여 하나님의 영광을 가로막지 않나, 늘 기도하며 성찰할 일입니다. 다음 만남에서는 이런 유혹을 온전히 져버리지 못했던 사사, 기드온에 대한 이야기를 해보겠습니다.

기도

사랑의 하나님, 감사를 드립니다. 언제나 여호와께서 우리를 위하여 앞서 준비하시고 싸우시고 이끌어 주시는 분임을 고백합니다. 행여 우리가 주님보다 앞서나가지 말게 하여 주시옵소서. 당신께서 '여기까지다' 라고 말씀하실 때에 그 말씀을 지혜롭게 잘 들을 수 있기 원합니다. 그 말씀대로 순종하며 멈추는 신앙의 결단을 하기 원합니다. 그로 인해 저희가 영광 받는 것이 아니라 하나님께로 영광 돌리는 삶을 살게 하여 주시옵소서. 예수님의 이름으로 기도합니다. 아멘.

하나님의 뜻이 이 땅에서 이루어지는 동안 내 역할이 무엇이고 또 어디까지인지, 기도와 겸손으로 깨닫고 인정하는 신앙인이 됩시다.

신앙, 그 순례의 여정

여호와만이 우리 왕, 기드온 이야기
사사기 6−9장

'줄탁동시哗啄同時'라는 사자성어가 있습니다. 닭이 알을 깔 때에 알속의 병아리가 껍질을 깨뜨리고 나오기 위하여 껍질 안에서 쪼는 것을 '줄哗'이라 하고 어미 닭이 밖에서 쪼아 깨뜨리는 것을 '탁啄'이라합니다. 안에서 쪼는 것과 밖에서 쪼는 것이 함께 진행되어야만 껍질이 깨어지고 생명이 탄생한다는 겁니다. 인생 역시 마찬가지라고 생각되어요. 사는 동안 인간은 끊임없이 하나님의 뜻을 구하며 '줄' 하는 것이고, 하나님께서 이에 응답하시며 '탁' 하실 때 역사가 일어나니까요. 사사 시대 이스라엘 공동체의 삶도 그러했습니다. '줄'은 "부른다"는 뜻도 있습니다. 이스라엘이 여호와께 불순종하여 약육강식의 삶을 선택하고 결국 세상의 방식으로 진행되는 힘겨루기에서 패하여 강대국의 압박 속에 처하게 될 때마다, 이스라엘 백성들은 회개하여 여호와께 도와달라고 부르짖었습니다. "제발 살려주세요." 알 속에서 깨어 나오려는 새 생명의 간절함으로 여호와를 불렀습니다. 그때마다 여호와께서는 마치 어미닭의 안타까움과 기다림으로 그 부르심에 응답하셨죠.

부를 '줄'과 쫄 '탁'이 만나는 그 순간이 바로 하나님의 역사가 일어나는 순간입니다. 사실 하나님께선 우리를 알 밖으로 내어주시기 위해 언제나 기다리고 계십니다. 우리가 그것을 느끼지 못하거나 거부할 뿐이죠. 1권에서 그런 말씀을 드린 적이 있어요. 인간은 '완악한 마음'(교만)과 '스스로 포기하는 마음'(자기포기), 이 두 가지 경우에 사로잡혔을 때 여호와의 말씀을 듣지 못한다고요. 어쩌면 사사들은 특별한 사람들이라기보다는 여호와의 한결같은 생명의 부르심에 온 존재의 숨구멍을 열고 반응한 자들이 아닐까요? 멍하니 있던 자를 어느 날 갑자기 하나님께서 선택하여 쓰시진 않겠지요. 모든 사사가 자기 삶의 한가운데서 하나님을 향한 그들만의 간절함을 가지고 살았을 것입니다. 안타깝게도 성경에는 사사로 선택된 인물들의 개인사에서 나타난 간절함이 세세하게 표현되어 있지는 않아요. 그러나 기드온의 이야기에는 비교적 인간의 자세가 하나님의 도움과 어떻게 닿게 되는지를 살펴볼 일화들이 발견됩니다.

기드온의 '부름', 여호와의 '부르심'

기드온이 살던 당시에 이스라엘을 괴롭힌 강력한 족속은 미디안 사람들이었습니다. 미디안 족속은 아라비아반도 북서부 광야 지역에 거주하던 부족인데, 이스라엘에 이웃하며 많은 어려움을 끼쳤죠. 당시 정황이 어떠했는지 본문을 통해 살펴보겠습니다. 사사기 6장 3-5절 말씀입니다.

> 이스라엘이 파종한 때면 미디안과 아말렉과 동방 사람들이 쳐서 올라와서 진을 치고 가사에 이르도록 토지소산을 멸하여 이스라엘 가운데에 먹을 것을 남겨 두지 아니하며 양이나 소나 나귀도 남기지 아니하니 이는 그들이 그들의 짐승과 장막을 가지고 올라와 메뚜기 떼 같이 많이 들어오니 그 사람과 낙타가 무수함이라 그들이 그 땅에 들어와 멸하려 하니(사사기 6:3-5).

이스라엘 백성들은 여호와께서 허락하신 땅에서 성실하게 농사짓고 가축을 키우고 있었습니다. 그러나 그들이 수고한 작물을 거두어들일 즈음이 되면 여지없이 주변의 힘센 사람들이 쳐들어와서 그들의 소산을 빼앗아 가는 겁니다. 침입자들의 모습이 마치 "메뚜기 떼 같이 많았다"고 합니다. 한 해 동안 땀 흘려 지은 곡식 위로 메뚜기 떼가 훑고 가면 어찌 되겠어요? 알곡은 다 쓸어 먹고 빈 껍질만 뎅그러니 남겠죠. 꼭 그런 꼴로 미디안과 주변의 강한 족속들이 이스라엘이 수고한 노동의 결실을 모두 가져가버렸다는 말이죠. 이런 어려움 속에 처한 지가 무려 7년이었습니다.

이 시절엔 사사가 없었습니다. 사사기 저자의 신앙고백적 평가에 따르면 이스라엘 백성들이 악을 행하고 있던 시기이죠. 이런 상황에

과연 온 존재로 하나님을 향하여 부르짖은㗔 신앙의 사람이 전혀 없었을까요? 여호와의 백성인데 어찌 보고만 계시냐고, 제발 개입하시고 구원해 달라고, 여호와 하나님을 기억하여 그분께 부르짖는 사람들이 존재했겠죠. 기드온은 필시 그중 한 사람이었을 겁니다. 그걸 어찌 아냐고요? 한 번 생각해 보세요. 여호와께서는 왜 하필 많고 많은 사람 중에 다른 이가 아닌 기드온을 만나주신 걸까요? 왜 그를 사사로 삼으셨을까요? 본문 말씀을 통해 기드온이라는 사람의 성품을 자세히 묵상하는 동안, 저는 왠지 그 이유를 알 것만 같았습니다. 사사기 6장 11-12절 말씀입니다.

> 여호와의 사자가 아비에셀 사람 요아스에게 속한 오브라에 이르러 상수리나무 아래에 앉으니라 마침 요아스의 아들 기드온이 미디안 사람에게 알리지 아니하려 하여 밀을 포도주 틀에서 타작하더니 여호와의 사자가 기드온에게 나타나 이르되 큰 용사여 여호와께서 너와 함께 계시도다 하매(사사기 6:11-12).

이 본문을 찬찬히 읽어보면, 기드온은 치밀한 성격의 소유자임을 알 수 있습니다. 매우 주도면밀합니다. 지도자가 되기에 좋은 자질이죠. 이스라엘이 경작물을 빼앗기곤 했던 상황이 무려 7년 여 지속되고 있었습니다. 드디어 수확철, 예상대로라면 여지없이 미디안 족속들이 또 쳐들어와서 밀을 빼앗아 가겠죠. 하지만 기드온은 더 이상 당하지 않기로 합니다. 자신의 수고의 결실을 빼앗기지 않으려고 밀을 포도주 틀에서 타작하고 있었죠. 한마디로 눈속임인데요, 기드온은 식량을 지키려 밀을 타작하는 것을 위장할 정도로 지략이 있는 사람이었습니다. 요즘 말로, 어디 내놓아도 굶어 죽지는 않을 만한 꾀보였죠.

기드온은 필시 여호와께서 그 선조들에게 했던 구원의 역사를 기억하며 그 역사가 현재 일어나지 않는 상황에 대하여 끊임없이 묻고 있던 사람이었을 겁니다. 그러니 여호와의 사자가 "큰 용사여 여호와께서 너와 함께 하시도다"라고 하는 말을 들었을 때, 황홀해 하거나 감격해 하는 대신 곧바로 따져 물을 수 있었겠지요.

> 기드온이 그에게 대답하되 오 나의 주여 여호와께서 우리와 함께 계시면 어찌하여 이 모든 일이 우리에게 일어났나이까 또 우리 조상들이 일찍이 우리에게 이르기를 여호와께서 우리를 애굽에서 올라오게 하신 것이 아니냐 한 그 모든 이적이 어디 있나이까 이제 여호와께서 우리를 버리사 미디안의 손에 우리를 넘겨주셨나이다 하니(사사기 6:13).

기드온은 아주 합리적으로 하나님께 자신과 이스라엘이 처한 상황을 따집니다. 여호와의 사자가 직접 와서 이야기하는데, 앞뒤 안가리고 즐거워하는 대신 왜 이적이 없는지를 따져 물었다는 것은, 한편으로 기드온이 여호와의 능력을 믿을 뿐만 아니라 아주 이성적인 캐릭터였음을 보여줍니다. 보통 여호와의 사자가 눈앞에 나타났다면 신나해 하며 흥분할 일이니까요. 여호와께선 이스라엘이 처한 암울한 상황을 따지는 기드온을 다음과 같이 설득하십니다.

여호와께서 그를 향하여 이르시되 너는 가서 이 너의 힘으로 이스라엘을 미디안의 손에서 구원하라 내가 너를 보낸 것이 아니냐 하시니라 그러나 기드온이 그에게 대답하되 오 주여 내가 무엇으로 이스라엘을 구원하리이까 보소서 나의 집은 므낫세 중에 극히 약하고 나는 내 아버지 집에서 가장 작은 자니이다 하니 여호와께서 그에게 이르시되 내가 반드시 너와 함께 하리니 네가 미디안 사람 치기를 한 사람을 치듯 하리라 하시니라(사사기 6:14-16).

여호와께서 "너를 통해 기적을 이루겠다"고 하시는 겁니다. 기드온의 질문에, "네가 답이다." 그리 말씀하시는 것이죠. 사실 기드온과 같이 신중하고 치밀한 성격의 사람들은 웬만한 일에 잘 나서지를 않습니다. 뭐든 확실해야 움직이고 자기 점검이 분명한 사람인지라, 분위기나 홧김에 일어서서 움직이는 일이 좀처럼 없기 때문입니다. 기드온도 영락없이 그랬습니다. 기드온은 여호와의 말씀을 듣는 계시 체험 속에서도 그것이 자신의 망상인지 여호와의 현존인지를 이성적으로 점검하느라 애썼습니다. 그는 여호와께 다시 묻습니다. "내가 무엇으로 이스라엘을 구원하리이까?" 방법에 대한 질문입니다. 지략가였던 기드온답습니다. 수로도 힘으로도 이길 수 없는 저 "메뚜기 떼 같은 미디안 족속들을 과연 어떻게 물리치고 이스라엘에 다시 평화를 가져올 수 있다는 말입니까?" 이런 물음이죠. 그런

신앙, 그 순례의 여정

기드온에게 하나님께선 "너와 함께 하겠다"라는 답을 주십니다. 임마누엘입니다. 사사가 되는 통치의 근거입니다. 이 이상 분명한 능력이 어디 있을까요? 므낫세 지파의 집안들 중에서 약한 집안이어도 상관없습니다. 아버지 집에서의 서열이나 존재감이 작아도 괜찮습니다. 그것은 여호와의 백성 이스라엘의 지도자가 되는 것과는 상관없는 일이니까요.

여호와 전쟁에 임하는 증인의 자세

그런데 흥미로운 것은 "임마누엘"의 약속을 계시로 받고도 기드온은 얼른 확신을 갖지 못합니다. 심지어 표징을 요청합니다. 속아만 살았나요? 혹 믿음이 부족했을까요? 이런 자가 어찌 신앙 공동체의 지도자가 될 수 있을까요? 하지만 저는 기드온의 성품에서 그의 행동을 이해해보았습니다.

기드온이 그에게 대답하되 만일 내가 주께 은혜를 얻었사오면 나와 말씀하신 이가 주 되시는 표징을 내게 보이소서 내가 예물을 가지고 다시 주께로 와서 그것을 주 앞에 드리기까지 이곳을 떠나지 마시기를 원하나이다 하니 그가 이르되 내가 너 돌아올 때까지 머무르리라 하니라 기드온이 가서 염소 새끼 하나를 준비하고 가루 한 에바로 무교병을 만들고 고기를 소쿠리에 담고 국을 양푼에 담아 상수리나무 아래 그에게로 가져다가 드리매 하나님의 사자가 그에게 이르되 고기와 무교병을 가져다가 이 바위 위에 놓고 국을 부으라 하니 기드온이 그대로 하니라 여호와의 사자가 손에 잡은 지팡이 끝을 내밀어 고기와 무교병에 대니 불이 바위에서 나와 고기와 무교병을 살랐고 여호와의 사자는 떠나서 보이지 아니한지라(사사기 6:17-21).

기드온은 자신의 열망이 환상이나 망상을 가져온 것인지, 아니면 하나님께서 정말로 자신에게 계시를 하신 건지 확인하고 싶었던 것 같습니다. 그는 자신에게 계시로 임하신 주께 번제물을 드릴 것이니 표징을 보여 달라고 합니다. 여호와께선 그의 사자를 통해 번제를 불사르셨습니다. 충분히 여호와께서 자신에게 임했다는 것이 믿겨질 수 있는 상황이지요. 그러나 그는 계속해서 신중하게 행동합니다. 그는 수많은 사람들의 목숨이 걸려 있는 전쟁을 앞두고 다시 하나님께 표징을 요구합니다. 그리고 여호와께선 다시 표징을 보이십니다. 사사기 6장 36-38절 말씀입니다.

기드온이 하나님께 여쭈되 주께서 이미 말씀하심 같이 내 손으로 이스라엘을 구원하시려거든 보소서 내가 양털 한 뭉치를 타작마당에 두리니 만일 이슬이 양털에만 있고 주변 땅은 마르면 주께서 이미 말씀하심 같이 내 손으로 이스라엘을 구원하실 줄을 내가 알겠나이다 하였더니 그대로 된지라 이튿날 기드온이 일찍이 일어나서 양털을 가져다가 그 양털에서 이슬을 짜니 물이 그릇에 가득하더라(사사기 6:36-38).

이게 끝이 아닙니다. 심지어는 "이번에는 반대로요~"라는 요청도

했습니다. 양털은 뽀송뽀송, 주변 땅은 촉촉하게 해달라고 말이죠. 이쯤 되면 여호와께서도 슬슬 화가 나실 만도 한데, 성경의 기록을 보면 그걸 또 응답해 주십니다. 무려 세 번의 검증이죠. 꽤 많은 신앙인들이 자신이 원하는 것을 너무나 크게 열망하여 그것이 하나님이 원하시는 것 마냥 착각하기도 합니다. 이런 일들이 빈번함을 떠올린다면, 기드온이 자신이 착각한 것이 아닐까 싶어 하나님께 세 번이나 검증을 요청한 것은 오늘을 사는 우리들도 배워야 할 자세가 아닌가 싶습니다. 비록 하나님께서 기드온에게 큰 용사가 될 것이라고 했지만 자신은 평소 그런 생각을 해 본 적이 없습니다. 내가 지도자가 되어야지, 영광을 얻어야지. 그런 꿈을 가진 적도 없습니다. 그저 내 식구 잘 먹이려고 머리를 써서 의지적으로 했던 일이라고는 밀을 포도주 틀에 타작하여 빼앗기지 않는 정도였습니다. 일상의 지략으로 개인적 삶을 버텨내던 평범한 사람입니다. 이렇게 자신을 작은 자로 느끼는 상황에서 강대한 적과 싸우기 위한 대사사가 되라니! 이스라엘 백성 앞에 나서기 위해서 기드온은 확신이 필요했습니다. 보잘것없는 자신이 미디안을 이길 수 있는지 확신을 얻고 싶었던 것입니다. 섣부른 행동은 이스라엘 공동체에 더 많은 피해와 상처를 초래할 테니까요.

여호와께서는 기드온의 이런 마음을 아셨을 겁니다. 그래서 기드온의 그 모든 요구에 응답해 주셨다고 믿습니다. 이 길고 긴 자기점검의 과정을 거쳐 결국 기드온은 '여호와 전쟁'에 임하게 됩니다. 그런데 기드온의 전투 방식은 상당히 독특했어요. 어려서 주일학교에 열심히 다녔던 분들은 필시 "기드온과 삼백 용사"라는 표현을 익히 들어 알고 계실 겁니다. 메뚜기 떼와 같은 미디안을 상대로 고작 삼백 명의 용사로 싸움을 펼쳤다는 것이 인상적입니다. 지난 시간에 배운 바락의 군사 만 명도 적에 비하면 턱없이 부족한 숫자였습니다. 그런데 삼백 명이라니요. 그 숫자로 무엇을 할 수 있었을까요? 이것은 여호와의 임재에 대한 확신이 없었다면 결코 시작도 못할 싸움이었습니다.

기드온과 함께 나간 군사의 숫자가 '삼백'이 된 이유에 대해 사사기는 재미있는 기록을 남기고 있습니다. '어렵게' 확신을 얻은 기드온이 대사사로서 이스라엘 백성 앞에 나타났습니다. 그리고 "여호와의 영이 나에게 임했다, 내가 너희를 인도할 테니 나를 따르라"고 외칩니다. 성경은 카리스마 넘치는 그의 외침에 모인 숫자가 처음에는 삼만 이천이었다고 기록합니다. 그러나 여호와께서는 그 수가 많다고 하셨습니다. "이 싸움이 두려운 이들은 떠나가라." 이만 이천 명이 떠나고 만 명이 남았습니다. 만 명도 많다고 여긴 하나님께선 군사들로 하여금 물을 마시게 하여 그중 신중한 성격의 삼백 명만을 선택하도록 하십니다.

지도자도 신중한 성격인데 그 용사들도 매우 신중한 사람들입니다. 주도면밀하고 신중한 삼백 명의 정예부대! 어떤 상황에서도 흔들리지 않고 혼란스러워하지 아니하며 여호와의 전쟁을 치밀하게 수행할 용사들로만 이루어진 군대였습니다. 그럼에도 그들에게 있어 지략은 필수요건이었습니다. 적의 규모는 "메뚜기의 많은 수와

신앙, 그 순례의 여정

같고 그들의 낙타의 수가 많아 해변의 모래가 많음 같은"(사사기 7:12)
상황입니다. 어차피 전면전은 불가능합니다. 기드온은 고작 삼백 명
의 용사로 작전을 펼쳤습니다.

삼백 명을 세 대로 나누어 각 손에 나팔과 빈 항아리를 들리고 항아리
안에는 횃불을 감추게 하고 그들에게 이르되 너희는 나만 보고 내가 하
는 대로 하되 내가 그 진영 근처에 이르러서 내가 하는 대로 너희도 그리
하여 나와 나를 따르는 자가 다 나팔을 불거든 너희도 모든 진영 주위에
서 나팔을 불며 이르기를 여호와를 위하라, 기드온을 위하라 하라 하니
라(사사기 7:16-18).

미디안 군사들은 평소처럼 또다시 약탈을 하러 와서, 날이 밝기
를 기다리며 근처 골짜기에서 잠을 청한 상황이었을 겁니다. 그런데
"자다가 봉창 두드린다"고, 한밤중에 난리가 난 겁니다. 횃불과 항
아리, 나팔소리에 고함까지… 여호와께서 기드온에게 주신 지혜로
운 전략은 '공포심과 혼란을 통한 칼부림'이었습니다. 온 진영의 병
사들이 어찌나 혼비백산하였는지 군사들은 뛰고 부르짖고 친구끼리
서로 칼로 치는 지경에 이릅니다. 그런 혼란에 휩쓸리지 않으며 삼
백 용사들은 신중하게 기드온의 전략을 따라 자신들의 맡은 바 임무
를 한 치의 오차도 없이 수행했고, 놀라운 승리를 거둡니다. 기가 막
힌 전술이었고 치밀한 수행능력이었습니다. 많은 백성들도 기드온
의 용맹함을 보고 감탄합니다.

기드온의 덫, 에봇

기드온의 전략이 계속 성공적인 결과를 낳게 되자, 대사사로서의 그의 명성이 점점 쌓여갔습니다. 기드온은 무려 40년간(성경에서 40은 만수, 충족된 숫자를 의미합니다.) 대사사의 역할을 감당했습니다. 그의 보호 아래서 이스라엘은 안전했습니다. 미디안 족속과 싸워 대승을 거두었던 이스라엘의 영웅, 기드온! 이쯤 되니 이스라엘 사람들은 기드온을 추대하기 시작합니다.

> 그때에 이스라엘 사람들이 기드온에게 이르되 당신이 우리를 미디안의 손에서 구원하셨으니 당신과 당신의 아들과 당신의 손자가 우리를 다스리소서 하는지라(사사기 8:22).

"당신이 우리를 미디안의 손에서 구원하셨으니." 인간적인 시각에서는 맞는 말입니다. 늘 기드온의 기발한 전략이 통했을 테니까요. 하지만 이스라엘 공동체의 신앙적 기반으로 보자면 이 말은 틀린 말입니다. 미디안의 손에서 이스라엘을 구원하신 것은 여호와 하나님이시니까요. 물론 기드온의 지략이 통했던 것이지만, 그의 비범한 지략은 여호와께서 허락하신 것입니다. '여호와의 영'이 기드온과 함께 했기 때문에 구원받았다는 것이 이스라엘 공동체의 신앙고백이어야 했습니다. 그러나 계속해서 승전이 반복되다 보니 어느덧 이스라엘 백성들은 기드온의 전쟁이 여호와의 싸움이라는 것을 잊고 기드온을 칭송했던 것입니다. 그들은 거기서 멈추지 않았습니다.

"당신과 당신의 아들과 당신의 손자가 우리를 다스리소서." 이게 무슨 뜻인가요? 지도자 자리의 세습을 허용하는 청원입니다. 특별한 가문이 되어달라는 요청입니다. 더 이상 임시성에 흔들리는 사사가 아닌 세습적 권력을 가진 왕이 되어 달라고 청하는 모습입니다.

이것은 이스라엘이 계속해서 유지해 온 통치 방식을 완전히 바꾸려는 시도였습니다. "여호와만이 우리 왕"(여호와—왕 사상)이라는 통치방식을 버리고 인간—왕을 세우려고 합니다. 이스라엘 신앙공동체가 처음 가졌던 원칙을 잊고 반대의 체제로 가겠다는 것이지요. 만약 기드온의 신앙이 흔들렸다면 그는 왕이 되었을지도 모릅니다. "뭐 너희가 그렇게 원한다면야, 어쩔 수 없지." 이렇게 말하면서요. 여호와께 그리 기도했을지 모릅니다. "주님, 제가 스스로 왕이 되겠다는 게 아니에요. 저들이 원하네요." 그러나 기드온은 신앙의 사람이었습니다. 인간으로서, 공동체 안에서 공로가 큰 지도자로서 충분히 교만할 만한 상황이었음에도 기드온은 이렇게 대답합니다.

> 기드온이 그들에게 이르되 내가 너희를 다스리지 아니하겠고 나의 아들도 너희를 다스리지 아니할 것이요 여호와께서 너희를 다스리시리라 하니라(사사기 8:23).

승승장구하고 모든 백성들의 칭송을 받았던 큰 유혹 속에서 기드온은 올바른 선택을 하였습니다. "오직 여호와만이 우리 왕이시다"라는 고백과 함께 인간 왕은 필요 없다고 말합니다.

여기서 그쳤다면 얼마나 좋을까요? 하지만 기드온도 인간이니까요. 모두가 자신을 우러르는데 어찌 교만함이 고개를 들지 않겠어요? 사사도 인간이기에 늘 여호와와 동행하지 않으면, 즉 그 안에 거하지 않으면 자꾸 인간의 욕심을 품기 마련입니다. 일단 왕의 자리는 거절했지만, 기드온의 입장에서 우쭐하긴 했던 것 같아요. 물론 그럴 만했던 것은 인정합니다. 승리감에 도취한 기드온은 승전에 대한 감사의 대가로 백성들에게 금 천칠백 세겔을 요청합니다. 이것을 대략적으로 환산해보면 약 5,000돈 정도입니다. 최근 시세로 하면 약 10억 원쯤 된다네요. 정말 어마어마한 재물이죠. 그럼에도 백성들은 기꺼이 기드온에게 금을 가져다 바칩니다. 기드온은 그 금으로 에봇을 만들었다고 나옵니다. 에봇이 무엇인가요? 바로 제사장이 입는 신성한 겉옷이지요. 눈에 보이는 성스러움을 의미합니다. 그것을 금으로 만들어 자기의 집에 둡니다. 기드온은 왜 이런 일을 행했으며, 그 결과는 어찌 되었을까요? 사사기의 말씀을 봅시다.

기드온이 그 금으로 에봇 하나를 만들어 자기의 성읍 오브라에 두었더니 온 이스라엘이 그것을 음란하게 위하므로 그것이 기드온과 그의 집에 올무가 되니라(사사기 8:27).

"음란하게 여겼다"는 것은 무슨 의미일까요? 사람들이 기드온의 에봇을 우상처럼 섬기기 시작했다는 뜻입니다. 신성한 것인 양, 그리고 그 에봇이 있는 기드온의 집은 특별한 양, 그리 여기게 되었다

신앙, 그 순례의 여정

는 말이죠. 세습 왕이 되는 것은 거절했지만 자신의 집안이 특별한 대접을 받는 것을 즐겼다고 볼 수 있습니다. 이스라엘 공동체로부터 최초로 왕이 되기를 청함 받은 자이기에 그 우쭐한 마음을 온전히 내려놓을 수 없었던 것이지요. 결국 그 에봇은 기드온 집안의 올무가 되었습니다. 기드온이 가졌던 마지막 인간적인 욕심과 탐심이 어떤 결과를 낳았는지, 다음 시간에 계속해서 살펴보도록 하겠습니다.

기도

하나님, 감사합니다. 저희를 이 땅의 생명으로 보내주신 그 처음부터 저희를 향한 사랑을 쉬지 않으시는 분이 바로 여호와이심을 고백합니다. 그 사랑을 우러르고 부를 때 이 땅에 귀한 역사가 일어남을 고백하오니 하나님의 음성을 늘 신중히 듣게 하시고 그 음성대로 살아내게 하시옵소서. 여호와와 동행했던 기드온조차도 마지막에 에봇의 올무에 걸렸던 것을 기억하고 경계로 삼습니다. 저희들의 마지막 순간까지 그 모든 역사가 당신의 힘에 의해 인도되었음을 고백하는 크리스천이 되게 하여 주시옵소서. 저희들의 삶 속에서 에봇을 만들지 않기 원합니다. 예수님의 이름으로 기도합니다. 아멘.

인간의 유한성을 인정하고 호흡이 다하는 날까지 주와 동행하되 여호와의 영광을 가리는 '나의 에봇'을 만들지 맙시다.

신앙, 그 순례의 여정

왕이 되고 싶었던 자, 아비멜렉 이야기
사사기 9장
·············

지난 시간엔 매사에 심사숙고하여 지략과 용기로 이스라엘에 구원을 가져왔던 기드온 이야기를 했지요. 신중한 성격에 늘 여호와의 영과 함께했던 기드온조차도 마지막 순간에는 '교만'의 유혹에 사로잡혔다고 했습니다. 하여 사람들이 바친 금으로 에봇을 만들어 자신의 집에 놓는 실수를 하지요. 사사기 기록자는 이 에봇이 후에 "그의 집에 올무"가 되었다고 증언합니다. 번쩍번쩍 금으로 만들어진 화려한 에봇, 더구나 제사장이 입는 옷이니 성스럽기까지 한 그 신물은 왜 이 기드온 집의 올무가 되었을까요? 생각해 보세요. 우리 집에 그런 귀한 물건이 떡하니 모셔져 있다고. 그 집을 들고나는 동안 기드온뿐만이 아니라 그의 식솔들은 모두 저절로 어깨가 으쓱으쓱해졌겠죠. 그 귀하고 성스런 에봇을 구경이라도 한 번 해보겠다고 찾아오는 백성들은 마치 신이라도 본 듯 경외감을 가졌을 거고요. "온 이스라엘이 그것을 음란하게 위했다"(사사기 9:27)고 했지요? 구복 행위와 예배의 대상으로 여겼다는 것입니다. 이런 종교적 행위는 자연스럽게 기드온 가문을 특별하게 구별되게 하고 높은 존재로 여기게 만들었을 겁니다. 그런 집에서 나고 자란 기드온의 아이들은 이 모습을 보며 어떤 마음이었을까요?

내 아버지가 왕이다!

이런 맥락에서 기드온의 아들 '아비멜렉'이라는 인물이 나오는 것이죠. 사실 '아비멜렉'이라는 이름 자체가 오늘 배울 내용의 핵심을 모두 담고 있어요. "아브"는 히브리어로 아버지라는 뜻을 가지고 있습니다. "멜렉"은 왕이라는 뜻입니다. 결국 아비멜렉은 "내 아버지가 왕이다!"라는 뜻이죠. 이 사람이 가지고 있던 권력욕을 잘 표현하는 이름이죠? 성경에 보면 기드온은 아들만 70명이 된다고 나옵니다. 사실 성경에서 숫자 '70'은 정확하게 칠십 명이라고 보기는 힘들어요. 7이라는 완전수가 열배나 된다는 의미로 읽는 것이 옳습니다. 많고 많은, 그리하여 더할 나위 없이 완벽할 만큼의 아들들을 두었다고 읽어야 그 당시의 문화적 표현을 제대로 이해하는 겁니다. 그 정확한 숫자가 얼마였든, 확실한 것은 작고 미약한 집안이었던 기드온 가문은 이제 권력과 재력을 갖춘 어마어마한 집이 되었다는 것이죠. 왕이라 부르지만 않았을 뿐 왕과 다름없는 존재가 된 것입니다. 온 백성들이 자기 집에 있는 에봇을 보러 몰려옵니다. 아버지를 우러러 봅니다. 그러니 기드온의 아들들은 자연스레 자기들의 어깨도 으쓱 올라갔겠죠. 또한 아버지를 믿고 큰 소리를 치며 살았을 것입니다. 살다 보면 그런 사람들 많이 보잖아요? "우리 아버지가 누군 줄 알아?" 요즘말로 '금수저' 집안의 '갑질'이라고 하죠. 기드온의 아들들도 보나마나 갑질 좀 하고 사는 사람들이었을 겁니다.

그런 상황에서 기드온의 죽음은 혼란을 가져다주었습니다. 사사 시대의 지도자는 세습이 불가능했다고 했지요. 오직 '여호와의 영'이 함께해야만 지도자로 설 수 있었습니다. 물론 신앙적 해결은 있습니다. 또 누군가 '여호와의 영'을 받는 사사가 등장하면 되는 거죠. 하지만 그 '구원자'가 반드시 기드온 집안이라는 보장은 없습니다. 당연히 기드온의 아들들로서는 그동안 누렸던 권세를 놓기 어려웠을 겁니다. 더구나 아들들의 숫자가 무려 70명입니다. 결국 기드온의 죽음 이후 권력 싸움이 벌어질 것은 예상 가능한 일이었죠. 이스라엘판 '왕자의 난'이라고 할까요? 이에 자신이 왕이 되고자 했던 아비멜렉은 지지세력을 얻고자 어머니의 집안사람들에게 정치적 지지를 요청합니다.

여룹바알의 아들 아비멜렉이 세겜에 가서 그의 어머니의 형제에게 이르러 그들과 그의 외조부의 집의 온 가족에게 말하여 이르되 청하노니 너희는 세겜의 모든 사람들의 귀에 말하라 여룹바알의 아들 칠십 명이 다 너희를 다스림과 한 사람이 너희를 다스림이 어느 것이 너희에게 나으냐 또 나는 너희와 골육임을 기억하라 하니(사사기 9:1).

"여룹바알"은 기드온의 별칭입니다. "바알 스스로 자신을 지키게 하라"는 뜻입니다. 지난 시간에는 한 주제에 집중하느라 다루지 않은 일화입니다만, 기드온과 관련한 이야기들은 사사기 안에 비교적 풍부하게 기록되어 있습니다. 한 번은 바알과 관련된 종교적 상징물들을 다 불태우면서 기드온이 이런 말을 한 적이 있었습니다. "바알 스스로 자기 자신을 지킬 수 있으면 지켜봐라. 나는 인간이고 그는 신이니 지키지 못할 것이 없지 않는가?" 이 일로 얻게 된 별명이죠. 바로 이 "여룹바알"의 아들 아비멜렉이 어머니 형제들인 지방 호족 세력에게 말합니다. "70명이 난리법석을 떨며 너희들을 다스리려 하는 것보단 내가 혼자서 중앙집권적으로 강력한 왕권을 차지하는 것이 훨씬 효율적이지 않겠어?"

인간적 도모를 하고 있는 것이죠. 이런 아비멜렉이 잊고 있었던 것은 무엇입니까? 하나의 왕이 다스리는 것이 질서정연하고 효율성이 있다는 걸 모르는 사람이 어디 있나요. 너도 나도 힘깨나 쓴다고 설치는 통에 이 사람 저 사람에게 빼앗기는 것보다야 왕 시스템 아래서 한 왕에게만 세금을 내는 것이 속 편한 일이고요. 그럼에도 불구하고 왕을 세우지 않았던 것은 모든 지파가 동의한 이스라엘 공동체의 통치 원리 때문이었죠. 이 공동체의 궁극적인 목표는 효율성이 아닌 평등성이었다고 계속 강조해왔습니다. 그런데 아비멜렉은 그것을 잊고 인간적인 계산과 효율성에 호소하고 있는 겁니다. 혼자 힘을 가지고 통치하는 것이 훨씬 효율적인 통치 방식이라고 말입니다. 그러나 이 생각은 이 공동체가 가져선 안 되는 것입니다. 이 공동

신앙, 그 순례의 여정

체는 '왕 되려는 자' '사람 위에 군림하려는 자'에 대해서 매우 경계를 하는 신앙 공동체였으니까요. 더구나 이스라엘 공동체는 여호와의 영이 함께 하지 않는 지도자를 인정하지 않았습니다. 그러니 그 누구든 스스로를 왕으로 만들려는 노력은 옳지 않습니다. 방법론적으로도 성경적이지 않았고, 추구하려는 권력 자체도 하나님이 원하시는 통치 질서가 아니었던 것이죠. 이러한 아비멜렉의 도모가 어떤 결과를 가져오는지 보겠습니다.

> 오브라에 있는 그의 아버지의 집으로 가서 여룹바알의 아들 곧 자기 형제 칠십 명을 한 바위 위에서 죽였으되 다만 여룹바알의 막내 아들 요담은 스스로 숨었으므로 남으니라 세겜의 모든 사람과 밀로 모든 족속이 모여서 세겜에 있는 상수리나무 기둥 곁에서 아비멜렉을 왕으로 삼으니라(사사기 9:5-6).

따지고 보면 이스라엘의 처음 왕은 아비멜렉인 셈입니다. 물론 성경은 인정하고 있지 않죠. 여호와의 선택이 아닌, '스스로 왕이 된 자'이니까요. 지역적이긴 하지만 동조하는 세력들에 의해, 그러니까 사람들에 의해 왕으로 추대된 인물입니다. 자기 권력에 위협이 될 만한 기드온의 다른 아들들을 한 바위 위에서 죽이면서까지 말이죠. 권력 다툼을 넘어 형제 살인을 자행한 끔찍한 일들을 보자니, 차라리 그냥 미미하고 약한 집으로 남아 가족끼리 오순도순 서로 사랑하며 살았다면 좋았을지도 모르겠다는 생각도 듭니다. "여보, 포도즙 틀에 밀을 타작했더니 저 바보들이 모르더라고. 자, 이걸로 아이들 빵을 만들어줍시다!" "참 다행이에요. 아이들에게 먹을 것을 만들어 줄 수 있으니. 당신은 어쩜 그렇게 지혜로워요?" "우와, 아버지. 감사합니다~ 맛있게 먹겠습니다~." 이렇게 서로 챙기고 소박하게 사랑하며 사는 것도 나쁘지 않았을 것 같아요. 결국 기드온의 욕심으로 에봇을 집안에 두고 마치 특별한 가문이나 된 것처럼 만든 결과가 참으로 비참합니다. 자기 아들들이 한 바위 위에서 죽임을 당하게 되어버린 것입니다. 그래서 사사기 저자는 기드온이 만든 금 에봇이 그의 집에 올무가 되었다고 말한 것입니다.

나무들의 왕 뽑기 우화

형제 학살의 난리통에 막내아들 요담만이 숨어서 살아남았습니다. 그는 이 현실을 통탄하며 세겜에 있는 사람들을 향해 비유적 이야기를 전합니다. 저는 이 '요담의 우화'가 이스라엘 공동체의 이상과 더불어 현실의 잔인함까지를 가장 집약적으로 보여주고 있다고 생각해요. 사사기 9장 8-15절 말씀입니다.

하루는 나무들이 나가서 기름을 부어 자신들 위에 왕으로 삼으려 하여 감람나무에게 이르되 너는 우리 위에 왕이 되라 하매 감람나무가 그들에게 이르되 내게 있는 나의 기름은 하나님과 사람을 영화롭게 하나니 내가 어찌 그것을 버리고 가서 나무들 위에 우쭐대리요 한지라 나무들이 또 무화과나무에게 이르되 너는 와서 우리 위에 왕이 되라 하매 무화과

나무가 그들에게 이르되 나의 단 것과 나의 아름다운 열매를 내가 어찌 버리고 가서 나무들 위에 우쭐대리요 한지라 나무들이 또 포도나무에게 이르되 너는 와서 우리 위에 왕이 되라 하매 포도나무가 그들에게 이르되 하나님과 사람을 기쁘게 하는 내 포도주를 내가 어찌 버리고 가서 나무들 위에 우쭐대리요 한지라 이에 모든 나무가 가시나무에게 이르되 너는 와서 우리 위에 왕이 되라 하매 가시나무가 나무들에게 이르되 만일 너희가 참으로 내게 기름을 부어 너희 위에 왕으로 삼겠거든 와서 내 그늘에 피하라 그리하지 아니하면 불이 가시나무에서 나와서 레바논의 백향목을 사를 것이니라 하였느니라(사사기 9:8-15).

요담의 이야기는 이스라엘 공동체가 지향한 이상적 사회 질서를 잘 보여줍니다. 마치 예수께서 이야기한 "하나님 나라"와도 같죠. 즉, 평등한 상호도움이 가득한 나라입니다. 감람나무는 그의 역할인 기름만 열심히 만들면 됩니다. 무화과나무는 향기로운 열매로 하나님과 이웃에게 영광을 돌리면 되죠. 포도나무는 맛 좋은 포도주로 이웃과 기쁨을 나누면 됩니다. "하나님 나라"는 각자가 가진 자기만의 독특한 재능으로 공동체에 기여하며 평등하게 살아가는 삶의 방식을 의미합니다. 그것이 이스라엘 사람들이 여호와 신앙 안에서 가졌던 비전입니다. 그러나 가시나무는 높아지기를 원했습니다. 그는 자신이 왕이 되면 모두 자기 밑으로 와 복종해야 하며, 그렇지 않으면 벌을 받을 것이라고 엄포를 놓습니다. 인간—왕들의 세상적 통치 원리와 같습니다. 꿇어! 자기 발 앞에 복종하면 보호해주고 저항하면 벌을 주겠다는 것입니다.

이 예화는 장날 만담꾼이 전하는 재미있는 이야기가 아니었습니다. 그저 웃고 흘려버리면 되는 가벼운 이야기가 아닙니다. 모든 형제들 중 혼자 살아남은 요담의 통탄이 절절하게 담겨 있습니다. 아비멜렉의 횡포가 이 공동체에 어떤 비극을 가져올지, 하나님의 말씀을 전달하는 예언자적 외침이었습니다. 요담의 예언은 적중했습니다. 민심이 술렁이기 시작하고 아비멜렉에 대항하기 위해 저항하는 세력들도 생겨났어요. 아비멜렉은 그 세력과 갈등을 빚게 되고 슬프게도 마지막 순간에 "레바논의 백향목이 불에 사라지듯" 비참한 폭력과 죽음의 결과를 낳게 됩니다.

가시나무는 우리가 흔히 이야기할 때 쓸모가 많지 않은 나무입니다. 반면 레바논의 백향목은 정말 아름답고 귀한 나무에요. 먼 곳에서 비싼 값을 지불하고 가져와 궁전이나 성전과 같이 소중한 건물을 짓기 위해서 사용하는 나무입니다. 가시나무와 백향목, 두 나무를 인간적인 모습으로 비교하면 정말 그 귀함이 천지차이가 납니다. 우리 눈엔 왕이 더욱 위대해 보일지도 모릅니다. 왕쯤 되어야 레바논산 백향목을 보듯 감탄하고 우러르겠죠. 하지만 하나님께서 보시기엔 스스로를 왕이라 칭하며 우쭐대는 자는 모두 가시나무와 다를 바 없다는 것입니다. 조금 뒤에 보겠지만 하나님의 시선에서 레바논의 백향목은 이스라엘 백성을 상징합니다. 그냥 평범한 사람들이에요. 잘난 것도 없지만 특별히 욕심도 없고 그저 생명이 주어짐에 감사하고 난 대로의 삶을 성실하게 살아가는 보통 사람들 말입니다. 흔히

신앙, 그 순례의 여정

들 '민초'라고 부르죠. 들에 가득 피어난 보잘 것 없는 풀처럼 평범한 백성들, 그러나 여호와에게는 바로 그들이 레바논산 백향목처럼 귀한 존재였습니다.

여기서 잠시 생각해 볼 부분이 있습니다. 요담이 말한 우화에서 과연 가시나무만 불신앙의 '나쁜' 존재였을까요? 요담의 우화 속에는 감람나무, 무화과나무, 포도나무, 가시나무만 등장하는 것이 아닙니다. 또 다른 나무들이 등장합니다. 백향목 말고요. 혹시 발견하셨나요? 네. 맞습니다. 바로 "모든 나무들"이죠. 왕을 뽑으려고 괜히 잘 살고 있는 감람나무, 무화과나무, 포도나무에게 권력 욕망을 부추기는 나무들 말입니다. 이들은 '여호와―왕' 사상을 버리고 인간―왕 시스템을 도입하려고 애썼던 무리들을 의미합니다. 요담은 우화를 통해 기드온에게 그와 그의 가족들에게 왕이 되어달라고 말했던 이스라엘 백성들까지도 비판하고 꾸짖었던 것입니다. 사실 우리가 생각할 때는 가시나무만 나빠 보일지 모르지만, "모든 나무들"도 공동체의 원리를 잊어버리고 있었다는 점에서는 마찬가지입니다.

이 모든 이야기가 '세겜'에서 벌어지고 있다는 것이 너무나 안타까울 따름입니다. 지난번에 배웠던 세겜 계약을 기억하시나요? 여호와 하나님은 이스라엘의 하나님이 되고 백성은 여호와만의 백성이 되는 공동체적 계약! 그 아름다운 관계적 언약이 맺어진 장소가 바로 세겜입니다. 모두가 여호와를 택하는 삶을 살기로 약속한 그 언약의 땅에서 효율적이고 강력한 나라를 만들기 위해 "모든 나무들"은 그 약속을 잊어버린 것이죠.

하지만 일부가 왕권 시스템을 꿈꾸었다 하여 모든 이스라엘 사람들이 다 전통을 잊은 것은 아니었습니다. 요담의 외침을 들은 사람들은 각성했습니다. 아! 그렇지. 우리가 어떤 공동체인데. 어찌 아버지가 왕이라고 그 아들이 권력을 세습한단 말인가. 더구나 귀한 생명인 형제들을 저리 잔인하게 살육하고 스스로 높아지려 할 수 있다는 말인가. 아비멜렉에 대항하는 저항 세력이 생겨났습니다. 그 가운데에도 카리스마를 소유한 지도자들이 여기저기서 들고 일어나 여호와의 이름으로 싸우기 시작합니다. 당연히 정치적 세력을 잃기 싫었던 아비멜렉은 강한 군사력으로 그들을 탄압했지요.

사실 저항했던 사람들은 아비멜렉이 그들을 죽이기까지 할 정도로 심한 무력 탄압을 전개하리라고는 생각지 않았을 수 있습니다. 공동체 안에서의 저항이기 때문이죠. 사회적 약자들의 연합이었던 이스라엘입니다. 비록 가나안 땅에 정착하기까지 생존의 위협을 겪는 동안 전쟁과 폭력이 없지 않았으나, 적어도 공동체 내부자들끼리 권력 다툼을 하는 것에는 익숙지 않았습니다. 힘을 합쳐 외부의 공격을 막아내기도 힘겨운 삶이었으니까요. 공동체 내부의 삶의 원칙 면에서도 그렇습니다. 여호와의 영과 함께 하는 사람은 누구나 일어서서 그의 말씀을 전할 수 있었습니다. 일개 농부여도, 양치는 목동이어도, 그리고 누군가의 아내여도 상관없었습니다. 그러니 이 공동체는 자연스럽게 '이견'이 많았고 그런 의견 충돌과 갈등 상황이 자연스러웠을 일입니다.

그런데 저항세력을 저지하는 아비멜렉의 폭력적 진압은 참으로 가혹했습니다. 동족에게 가해지는 아비멜렉의 폭력에 이스라엘 사람들은 당황했습니다. 형제에게 어찌 저럴 수 있을까? 평소에 군사 훈련을 했던 것도 아니고, 그저 욱하는 마음에 농사짓던 차림으로 달려들었던 이스라엘 백성들은 결국 아비멜렉의 무리들에게 제압당합니다. 사사기는 그 세력에 밀리다 밀리다 세겜 망대까지 다다른 백성들의 비극적 종말을 전합니다. 사사기 9장 46-49절 말씀을 함께 보겠습니다.

> 세겜 망대의 모든 사람들이 이를 듣고 엘브릿 신전의 보루로 들어갔더니 세겜 망대의 모든 사람들이 모인 것이 아비멜렉에게 알려지매 아비멜렉 및 그와 함께 있는 모든 백성이 살몬 산에 오르고 아비멜렉이 손에 도끼를 들고 나뭇가지를 찍어 그것을 들어올려 자기 어깨에 메고 그와 함께 있는 백성에게 이르되 너희는 내가 행하는 것을 보나니 빨리 나와 같이 행하라 하니 모든 백성들도 각각 나뭇가지를 찍어서 아비멜렉을 따라 보루 위에 놓고 그것들이 얹혀 있는 보루에 불을 놓으매 세겜 망대에 있는 사람들이 다 죽었으니 남녀가 약 천 명이었더라(사사기 9:46-49).

아비멜렉이 자신에게 동조하지 않는 사람들을 모두 죽였다는 소문을 듣고 겁에 질린 백성들은 엘브릿 신전으로 도망갑니다. 보루가 뭔가요? "최후의 보루"라는 표현이 있지요. 가장 마지막까지 밀린 겁니다. 아비멜렉은 자신을 반대하는 사람들이 모여 있다는 소식을 듣고 그를 따르는 사람들과 함께 나무를 들고 가 더 이상 도망갈 곳이 없는 사람들을 태워 죽였습니다. 아래서부터 불을 놓아서요. 그 때에 죽은 사람이 천 명이었다고, 성경은 기록합니다. 요담의 우화 끝에 나왔던 백향목들이 바로 이 불타 죽은 이들이라고 볼 수 있습니다. 하나님께서 보시기엔 이스라엘 백성 한 명 한 명이 모두 백향목만큼 소중한 존재라 했습니다. 그 안에 당신의 숨결이 들어 있는 피조물인데 어찌 귀하지 않겠습니까? 인간—왕들이 볼 때엔 하찮은 생명이었을지도 모르지만 하나님껜 그 모든 생명이 레바논산 백향목과도 같이 귀했습니다. 권력 유지를 위해 버려질 수 없는 소중한 생명이었습니다. 그런데 귀한 건물에 쓰임 받는 백향목처럼 하나님께서 아름답게 쓰시기 위해 아끼셨던 생명인데, 천 개의 백향목이 태워지듯, 가시나무 같은 아비멜렉에 의해 그 생명들이 사그라진 것입니다.

백향목 같은 이스라엘 백성

"요담이 신통하네. 예언이 맞았잖아?" 이야기의 핵심은 이것이 아닙니다. 인간이 인간 위에 군림하려 할 때 어떤 일이 생기는지, 이 본문은 요담의 입을 통해 여호와의 경고를 전하고 있는 겁니다. 자기 아버지의 이름을 믿고 우쭐해 남을 깔보았던 아비멜렉의 모습을 기억했으면 합니다. 어찌 좋은 일들, 반듯한 사람만 기억할까요. 성경은 여호와 보시기에 악을 행한 사람들의 이야기도 빈번히 나옵니다. 스스로 왕이 되는 길을 도모하느라 여호와의 백향목과 같은 소중한 생명을 '죽이는' 범죄를 저질렀던 아비멜렉을 마음에 새겨야 할 것 같습니다. 우리 눈앞의 성공을 욕망하고 이를 얻어내는 일에 급급하여 스스로 가시나무가 되지 않기를 기도합니다. 늘 경계하지 않으면 어느 순간에 우리는 하나님의 백향목들을 업신여기고 있을 수도 있기 때문입니다. '효율성'과 '안정성'이란 이름으로 수백, 수천 명의 사회적 생명을 함부로 빼앗는 일에 참여하고 있을지도 모릅니다.

스스로 왕이 되었던 아비멜렉은 오늘날에는 아주 나쁜 본보기로 성경에 기록되었습니다. "기왕에 사람으로 태어났으면 이름을 남겨야지." 우리는 자주 이러한 사회적 압력을 받고 삽니다만, 아비멜렉 같이 남는 이름이라면 차라리 이름 없이 초야에 묻혀 사는 평민의 삶이 낫지 싶습니다. 왕이 되어보려고 얼마나 바빠, 얼마나 고단하게 살았겠습니까? 침상에서조차 편안하게 쉬지 못했을 겁니다. 그러나 그 숱한 생명을 죽이고도 훗날 왕으로 평가받지 못하고 있는 것은 물론, 하나님의 통치 질서를 거스른 악한 사람으로 기억되고 있다니! 아비멜렉이 타임머신이라도 타고 자신에 대한 기록을 보았다면 참으로 허탈했을 겁니다. 그의 수고가 악하고 헛되었다는 것을, 그의 미래 사람인 우리는 또렷하게 읽고 명백하게 이해합니다. 그러니 굳이 왕된 삶이 아니어도 괜찮습니다. 평범한 삶이 축복임을 깨달아야 합니다. 유명하지 않으면 어떤가요? 사람들이 주목할 만한 업적과 실적이 부족하다고 위축될 일도 아닙니다. 행여 건강하지 않다고, 외모가 뛰어나지 않다고, 지식이 출중하지 않다고, 자기를 비하할 필요도 없습니다. 우리 모두는 하나님 보시기에 "레바논의 백향목"인걸요. 한 사람 한 사람 하나님께 쓰임 받을 것을 기대하며 기다립시다. 포도주, 단 열매, 기름… 우리는 이웃을 위해 나눌 재능을 여호와로부터 선물로 받았습니다. 그리고 주님께서는 우리의 재능을 귀하게 여기십니다. 그러니 이미 우리는 "높여진 삶"을 살아가는 겁니다. 여호와께서 높이셨으니까요. 물론 이 '높임'은 수직축의 피라미드 구조에서의 꼭대기 자리를 의미하는 것은 아닙니다. 여호와께서 기뻐하시는 나라는 결코 높낮이가 있는 나라가 아니거든요. 이 이야기는 앞으로 더 살펴볼 기회가 있을 거예요. 그러니 오늘은 "우리는 여호와의 백향목이다"라는 행복한 사실을 다시 한 번 되새기며 마칠까 합니다. 나를, 그리고 너를 존귀하게 여깁시다. 우리는 모두 "레바논의 백향목"과 같은 존재라는 놀라운 축복을 마음에 새기고 서로에게 건넵시다.

신앙, 그 순례의 여정

기도

사랑의 하나님, 감사를 드립니다. 이 세상 권력자들이 우리를 아무리 하찮게 보더라도, 여호와의 눈에는 저희들이 향기로운 레바논의 백향목이라는 사실이 큰 위로와 힘이 됩니다. 우리가 가진 각자의 재능을 귀하게 사용하여 여호와께서 이 땅에 도래하기 원하시는 질서, 뭇 생명이 평화롭고 평등하게 서로 돕고 살아가는 '나라'를 건설하고 싶습니다. 그러기 위해서 오늘 이스라엘 사람들의 실패담을 마음에 되새기게 하소서. 이 이야기를 통하여 저희들이 큰 교훈을 얻게 하소서. 행여 아비멜렉처럼 스스로를 높이는 교만한 삶이 되지 않게 하시며, 주님께서 주신 고유한 재능으로 하나님과 이웃을 기쁘게 섬기는 삶을 살아가게 하소서. 예수님의 이름으로 기도합니다. 아멘.

우리를 레바논의 백향목처럼 아끼시는 여호와만을 우리 왕으로 섬기며, 이웃에게 군림하기보다 나만의 달란트로 서로를 섬기는 신앙인이 됩시다.

스물일곱 번째 만남

공인(公人)의 사의(私意)가 부른 참극, 입다와 그의 딸 이야기

사사기 11장

지난 시간 아비멜렉 이야기는 우리가 주의해야 할 권력욕이 공동체에 얼마나 큰 해악을 끼치는 지에 대해 경계로 삼을 만한 나눔이었어요. 오늘 함께 묵상할 사사는 공동체적 지도자의 자세에 관하여 또 다른 교훈을 줍니다. 성경 속에서 손에 꼽을 만큼 비극적인 인물이죠. 특히 그 딸과 결부된 일화가 유명합니다. 떠오르는 사람이 있으신가요? 네, 바로 입다 이야기입니다. 입다의 딸은 이름조차 밝혀지지 않은 채 그저 '사사의 딸'로서 등장하지만 오늘 성경 말씀에서 매우 핵심적인 역할을 하고 있습니다.

입다의 쓴 뿌리

사사기 11장에 기록된 입다의 이야기로 시작해 볼게요.

길르앗 사람 입다는 큰 용사였으니 기생이 길르앗에게서 낳은 아들이
었고 길르앗의 아내도 그의 아들들을 낳았더라 그 아내의 아들들이 자라
매 입다를 쫓아내며 그에게 이르되 너는 다른 여인의 자식이니 우리 아
버지의 집에서 기업을 잇지 못하리라 한지라 이에 입다가 그의 형제들을
피하여 돕 땅에 거주하매 잡류가 그에게로 모여 와서 그와 함께 출입하
였더라(사사기 11:1-3).

이 세 절만 읽어 보아도 입다의 가정환경과 성장 배경을 유추할
수 있습니다. 그동안의 사사 이야기는 하나님께서 사사들에게 직
접 찾아가신 이야기부터 시작하여 사사들의 공적인 활동이 기록되
어 있는데요, 입다의 경우는 그의 가정사에 대한 이야기부터 시작이
됩니다. 엄마는 기생이었고 본처가 아니었습니다. 이스라엘 사람들
이 비록 하비루들의 공동체였고 평등을 지향했다지만, 실제의 삶에
서는 자기 식구끼리도 차별이 있고 더 천대하는 사람들이 있었을 겁
니다. 그게 보통 인간들의 마음이니까요. 정실부인에게서 난 아들이
아니라면 필시 무시를 당했을 겁니다. 본처소생들과 함께 자라났다
하니, 어린 시절 그 마음의 상처가 얼마나 컸을까요. 심지어 청년이
된 본처 소생들은 입다를 쫓아내기까지 합니다. 뭐, 그들의 입장도
이해는 가요. 사극에서 많이 보았잖아요? 아무래도 첩의 경우 남편
의 사랑을 더 많이 받는 법이니까요. 본처소생의 아들들이 어려서는
아무리 아버지에게 억울하고 자기들의 어머니가 불쌍해 보여도 힘
을 발휘하기가 어렵죠. 고작 할 수 있는 복수라고는 질투와 비하가

함께 담긴 시선뿐. 그러나 장성한 다음이라면 입장이 달라지지요. 아버지는 연로하여 힘이 없거나 아니면 이미 돌아가신 상황일 테니까요. 이때다 싶은 이복형제들은 입다를 공동체 밖으로 내쫓습니다.

길르앗의 아내도 그의 아들들을 낳았더라 그 아내의 아들들이 자라매 입다를 쫓아내며 그에게 이르되 너는 다른 여인의 자식이니 우리 아버지의 집에서 기업을 잇지 못하리라 한지라(사사기 11:2).

이스라엘의 신앙적인 측면에서 보면 "기업을 잇지 못한다"는 것은 단순히 가산에 대한 불이익만을 의미하지 않았습니다. "네게는 하나님의 축복을 받을 수 있는 몫이 없다." 이런 말과도 같습니다. 이스라엘에게 땅은 여호와의 것이었고, 자신의 터전에서 함께 하시는 여호와의 임재와 축복을 의미하는 것이니까요. 어머니가 비록 다르지만 한 형제들로부터 그런 식의 말을 듣고 쫓겨난 입다의 심정은 어떠했을까요?

쫓겨난 입다는 돕 땅에 거주하게 됩니다. 왜 그런지는 모르겠지만 보통 첩의 아들로 멸시천대를 받는 '주인공'은 드라마에서나 소설에서 늘 머리가 좋고 힘도 세고 거기다 카리스마까지 있죠. 홍길동처럼요. 입다도 역시 힘이 좋고 꽤나 리더십이 있었던 모양입니다. 그렇기에 "잡류"가 그에게로 몰려왔겠죠.

이에 입다가 그의 형제들을 피하여 돕 땅에 거주하매 잡류가 그에게로

신앙, 그 순례의 여정

모여와서 그와 함께 출입하였더라(사사기 11:3).

"잡류"라는 어감이 긍정적이지는 않죠. 여기서 "잡류"의 히브리어 본뜻은 '무가치한 사람', '건달 떼'를 의미합니다. 1권에서 '히브리' 의 어원이 되는 하비루(사회적 약자) 집단을 설명할 때 그들 중에는 "계약 용병"도 있었다고 했지요. 경호 업무나 전투 보조 등에 임하면서 먹거리를 얻기도 하고 그도 어려우면 있는 힘으로 가끔 약탈도 일삼는 그런 삶을 살던 사람들입니다. 혈연 공동체가 아니라 이런저런 이유로 공동체에서 쫓겨났거나 끼지 못한 사람들이 우르르 몰려 다녔기에 '잡류'라는 비하적인 표현으로 불렸던 거죠. 한마디로 입다는 고향에서 쫓겨나 건달패들과 계약 용병으로 하루하루를 연명하고 있었던 것입니다.

　그런 그에게 전세역전의 호기가 찾아옵니다. 그가 살던 고향, 길르앗이 암몬 족속의 잦은 침입으로 괴롭힘을 당하고 있었기 때문입니다. 길르앗 사람들의 힘만으론 도저히 막을 수 없었기에 결국 길르앗의 장로들이 입다를 찾아옵니다. 그간 소문을 들은 게지요. 세상에나! 쫓겨난 고향에서 자기를 찾다니요. 그것도 공동체에서 존경받는 어른들이 직접 찾아와 청원을 합니다.

　그러므로 길르앗 장로들이 입다에게 이르되 이제 우리가 당신을 찾아온 것은 우리와 함께 가서 암몬 자손과 싸우게 하려 함이니 그리하면 당신이 우리 길르앗 모든 주민의 머리가 되리라 하매 입다가 길르앗 장로

들에게 이르되 너희가 나를 데리고 고향으로 돌아가서 암몬 자손과 싸우
게 할 때에 만일 여호와께서 그들을 내게 넘겨주시면 내가 과연 너희의
머리가 되겠느냐 하니 길르앗 장로들이 입다에게 이르되 여호와는 우리
사이의 증인이시니 당신의 말대로 우리가 그렇게 행하리이다 하니라(사
사기 11:8-10).

입다의 입장에선 설욕의 기회가 온 것이지요. 별 볼일 없이 쫓겨
났던 그가 장로들의 부름으로 고향에 돌아가게 된다면 이복형제들
도 꼼짝할 수 없을 것입니다. 게다가 만약 암몬 족속과 싸워 이기면
자기 집안을 넘어 "길르앗의 머리"로 추대하겠다고 합니다. 입다로
서는 매우 유혹적인 계약조건입니다. 싸우지 않을 이유가 없죠.

그런데 본문을 꼼꼼히 읽다 보면 뭔가 조금 이상하지 않으세요?
우리가 그동안 배웠던 대사사의 모습을 보면, 하나님께서 직접 나타
나셔서 소명을 내리시거나 아니면 소사사가 하나님의 말씀을 전달
함으로 대사사로 부름을 받았지요. 그러나 입다의 경우엔 장로들이
인간적인 필요에 의해 찾아온 것입니다. 앞서 배운 사사들의 부름이
여호와와의 언약 관계였다면, 장로들의 부름을 받은 입다는 서로의
필요에 의한 인간들의 이해타산적인 계약 관계인 셈입니다. 용병들
은 그들에게 제시한 보답이 마음에 들 때에만 나가서 싸웁니다. 길
르앗 장로들은 입다가 원하는 보답이 무엇이었는지 아주 잘 알고 있
었습니다. 아픔을 갖고 쫓겨났던 고향의 우두머리가 되는 것, 이것
만큼 좋은 계약 조건은 없었겠지요. 입다는 그 부름에 응합니다. 원

　　　　　　　　　　　　　　　　　신앙, 그 순례의 여정

래 대사사는 공동체를 지키기 위해서 일어나는 임시적 군사지도자였습니다. 거기에 사의私意는 없었죠. 자신의 개인적인 울분을 설욕하기 위해 일어나는 것은 대사사의 전형에 들어맞지 않는다는 말입니다. 그러나 입다의 모습은 개인적인 울분과 원한을 보상받을 생각이 먼저였습니다. 그렇기에 계약에 응답한 것입니다.

여호와를 잊은 욕망의 대가

입다 개인적으로는 여호와의 말씀과 자신의 설욕을 동시에 이룰 수 있을 거라고 생각했던 것 같아요. 하지만 "꿩 먹고 알 먹으려"는 입다의 인간적인 계산으로 인해 비극이 찾아왔습니다. 오늘의 묵상 제목을 "공인公人의 사의私意가 부른 참극"이라고 붙인 이유가 여기 있습니다. 특이한 점은 사사기 저자가 "입다 이야기"를 서술하면서는 여호와의 부르심이나 전쟁에서 어떻게 승리했는지 등의 방법에 대해선 그렇게 자세하게 묘사하지 않고 있다는 것입니다. 오히려 그가 울분을 품게 된 배경이나 사의로 인해 비극을 겪게 되는 과정이 더욱 자세하게 표현되어 있습니다. 성경에 이 부분이 강조되어 있는 것은 그만한 이유가 있기 때문이라고 생각합니다.

저는 이 부분이 참으로 흥미로웠습니다. 사사들의 행적을 기록함에 있어 통일된 기준을 가지고 분량이나 서술방식을 일치시키는 것이 '기록물'로서의 가치가 있을 텐데, 사사기는 이런 방식으로 저술되지 않았습니다. 각 사사들의 이야기에서 신앙인들이 얻게 되는 교훈의 측면이 다릅니다. 어쩌면 의도한 것이 아닐까요? 그래서인지 사사들의 이야기마다 강조점이 달라지는 것을 발견합니다. 입다의 이야기에서 제가 발견한 것은 공동체를 위해 섬겨야 할 개인이 사의를 품었을 때 어떤 비극이 일어나는 지에 관한 것이었습니다. 입다의 입장에서 그가 맡은 이 전쟁은 반드시 이겨야만 했고, 그렇기에 하나님께 서원을 한 것이겠죠.

> 내가 암몬 자손에게서 평안히 돌아올 때에 누구든지 내 집 문에서 나와서 나를 영접하는 그는 여호와께 돌릴 것이니 내가 그를 번제물로 드리겠나이다 하니라(사사기 11:31).

좀 너무했지요? 입다의 갈급함은 이해가 가지만 이것은 전혀 여호와 전쟁의 절차나 방식이 아니잖아요. 여호와께 서원할 때조차도 언약이 아닌 계약 관계로 여호와를 대하는 모습이 너무나 낯섭니다. 물론 입다가 완전히 불신앙적인 사람이라는 말은 아닙니다. 길르앗의 장로들이 그를 설득하려 찾아왔을 때의 반응을 보면, 그에게도 여호와 신앙이 있음을 알 수 있어요.

> 이스라엘의 하나님 여호와께서 이같이 아모리 족속을 자기 백성 이스라엘 앞에서 쫓아내셨거늘 네가 그 땅을 얻고자 하는 것이 옳으냐 네 신 그모스가 네게 주어 차지하게 한 것을 네가 차지하지 아니하겠느냐 우리 하나님 여호와께서 우리 앞에서 어떤 사람이든지 쫓아내시면 그것을 우리가 차지하리라(사사기 11:23-24).

"우리" 하나님 여호와라잖아요. 분명 그에게도 여호와를 향한 신앙이 있었습니다. 그럼에도 불구하고 입다가 여호와께 했던 서원(11:31)은 이스라엘의 대사사가 할 만한 서원은 아니었습니다. 혼자 전쟁에 나서는 것이 두려워서 여호와의 동행하심과 확신을 구했던 자는 있었지만(바락이나 기드온처럼), 여호와 하나님과 일종의 '교환무역trade'을 시도한 사사는 입다가 처음입니다. "나를 승리하게 하시면 저의 집에서 가장 먼저 나오는 생명을 여호와께 번제로 드리겠습니다." 무역상인들 간에 교환조건을 내거는 것도 아니고, 입다는 여호와의 규례에 없는 이러한 약속으로 주님과 계약을 맺으려 합니다. 이는 고대 근동에서 흔히 발견되는 조건부 계약이었습니다. 아무래도 공동체 밖에서 떠돌며 도시국가의 왕들이나 유력 부족들과 계약 관계로 살아가면서 연명하던 입다의 삶의 방식이 드러난 듯합니다. 여호와께서 그의 서원을 받아들이셨다는 이야기가, 성경에는 나오지 않습니다. 그저 입다의 일방적인 서약이었지요.

입다는 전쟁에 임했습니다. 암몬과의 전쟁은 대승이었죠. 입다는 정말 뛸 듯이 기뻐합니다. 그럴 일이죠. 곧 고향으로 금의환향할 일만 남았으니까요. 이제 길르앗의 머리가 될 것입니다. 그에게 조아리는 이복형제들의 '꼴'을 상상해보자니 벌써부터 어깨가 으쓱해지고 신바람이 납니다. 그런 '행복한' 상상으로 머리를 가득 채우며 집으로 돌아갔을 겁니다. 그러나 그의 승전 소식에 그 누구보다도 기뻐하면서 집에서 가장 먼저 뛰어나온 사람은 입다의 무남독녀 외동딸이었습니다. 어쩌면 좋습니까. 자신이 여호와께 드린 서원에 따른다면 이제 입다는 무남독녀 외동딸을 번제로 바쳐야 합니다. 그렇기에 성경 안에서 가장 비극적인 사건 중 하나라고 말씀드린 겁니다.

사실 대사사들은 '여호와 전쟁'에 임하면서 굳이 서약 같은 것을 할 필요가 없었습니다. 이건 개인의 사욕을 위한 전투가 아니었으니까요. 어차피 여호와께서 자신의 백성들을 위해, 즉 공의를 위해 일으키시는 전쟁이니, 친히 그가 앞서 싸우실 것입니다. 때문에 전쟁에 임하는 사사가 굳이 무엇인가를 걸고 전쟁을 치를 필요가 없었습니다. 그저 믿음을 가지고 나가면 되는 것이요 주님의 판결을 기다리기만 하면 되는 것이었어요. 승리도 패배도 다 여호와의 뜻 안에 있는 겁니다. 사사기 11장 27절에서 입다가 스스로 고백한 이야기처럼 말이지요.

내가 네게 죄를 짓지 아니하였거늘 네가 나를 쳐서 내게 악을 행하고자 하는도다 원하건대 심판하시는 여호와께서 오늘 이스라엘 자손과 암몬 자손 사이에 판결하시옵소서(사사기 11:27).

"심판하시는 여호와께서 오늘 … 판결하시옵소서." 그런 고백을 가지고 나아가면 되는 것이었습니다. 만약 이스라엘의 행위가 하나님 앞에 정당하다면 승전하게 해주실 것입니다. 이것이 공의입니다. 패할 수도 있습니다. 그랬던 적도 있었습니다. 그럴 때면 여호와 앞에 자복하여 자신들의 불신앙이 무엇이었는지 회개하면 될 일이었습니다. 전쟁의 승패는 오로지 여호와 손에 달린 일이었습니다. 그

신앙, 그 순례의 여정

럼에도 입다는 사적인 열망 때문에 "이 전쟁만큼은 꼭 이겨야 한다"는 강박관념을 가졌던 것 같습니다. 그 사적인 열망이 생명을 담보로 하는 약속을 하게 만든 것이지요. 사의가 담긴 약속을 하나님께 건넨 겁니다. 사실 약속은 쌍방 간의 합의가 필요한 법인데, 성경 본문에는 그 어디에도 여호와께서 입다의 서약을 기뻐하셨다는 기록이 없습니다. 안타까운 일이죠. 입다의 정황이나 절실함은 이해가 되지만, 모든 결과를 여호와께 맡기고 여호와께서 내려주신 결과에 순종하는 자세가 필요했습니다.

그러나 입다는 이런 여호와 전쟁의 기본 전제를 흔드는 계약조건을 '감히' 여호와께 제안한 겁니다. 그와 대적하는 암몬 족속도 그렇지만 당시 이방 종교의 제의에서 가장 '귀한' 희생제물은 사람이었습니다. 절실함이 클수록 제물의 희생도 커지는 법이지요. 하여 당시의 이방 나라들은 국가적 도모를 할 때에 심지어 왕의 아들을 제물로 바치는 일들까지 성행했습니다. 이스라엘의 왕들 중에도 여호와 신앙에 굳게 서 있지 못했던 왕들이 이런 이방 풍습을 따라한 사례들이 있었죠. 돕 땅에 잡류와 거주하며 이방 사람들의 삶의 방식에 익숙했던 입다였기에, 자기도 모르게 절실함에서 나온 타협안이었을 겁니다. 이 전쟁을 자기 손에 붙이시면 그만큼 큰 희생물을 감사제로 바치겠다고요. 물론 입다는 그 번제물이 자신의 외동딸이 될지는 상상도 못했을 겁니다.

하지만 입다는 분명 "그의 집에서 나오는 제일 첫 생명"을 약속했습니다. 그럼, 그 생명은 소중하지 않나요? 자신의 외동딸만 아니면 되는 건가요? 생명의 근원이신 여호와께 소중하지 않은 생명이 어찌 있을까요? 물론, 밤새 집안에 묶어두었던 가축일 수도 있습니다. 하지만 '복불복'이죠. 꼭 동물이라는 보장은 없습니다. 하지만 입다는 그 생명을 희생할 마음의 각오가 있었던 겁니다. 그만큼 간절했습니다. 그 정도의 '제물'조차 아깝지 않을 정도로 이 전쟁은 꼭 이겼으면 했습니다. 그러하였기에 입다는 이방적인 계약을 자신의 신 여호와에게 제안한 것이었겠죠. 여호와 신앙을 가졌음에도, 계약 용병 생활을 하는 가운데 이방 습속에 물들어 버렸음이 일차적인 실수요, 강렬한 사적 열망에 사로잡혀 공적 임무를 반드시 승리로 이끌겠다는 욕심이 입다로 하여금 이런 끔찍한 결과를 직면하게 만든 것이죠.

입다가 잃어버린 것

눈에 넣어도 아프지 않을 외동딸, 그 아이가 가장 먼저 기뻐하며 나왔다는 이야기를 듣고 입다는 참담해 합니다. 이러한 정황에서 아버지와 딸이 하는 대화입니다. 정말이지 그 어느 역사에서도 찾아보기 드문 비극적 대화죠.

입다가 이를 보고 자기 옷을 찢으며 이르되 어찌할꼬 내 딸이여 너는 나를 참담하게 하는 자요 너는 나를 괴롭게 하는 자 중의 하나로다 내가 여호와를 향하여 입을 열었으니 능히 돌이키지 못하리로다 하니 딸이 그에게 이르되 나의 아버지여 아버지께서 여호와를 향하여 입을 여셨으니

신앙, 그 순례의 여정

아버지의 입에서 낸 말씀대로 내게 행하소서 이는 여호와께서 아버지를 위하여 아버지의 대적 암몬 자손에게 원수를 갚으셨음이니이다 하니라 (사사기 11:35-36).

이 대화를 읽으면서 어떤 마음이 드시나요? 번제물로 드려지는 입장에서 어떻게 이렇게도 침착할 수 있는지. 사실 성경 안에 있는 몇 가지 비극적 에피소드 가운데 '입다의 딸' 이야기는 거의 상위 순위일 거예요. 번제물을 드린다는 것이 어떤 것인지 우리는 잘 알고 있잖아요. 너무나 끔찍한 사건이라 성경학자들은 오랫동안 이 본문을 여러 시각에서 해석해왔어요. 더구나 비슷한 장면으로 연상되는 아브라함과 이삭의 에피소드에서는 극적으로 개입하셨던 여호와께서 왜 이 장면에서는 개입하시는 역사가 없냐고, 여성신학적 시각에서 비판하는 학자들도 있습니다. 급기야 한 여성신학자는 "폭력의 본문text of terror"이라고 비난하기도 했습니다. 그러나 성경을 제 삶의 지표요 신앙고백의 원천으로 삼는 저로서는 이 부분이 쉽게 건너뛰거나 버리기 어려운 본문입니다. 하여 참으로 많이 씨름했던 구절이죠. 저의 '해결'은 이러했습니다.

저는 입다의 딸이 아버지가 겪었던 트라우마와 그의 열망을 알았을 것 같다는 생각이 들었습니다. 무남독녀 외동딸입니다. 평소 "딸 사랑은 아버지"라고 하지요. 얼마나 살가운 사이였을까요? 입다의 딸은 아버지의 기쁨만이 아니라 그의 비애조차도 잘 알고 있었을 겁니다. 하여 비록 여호와 신앙에 위배되더라도 여호와의 이름으로 서원을 했던 아버지의 그 절실함을 어느 정도는 이해했을 법도 합니다. 그러니 그 뜻을 따르기로 결정하지 않았을까 생각합니다. 물론 이 끔찍한 비극은 성경학자들 사이에서도 다양한 입장에서 각기 다르게 해석하는 본문입니다. 하지만 "사람 사는 이야기"로 접근하는 우리 '사랑방 식구들'이니, 역시 인간의 마음으로 과연 입다의 딸이 어떤 마음이었을지 함께 생각해보았으면 합니다. 그녀는 순순히 번제물로서의 자신의 운명을 받아들이면서, 한 가지 요청을 합니다.

또 그의 아버지에게 이르되 이 일만 내게 허락하사 나를 두 달만 버려 두소서 내가 내 여자 친구들과 산에 가서 나의 처녀로 죽음을 인하여 애곡하겠나이다 하니(사사기 11:37).

히브리 성경에는 '죽음'이라는 단어가 나오지 않습니다. 그 대신 "나의 처녀 됨을 인하여 애곡하겠다"고 나옵니다. 자신의 여자 친구들과 두 달만 서로 환송하는 시간을 지내게 해달라고 부탁합니다. 두 달간의 시간을 보내고 입다의 딸은 번제물이 되었을까요? 히브리 원어 성경에 '죽임'이라는 표현이 없다는 것을 근거로, 상당수의 학자들은 입다의 딸이 번제물로 죽임을 당한 것은 아니라고 해석합니다. '번제물로 드린다'는 것을 '여호와께 자신을 온전히 드린다'는 뜻으로 해석하는 것이죠. 이렇게 해석하면 그녀가 죽임을 당하는 것이 아니라 완전히 세상으로부터 격리되어 성소에서 일하는 자로 바쳐진다는 의미가 될 수 있습니다. 당시 성소에서 일하기로 구별된

신앙, 그 순례의 여정

이들은 실제로 결혼하고 아이를 낳고 가정생활을 하는 세상 삶으로부터는 철저히 격리되었거든요. 이 경우라면 정말 번제물로 불탔다고 생각하는 것보다는 덜 애통할 수 있겠지요.

번제물로 죽임을 당했는지, 아니면 성소에서 일하는 자로 격리되었는지, 그 사실 여부도 중요할 수 있겠지만, 저는 이 본문에서 더 중요하게 주목해야 할 부분이 있다고 생각해요. 바로 무남독녀였던 딸이 자손을 낳지 않음으로 인해 입다의 가문은 더 이상 '여호와의 기업'을 이을 수 없게 되었다는 것입니다. 저는 이것이 핵심이라고 봅니다. 입다가 전쟁에 나섰던 가장 큰 이유가 바로 그의 이복형제들이 그에게 했던 "기업을 잇지 못할 것이다"라는 말의 아픔을 회복하기 위함이었을 테니까요. 슬로브핫의 딸들 이후로 딸들도 아버지의 기업을 이을 수 있게 되었음을 기억하실 겁니다. "이제 이 전쟁에서 이기고 금의환향하면, 나는 무남독녀 딸을 통해 내 아버지의 집에서 머리가 되고 기업을 잇고 권세 있는 가문을 만들리라." 만약 이런 사적私的 욕심으로 전쟁에 나섰다면, 그리고 이를 성취하기 위해 여호와께서 말씀하신 적도 없고 심지어 금하라 하셨던 이방제의였던 인신제의까지도 서원했다면, 입다가 결과적으로 무남독녀의 외동딸을 잃게 됨으로써 얻은 결과는 더욱 참담한 것입니다. 입다가 이 전쟁에 임했던 본래적 의도를 이루지 못했으니까요. 아울러 사랑스런 딸도 잃고요.

과연 성경을 기록한 이스라엘의 신앙인들은 입다의 이야기를 통해 어떤 교훈을 새기고 싶었을까요? 또한 이 본문은 오늘을 사는 우리들에게는 어떤 적용이 가능할까요? 크든 작든 살다 보면 공동체를 위한 일을 하는 자리가 주어지기도 합니다. 하지만 그 '자리'란 공동체의 의義를 이루는 자리입니다. 자신의 오랜 사적 숙원을 이루고자 그 자리가 주어진 것이 아니라는 것이죠. 사사 입다의 이 비극적 이야기를 통해 우리가 깨달아야 하는 것이 있다면, 공동체의 공직을 이용하여 사의를 이루고자 하는 시도를 삼가야 한다는 것입니다. 물론 이 하나의 교훈만을 위해 입다 이야기가 쓰인 것은 아니겠죠. 하지만 한 사람 한 사람의 사사 이야기들을 통해 저는 '사사됨'에 대한 교훈을 하나씩 얻어가게 됩니다. 이후 입다는 훌륭한 사사로서 자신의 임무를 성실히 수행했습니다. 그러나 너무나 큰 희생을 대가로 치른 이후였죠. 이 이야기를 되짚어보며 우리 삶 속에서 늘 유념해야 하겠습니다. 공동체 안에서 공의를 위해 일해야 하는 자리가 주어질 때 행여 아주 작은 사의라 하더라도 그 자리를 통해 자신의 사적 욕망을 이루려하고 있진 않은지, 늘 점검하고 경계하는 신앙인이 되었으면 합니다.

신앙, 그 순례의 여정

기도

　사랑의 하나님, 감사드립니다. 오늘 입다와 그의 딸 이야기를 통해 애통하는 마음으로 큰 교훈을 얻었습니다. 인간이 가진 사적인 뜻을 이루고자 공적인 힘을 이용할 때 어떤 결과를 가져올 수 있는지 배웠습니다. 여호와께서 공동체를 위한 당신의 뜻을 위해 우리를 사용하실 때, 개인의 사리사욕을 버리고 주님과 공동체만을 위해 고민하게 하여 주시옵소서. 그 자리를 저희들의 개인적이고 사적인 욕심을 이루는 통로로 이용하지 않게 하소서. 그러기 위해 언제나 우리와 함께하시는 임마누엘 주님과 동행하는 삶을 살기 원합니다. 예수님의 이름으로 기도합니다. 아멘.

공동체를 위한 일에 부름 받았을 때는 큰일이든 작은 일이든 사심을 내려놓고 하나님의 공의만을 생각합시다.

스물여덟 번째 만남

'그침'의 신앙, 엘리와 사무엘 이야기
사무엘상 1-3장
. . . .

지난 시간에는 사사 입다와 그의 딸 이야기를 묵상했습니다. 그 비극적 이야기를 함께 하면서 〈성경 사랑방〉 패널이신 용환 형제가 귀한 나눔을 해주었어요. 입다의 삶을 보며 문득 요셉을 떠올렸다고요. 입다의 삶과 요셉의 삶은 그 시작이 매우 비슷했다는 거죠. 자신의 형제들에게 버림받아 외지에서 고생을 한 것이니까요. 요셉은 친형제들로부터 버림을 받았으니 그 좌절감이 더 컸을지도 모릅니다. 그러나 그 둘의 결말은 달랐습니다. 입다는 그에게 복수의 기회가 찾아오자 자신의 욕심으로 그것을 이루려 합니다. 그러나 요셉은 그런 기회가 찾아왔을 때에 형제들을 용서함으로 진정한 화해를 이루었다는 것이지요. 입다도 만약 형제들을 용서할 수 있었다면 사의를 갖지 않고 대사사로서 공의를 위하여 전쟁에 임하는 자세를 보일 수 있지 않았을까, 하는 나눔이었습니다. 그랬다면 딸을 잃는 비극적인 결말도 일어나지 않았을 것입니다. 이런 나눔에 귀 기울이다 보니 깨닫게 되는 것이 있네요. 인간의 삶이란 결국 '상황이 아니라 선택'이라는 것 말입니다. 같은 상황이 주어져도 어떤 선택을 하느냐가 우리의 인생을 다르게 만들어 갑니다. 그 결정적 순간에 '입다의 선택'이 아닌 '요셉의 선택'을 기억할 수 있었으면 좋겠습니다.

한나의 노래, 수평적 하나님 나라의 소망

사사기에 등장하는 모든 사사들을 공부하면 좋겠지만 그리하다 가는 이 책의 분량이 온통 사사들의 이야기로만 가득할지도 몰라요. 하여 오늘은 많이 건너뛰고서 이스라엘의 마지막 사사 이야기로 가볼까 합니다. 소사사였던 사무엘 이야기입니다. 소사사? 그동안 대사사를 주로 살펴보아서 '소사사'의 역할이 무엇인지 기억하지 못하실지도 모르겠어요. 소사사는 주로 제의를 집전하고 공동체 내에서 이런 저런 의사결정과 재판을 담당하는 지도자를 의미합니다. 사무엘 직전에 이 일을 담당했던 소사사는 엘리였어요. 엘리도 사무엘도 매우 중요한 시점에서 소사사의 역할을 감당했습니다. 200년 동안 실험했던 공동체의 뜻이 무너지고 있던 시기였거든요.

사무엘은 그의 어머니 한나의 서원으로 성소에 바쳐진 아이였습니다. 여러분도 잘 아시는 이야기일 겁니다. 한나에게는 마음의 고통이 있었습니다. 자식이 없다는 것이었죠. 요즘에는 일부러 자녀들을 갖지 않기도 하는 시절입니다만, 전통 사회에서 자식이 없다는 것은 여인으로서 굉장히 수치스러운 일이었습니다. 더군다나 한나의 남편에겐 또 다른 아내 브닌나가 있었고, 설상가상 브닌나는 매우 많은 아이들을 낳았습니다. 비록 자녀가 없음에도 남편은 한나를 더욱 많이 사랑했다는데, 그 일로 인하여 브닌나의 괴롭힘이 심했습니다. 하여 한나는 하나님께 안타까운 마음으로 기도하다가 결국 서원까지 드리게 된 상황이죠. 사무엘상 1장 10-11절 말씀입니다.

> 한나가 마음이 괴로워서 여호와께 기도하고 통곡하며 서원하여 이르되 만군의 여호와여 만일 주의 여종의 고통을 돌보시고 나를 기억하사 주의 여종을 잊지 아니하시고 주의 여종에게 아들을 주시면 내가 그의 평생에 그를 여호와께 드리고 삭도를 그의 머리에 대지 아니하겠나이다 (사무엘상 1:10-11).

한나의 고통이 담긴 서원입니다. 무자無子의 고통을 해결해주신다면 첫 아이를 하나님께 온전히 드리겠다고요. '머리에 삭도를 대지 않는다'는 것은 성스럽게 구별된다는 표현입니다. 나실인이라고 하지요. '구별된 자'란 뜻을 가지고 있으며 특별한 헌신을 위해 세상과 단절하고 스스로를 구별하여 하나님께 자신을 봉헌한 자들을 의미합니다. 삼손, 사무엘, 세례 요한 등이 나실인에 속합니다.

한나는 기도의 응답으로 첫 아이 사무엘을 갖게 됩니다. 너무나 기뻤겠지요. 자신의 서원대로 사무엘이 젖을 떼기 전까지만 품에서 기르다가 그를 여호와께로 보냅니다. 얼마나 기뻤는지 한나가 불렀

신앙, 그 순례의 여정

다는 노래가 전해집니다. 그녀의 노래 가사를 차근차근 살펴보려고 해요. 개인적인 기쁨을 노래했음에도 불구하고, 그녀의 노래는 이스라엘 공동체의 비전을 담고 있기 때문입니다. 사무엘상 2장 1-10절 말씀입니다.

한나가 기도하여 이르되 내 마음이 여호와로 말미암아 즐거워하며 내 뿔이 여호와로 말미암아 높아졌으며 내 입이 내 원수들을 향하여 크게 열렸으니 이는 내가 주의 구원으로 말미암아 기뻐함이니이다 여호와와 같이 거룩하신 이가 없으시니 이는 주 밖에 다른 이가 없고 우리 하나님 같은 반석도 없으심이니이다 심히 교만한 말을 다시 하지 말 것이며 오만한 말을 너희의 입에서 내지 말지어다 여호와는 지식의 하나님이시라 행동을 달아 보시느니라 용사의 활은 꺾이고 넘어진 자는 힘으로 띠를 띠도다 풍족하던 자들은 양식을 위하여 품을 팔고 주리던 자들은 다시 주리지 아니하도다 전에 임신하지 못하던 자는 일곱을 낳았고 많은 자녀를 둔 자는 쇠약하도다 여호와는 죽이기도 하시고 살리기도 하시며 스올에 내리게도 하시고 거기에서 올리기도 하시는도다 여호와는 가난하게도 하시고 부하게도 하시며 낮추기도 하시고 높이기도 하시는도다 가난한 자를 진토에서 일으키시며 빈궁한 자를 거름더미에서 올리사 귀족들과 함께 앉게 하시며 영광의 자리를 차지하게 하시는도다 땅의 기둥들은 여호와의 것이라 여호와께서 세계를 그것들 위에 세우셨도다 그가 그의 거룩한 자들의 발을 지키실 것이요 악인들을 흑암 중에서 잠잠하게 하시리니 힘으로는 이길 사람이 없음이로다 여호와를 대적하는 자는 산산이 깨어질 것이라 하늘에서 우레로 그들을 치시리로다 여호와께서 땅 끝까지 심판을 내리시고 자기 왕에게 힘을 주시며 자기의 기름 부음을 받은 자의 뿔을 높이시리로다 하니라(사무엘상 2:1-10).

혼자서 아이를 낳고 기뻐한 여인의 노래치고는 조금 과하지요. 한나의 개인적인 상황이 직접적으로 담긴 부분은 "전에 임신하지 못하던 자는 일곱을 낳았고 많은 자녀를 둔 자는 쇠약하도다." 하는 부분 정도일까요. 왠지 브닌나를 겨냥하여 하는 말 같잖아요? 자식을 낳지 못할 거라고 한나를 괴롭히던 브닌나였으니까요. 그러나 한나의 노래에는 자신의 개인사 이야기만 나오지 않습니다. 용사의 활은 꺾이고, 풍족한 자는 구걸하고, 반면에 주렸던 자는 배불러진다는 사회적 차원의 비전이 나타나기 때문입니다. 그 맥락에서 보면 자녀가 없던 여인이 일곱을 낳는다는 비전은 결코 '개인적'으로만 해석할 일이 아닙니다. "일곱"은 성경에서 매우 축복받은 숫자이지요. 꼭 일곱 명의 아이를 낳는다기보다는 가득한 축복을 받는다는 의미일 거예요. 실제로 성경이 기록하는 한나의 아이들은 사무엘까지 아들이 넷, 그리고 딸이 둘이거든요. 그러니 문자적인 '일곱'과는 들어맞지 않습니다. 히브리어 동사는 완료형과 미완료형밖에 없다고 하네요. 완료형이 현재 이미 '완료된' 실상을 묘사하고 지적하고 고발할 때 사용된다면, 미완료형은 이미 여호와의 역사가 시작되었으나 아직 완성되지 않은 과정으로서의 구속사를 표현할 때 사용되는 시제죠. 한나의 노래는 이렇게 보자면 '미완료형'이에요. 그동안 자녀가 없다고 구박받았던 한나에게 첫 자녀가 주어졌다는 것은 여호와께서 '이미' 그의 공동체적 질서를 이 땅에서 실행하고 있으시며 그것이 자신의 삶 가운데서 이루어졌다는 감격에 찬 노래니까요. 그저 자기가 아들을 얻게 된 개인적 차원의 기쁨이 아니라는 말이죠.

"한나의 노래"를 보며 혹시 떠오르는 노래가 있으신가요? 그녀의 노래는 예수의 어머니 마리아의 노래와 매우 비슷합니다. 누가복음 1장 46-55절 말씀인데, 한 번 볼까요?

마리아가 이르되 내 영혼이 주를 찬양하며 내 마음이 하나님 내 구주를 기뻐하였음은 그의 여종의 비천함을 돌보셨음이라 보라 이제 후로는 만세에 나를 복이 있다 일컬으리로다 능하신 이가 큰일을 내게 행하셨으니 그 이름이 거룩하시며 긍휼하심이 두려워하는 자에게 대대로 이르는도다 그의 팔로 힘을 보이사 마음의 생각이 교만한 자들을 흩으셨고 권세 있는 자를 그 위에서 내리치셨으며 비천한 자를 높이셨고 주리는 자를 좋은 것으로 배불리셨으며 부자는 빈손으로 보내셨도다 그 종 이스라엘을 도우사 긍휼히 여기시고 기억하시되 우리 조상에게 말씀하신 것과 같이 아브라함과 그 자손에게 영원히 하시리로다 하니라(누가복음 1:46-55).

한나의 노래와 마리아 찬가가 비슷한 것은 그 노래에 담긴 뜻이 이스라엘의 공동체적 비전이었기 때문입니다. 여호와께서 뜻하셨던 이스라엘의 공동체적 질서를 알고 있는 신앙인들은 같은 비전을 가질 수밖에 없었던 것이지요. 그들에게 있던 공동체적 신앙고백 안에서 인간적인 교만은 하나님께서 원하시는 삶이 아닙니다. 마치 자신의 성취인 양 교만하면 하나님께서 끌어내리십니다. 자기가 다 안다고 늘 확정적 언어로 통제하고 군림하려는 그 모든 정치, 종교, 사회적 지도자들도 마찬가지입니다. 또한, 지금 가난하고 약한 사람들 역시 스스로의 삶을 포기하면 안 됩니다. 하나님의 백성이기에 곧 끌어 올리실 것이기 때문입니다. 하나님의 통치 질서는 모든 이들이 평등하게 되는 것입니다.

사실 "끌어내린다"라는 표현 때문에 마음이 불편하신 분도 있을 거예요. 이 구절을 마치 공산주의 혁명처럼 오해하는 사람들도 있습니다만, 한나와 마리아가 공유한 이 '끌어내림'의 비전을 저는 '90도 틀기'라고 표현합니다. 즉, 수직축에서 수평축으로의 이동입니다. 한나의 노래 중 2장 9절 말씀을 다시 보겠습니다.

가난한 자를 진토에서 일으키시며 빈궁한 자를 거름더미에서 올리사 귀족들과 함께 앉게 하시며 영광의 자리를 차지하게 하시는도다 땅의 기둥들은 여호와의 것이라 여호와께서 세계를 그것들 위에 세우셨도다(사무엘상 2:9).

본문은 귀족들이 끌어내려져 시궁창의 삶을 산다고 되어 있지 않습니다. 높이 군림한 자, 낮은 자가 뒤바뀌는 것이 아닙니다. 하나님께는 모두가 똑같이 소중한 생명인걸요. 한나는 모두가 함께 수평적

신앙, 그 순례의 여정

으로 영광을 누릴 것이라는 하나님의 뜻을 노래한 것입니다. 또한 그 공동체적 소명을 위해 자신의 아이가 귀한 일을 할 것이라고 믿었기에 큰 믿음으로 사무엘을 여호와께 바친 것입니다. 이제 막 젖을 뗀 아이를 성소에 두고 온다는 것은 너무나도 힘든 일이었을 것입니다. 아이를 길러본 어머니들은 다 공감하실 겁니다. 잠시 떼어두고 일을 하러 나간 동안에도 코끝에 익숙하게 전해지는 아가의 살결 냄새가 얼마나 그리운지. 그럼에도 불구하고 한나는 성소를 향해 기쁨으로 달려갔습니다. 이스라엘 공동체가 품었던 수평적 관계의 비전을 이룰 하나님의 아이라는 믿음 때문이었다고 생각합니다. 아, 이 아이를 통해서 '이미' 내 삶 안에서 시작된 저 관계적 혁명의 질서가 성큼 이 땅에 도래하겠구나. 그 기대로 겨우 돌을 지난 사무엘을 바친 것입니다. 이렇게 해서 사무엘은 제사장 엘리의 손에서 자라게 되죠.

영적 늙음, 여호와의 영이 그칠 때

오늘의 이야기는 바로 그 사무엘과 엘리의 일화입니다. 이 두 사람에 관해서는 아주 유명한 에피소드가 있지요. 화가들이 그림으로 이미지화한 작품이 많아 우리에게 매우 익숙한 장면입니다. 바로 여호와께서 사무엘에게 처음으로 계시하시는 사건과 관련한 일화입니다. 많은 사람들이 엘리를 제사장으로만 생각하시는데, 그는 제의 집전과 재판관 역할을 다 감당했던 사사였습니다. 사사였던 엘리가 늙고 쇠약해지던 시기에 사무엘이 여호와를 만나는 체험을 합니다.

어린 사무엘에게 "사무엘아~ 사무엘아~"라는 목소리가 들려옵니다. 그는 물론 이 목소리가 자신과 함께 있던 엘리라고 생각합니다. 평소에도 늘 그렇게 사무엘을 불러 이런저런 일들을 시켰을 테니까요. "사무엘아, 이리 좀 오렴." "네, 지금 갈게요." 새로울 것도 없는 일이었기에 사무엘은 엘리의 처소로 쪼르르 달려갑니다. 다람쥐처럼 달려가는 사무엘의 모습이 제게는 마치 동영상처럼 눈에 보이는 듯합니다. 그런데 이 무슨 황당한 일입니까? 엘리는 사무엘을 부르지 않았다고 합니다. 그것도 세 번이나 말이죠. 분명히 자신을 부르는 목소리를 들었는데, 이 성소에, 더구나 이 밤늦은 시간에 자기 이름을 부를 사람이 엘리 말고 누가 또 있을까요? 설마 스승님이 나를 놀리시는 것은 아니실 터이고. 영문 모를 표정으로 뜨아한 사무엘을 보며 소사사인 엘리는 이내 알아차립니다. 사무엘이 들었던 목소리가 여호와의 목소리였음을요.

어쩌면 사무엘보다 엘리가 더 당황스러웠을 상황입니다. 지금 현재 이스라엘의 사사는 엘리 자신입니다. 자신은 아직 버젓이 살아 있습니다. 성소를 지키고 있고 여호와의 제의를 집전합니다. 그런데 자기를 부르시지 않고 사무엘을 부르시다니요. 사사의 통치 근거가 '여호와의 영'이라고 했습니다만, 이리 되면 엘리는 조만간 사사의 자리를 사무엘에게 주어야 할지도 모릅니다. 대부분의 소사사들은 생전에 그의 통치권이 이전되는 법이 드물었습니다. 죽기까지 늘 여호와의 영과 함께 했기 때문이죠. 하지만 여호와께서는 엘리 대신 어린 사무엘에게 계시의 말씀을 내려주시려나 봅니다. 이제 자신에

신앙, 그 순례의 여정

게 여호와의 임재는 '그칠' 지도 모를 일입니다.

그럼에도 신앙이 깊었던 엘리는 사무엘에게 진실을 말해줍니다. 다시 한 번 그 목소리가 들리면 그것은 여호와시니 무릎을 꿇고 "예, 주님 제가 여기 있습니다."라고 대답하라고요. 자신의 처소로 돌아온 사무엘은 자리에 누웠습니다. 콩닥콩닥 가슴이 뛰었겠죠. 잠들기는 이미 틀렸을 겁니다. 다시 사무엘에게 여호와의 목소리가 들렸습니다. 사무엘은 엘리가 시킨 대로 하나님께 대답합니다. "네, 주님. 당신의 종이 여기 있습니다." 사무엘에게 들려온 첫 부르심이었습니다. 그리고 사무엘은 그날 밤에 여호와께로부터 첫 예언을 받습니다. 그런데 그 말씀은 하필 엘리 가문에 대한 것이었고 그 내용도 너무나 무서운 말씀이었습니다. 제가 오늘 말씀 나눔의 제목을 '그침의 신앙'이라고 정한 이유가 여기에 있습니다. 그침의 신앙을 온전히 실천하지 못할 때 강제로 그쳐질 것이라는 경고가 오늘 이야기에 가득하기 때문입니다. 한나의 노래가 말했듯이 교만함도 힘자랑도 부유함의 자랑도 다 스스로 그쳐야 합니다. 그렇지 아니할 때 여호와께서 손을 드시면 강제로 그쳐집니다. 그때의 가혹함이란 참으로 무섭습니다. 그 끔찍한 이야기가 엘리 가문에서 벌어진 것입니다.

엘리에게는 홉니와 비느하스라는 두 아들이 있었습니다. 그 두 아들은 평소에 자신들의 아버지가 사사이기에 자신들도 사사가 될 것이라고 생각했나 봅니다. 물론 사사의 통치 원리를 제대로 모르는 발상이죠. 그러나 이미 아비멜렉 사건에서도 보았지만 아버지가 통치권을 가지고 있는 모습을 보면서 자란 아들들은, 그들이 여호와의 뜻을 제대로 알지 못하고 자라난다면, 아주 쉽게 공동체 안의 권세가 자신들에게 대물림될 것이라고 생각할 수 있습니다. 홉니와 비느하스도 그랬죠. 사무엘상 2장 12-16절 말씀이 이 정황을 잘 설명해 줍니다.

> 엘리의 아들들은 행실이 나빠 여호와를 알지 못하더라 그 제사장들이 백성에게 행하는 관습은 이러하니 곧 어떤 사람이 제사를 드리고 그 고기를 삶을 때에 제사장의 사환이 손에 세 살 갈고리를 가지고 와서 그것으로 냄비에나 솥에나 큰 솥에나 가마에 찔러 넣어 갈고리에 걸려 나오는 것은 제사장이 자기 것으로 가지되 실로에서 그 곳에 온 모든 이스라엘 사람에게 이같이 할 뿐 아니라 기름을 태우기 전에도 제사장의 사환이 와서 제사 드리는 사람에게 이르기를 제사장에게 구워 드릴 고기를 내라 그가 네게 삶은 고기를 원하지 아니하고 날 것을 원하신다 하다가 그 사람이 이르기를 반드시 먼저 기름을 태운 후에 네 마음에 원하는 대로 가지라 하면 그가 말하기를 아니라 지금 내게 내라 그렇지 아니하면 내가 억지로 빼앗으리라 하였으니(사무엘상 2:12-16).

이 소년들은 자신들 마음대로 아버지의 역할이었던 제사장의 일을 행하였습니다. 성경 어디에도 그들이 여호와의 부르심을 받아 사사가 되었다는 이야기는 없습니다. 아버지의 권한을 그대로 세습하고자 하는 욕망만이 있었던 것이지요. 얼마나 못된 짓을 했냐면, 세 살 갈고리에 걸린 모든 음식(세 살 갈고리이니 얼마나 많이 걸렸을까요.)을 그

신앙, 그 순례의 여정

들 마음대로 제사장의 몫으로 정하여 취해갔습니다. 제사장의 몫이 이미 정해져 있건만, 마치 주술처럼 갈고리의 우연성을 성스러움의 결과인 양 포장하며 자신들의 몫을 과도하게 챙기는 못된 짓을 했던 것입니다. 심지어 아직 제사를 드리기 전의 날고기를 요구하기도 합니다. 왜 날고기까지 탐냈던 걸까요? 이미 삶아진 고기는 배를 채울 수는 있어도 시장 가치는 없었기 때문이 아닐까요? 이미 배불리 먹은 그들은 날고기를 시장에 팔 요량으로 그런 탐욕을 부린 것이 아닌가 싶습니다. 이뿐만이 아닙니다. 홉니와 비느하스는 성전의 일을 돕는 여인들과 동침하기까지 하는 악행을 행합니다. 이 여인들은 여호와의 성소 일을 맡는다는 구별됨의 징표로 처녀의 삶을 살아가고 있었는데도 말입니다. 이렇게 악행이 끊이지 않는 엘리의 아들들을 향해 여호와께서 말씀하십니다. "인간과 인간 사이에 저질러진 죄는 나에게 아뢰면 내가 용서하겠지만, 나 여호와에게 범죄하면 누가 그 죄를 용서하겠느냐?" 엘리 가문이 그쳐야 했던 것은 바로 영적 교만과 '성스러움'을 팔아서 행한 악행이었습니다.

어쩌면 엘리는 자신의 아들들이 행악을 멈추기만 한다면 그의 뒤를 이어 사사가 될 수 있을 거라고 생각했을지도 몰라요. 은근히 세습을 바라고 있었던 것이지요. 그러한 욕심에 '그침의 신앙'이 필요했던 것입니다. 사사의 통치원리는 세습이 불가하며, 여호와의 영이 임하는 동안에만 통치가 가능했으니까요. 그랬기에 엘리가 살아 있었음에도 불구하고 '여호와의 영'은 엘리 대신 사무엘에게 임했던 것입니다. 사무엘에게 들려온 예언의 내용은 엘리의 집안에 내려진 저주였습니다.

너희는 어찌하여 내가 내 처소에서 명령한 내 제물과 예물을 밟으며 네 아들들을 나보다 더 중히 여겨 내 백성 이스라엘이 드리는 가장 좋은 것으로 너희들을 살지게 하느냐. 그러므로 이스라엘의 하나님 나 여호와가 말하노라 내가 전에 네 집과 네 조상의 집이 내 앞에 영원히 행하리라 하였으나 이제 나 여호와가 말하노니 결단코 그렇게 하지 아니하리라. … 이스라엘에게 모든 복을 내리는 중에 너는 내 처소의 환난을 볼 것이요 네 집에 영원토록 노인이 없을 것이며 … 네 두 아들 홉니와 비느하스가 한 날에 죽으리니 그 둘이 당할 그 일이 네게 표징이 되리라(사무엘상 2:29-34).

한밤중에 여호와로부터 그 저주의 예언을 받았던 사무엘의 심정은 어떠했을까요? 그에게 엘리는 참으로 큰 존재였을 텐데. "엘리의 집에 더 이상 노인이 하나도 없게 할 것이다"라는 저주를 어찌 전달할 수 있겠습니까? 여기서 "노인이 없다"는 것은 물론 육체적인 수명의 축복을 더 이상 받지 못한다는 것을 뜻합니다. 하지만 이를 넘어 그 이상의 의미를 지닌다고, 저는 생각해요. 사사였던 엘리가 홉니와 비느하스의 악행을 저지하지 못하고 자기 스스로도 어느 정도 관습적 세습을 허용하고 있었던 까닭은, 그의 '영적 늙음' 때문입니다. 이 본문에서 '늙는다'는 것은 여호와께 향했던 존재의 숨구멍을 닫은 채, "내 연륜 정도면 내 스스로도 답을 할 수 있지."하는 교

만함으로 살아간다는 것이 아닐까요? 그러했으니 그가 살아있음에
도 여호와께서는 어린 사무엘을 부르셨겠죠. 이것은 제사장 엘리가
하나님과 더 이상 소통하지 못했다는 뜻입니다. 모든 '늙음'이 부정
적이라는 것은 아닙니다. 나이가 든다는 것은 연륜을 의미하기도 하
고 지혜가 깊음을 상징할 수도 있습니다. 공동체의 노인들은 전통의
전수자로서 귀한 역할을 감당하기도 합니다. 그러나 여기서 '엘리의
늙음'은 노인의 부정적 상징성을 보여주고 있다고 봅니다. 때문에
그런 '늙음'이 불가능하도록 엘리 가문의 연수를 그치게 하시겠다는
무서운 말씀을 선언하시는 것이죠.

　필시 사무엘은 그날 밤 한숨도 잘 수 없었을 겁니다. 얼마나 고민
스러웠을까요? 하지만 결국 엘리에게 그 말씀을 전합니다. 사실 엘
리도 대단합니다. 어린 사무엘이 망설이는 모습을 보며 안 좋은 예
언임을 직감했음에도 사무엘을 달랩니다. "어젯밤에 뭐라시더냐?
괜찮다. 솔직하게 말하렴." 사무엘이 "맡은 말씀(예언)"을 듣고 엘리
는 아차 싶었을 것입니다. 자신의 영적 늙음을 비로소 깨달았을 것
입니다. 자기 가문에 대한 두렵고 끔찍한 말씀이었지만 신앙으로 자
신의 잘못을 깨달은 엘리는 이를 인정합니다. "이는 여호와시니 선
하신 대로 하실 것이니라"(사무엘상 3:18).

　이 성경구절 바로 다음을 기억하는 것이 중요합니다. "사무엘이
자라매 여호와께서 그와 함께 계셔서 그의 말이 하나도 땅에 떨어
지지 않게 하시니"(사무엘상 3:19). "자라매"와 "늙으매"는 이 본문에서
서로 대조되는 핵심어입니다. 단순히 육체적인 나이를 의미하지 않

습니다. 여호와의 영과 함께 하는 이는 계속 "자라날" 것입니다. "젊을(어릴)" 것입니다. 예수께서 칭찬하신 어린아이다움의 한 측면은 이 부분이라고, 저는 그리 믿습니다. 어른의 이야기를 듣고 따라하려는 마음처럼, 늘 여호와의 영 안에서 그 인도하심을 따라 동행하는 순종의 마음. 이 마음을 가졌다면 팔순 노인도 영적으로는 젊은 겁니다.

결국 "이 정도면 되었지." 하는 연륜의 교만함이 가득하여 더 이상 여호와께 여쭙지 않고 자신의 판단으로 영적인 영향력을 지속하려 할 때, 하나님과의 소통은 그쳐지고 맙니다. 스스로 영적인 교만을 세습하려는 생각을 그쳐야만 하나님께서 만나주십니다. 육적으로든 영적으로든 자신이 "늙었음"을 인정하고 새로이 "자라나는" 세대에게 그 권위를 양도하지 않은 채 움켜쥐려고 할 때, 그러니까 스스로 '그치지 않을 때' 하나님께서는 그 도모를 '그치게' 하십니다. 심지어 이 비극의 역사가 사무엘에게도 일어납니다. 엘리 가문의 저주를 보았던 사무엘이었음에도 불구하고 말입니다. 사무엘상 8장은 "사무엘이 늙으매"(1절)로 시작하거든요. 그 안타까운 이야기를 다음 만남에서 살펴보겠습니다.

신앙, 그 순례의 여정

기도

여호와 하나님, 엘리와 사무엘의 이야기를 통해 '그침의 신앙'을 묵상해 봅니다. 저희가 아무리 영적으로 하나님과 친밀한 관계를 유지하고 있을지라도, 교만하지 않게 하여 주시옵소서. 성경을 읽을 때에도, 말씀을 전할 때에도 저희에게 주신 깨달음이 '여호와의 영'의 힘이지 결코 내 자신의 힘이 아님을 기억하게 하여 주시옵소서. 그리하여 저희가 그 영적인 힘을 내 것으로 여기는 오만함과 자식에게 세습하려는 욕심을 버리게 하여 주시옵소서. 저희들의 신앙이 영원히 '늙지' 않기를 원합니다. 매일 매일 주 앞에 나아가 들숨과 날숨처럼 당신과 소통하며 살아가게 하소서. 예수님의 이름으로 기도합니다. 아멘.

영적 교만함으로 신앙의 노화를 겪을 때 하나님과의 친밀한 소통이 어려워집니다. 자녀와 물질, 권력 등을 통해 나를 확장하고 영속시키려는 욕심을 '그치는' 신앙의 결단을 합시다.

이스라엘의 마지막 사사, 사무엘
사무엘상 8장
·····················

지난 시간에는 '젊음'과 '늙음'의 대비를 살펴보았습니다. 인간의 육체적인 나이를 뜻한 것은 아니었습니다. 영적인 의미였지요. 엘리도 '늙으매' 영적 민감성을 상실했었습니다. 하여 자신의 자리가 그의 아들들에게 세습되는 상황을 당연시했어요. 이미 이스라엘 공동체 안에서 자신이 가진 권세가 큰데, 그 권세를 스스로 그만 두는 것이 인간적으로는 솔직히 어려웠을 것입니다. 내 것을 더욱 견고히 하고 확장시키려는 인간의 욕망이 누구나에게 있음을 잘 알기에, 그래서 더욱 더 '그침'에는 신앙적 결단이 필요한 것인지도 모릅니다. 부나 명예, 권력과 힘, 그 무엇이든 살아가는 동안 '나의 영속화'를 위해 내달리는 것은 아닌지, 항상 돌아봐야 합니다.

사무엘이 늙으매, 이스라엘이 늙으매

이를 경계하고 또 경계하기 위해서, 오늘도 '영적 늙음'에 대한 이야기를 한 번 더 강조하려고 합니다. 특히 오늘의 이야기는 한 개인뿐만이 아니라 공동체가 "늙을 때에" 얼마나 안타까운 일들이 벌어지는 지를 살펴보겠습니다. 타산지석으로 삼기 위함이죠. 사무엘상 8장은 이렇게 시작됩니다.

> 사무엘이 늙으매 그의 아들들을 이스라엘 사사로 삼으니 장자의 이름은 요엘이요 차자의 이름은 아비야라 그들이 브엘세바에서 사사가 되니라(사무엘상 8:1-2).

"사무엘이 늙으매" 참으로 슬프고 안타까운 구절입니다. 사무엘역시 늙음으로 인해 그의 아들들을 사사로 삼습니다. 사사의 세습이 옳지 않다는 것을 모르는 사무엘이 아닙니다. 더구나 엘리 가문에 일어난 일을 직접 눈으로 목격한 바 있었죠. 그럼에도 사무엘은 똑같은 실수를 반복합니다. 그가 늙은 것은 육체적인 늙음뿐이 아니었던 것입니다. '영적 늙음'에 대조적인 표현으로 '영적 젊음/어림'을 생각해볼 수 있습니다. 영적으로 '어림'이란 단계적으로 접근할 때에는 미성숙하고 어리숙한 신앙상태를 의미할 수도 있겠죠. 하지만 다른 면으로 '영적 어림'의 장점은 하나님께 모든 순간을 전적으로 의지하는 태도입니다. 예수께서도 '어린아이와 같아야' 천국에들어갈 수 있다고 하셨죠. 이때의 '어림'은 여호와께 늘 묻고 의지하는 모습을 의미한다고 생각해요. 스스로 교만하게 율법이나 전통을 자기 마음대로 바꾸고 조정하려는 노련한 '늙은' 자와는 대조적입니다. 그런 의미에서 우리 신앙인은 비록 물리적으로 늙을지라도 영적으로는 언제나 젊어야 하겠습니다. 여호와의 영을 매일 새롭게 받는다면 그럴 수 있습니다. 나이나 성별, 지위고하를 막론하고 우리는 영적으로 늘 어린아이와 같아야 합니다. 하나님 안에서만큼은 늘 새로워야 하고 늘 배우는 자세여야 합니다.

그런데 영적 젊음을 대표했던 사무엘조차 그만 "늙어" 버렸습니다. 일찍이 김교신은 제도화된 교회의 영적 늙음을 비판하며 산 신앙의 공동체적 삶을 강조한 '무교회' 운동을 지지한 바 있죠. 그러나 일본의 한 무교회주의 지도자가 세상에 타협하는 모습을 보이자 한탄을 했습니다. "아, 무교회도 늙으면 별 수 없구나!" 이때 사용한 '늙음'이 바로 영적 늙음이 아닐까 생각해요. 신앙심도, 공정심도 없는 자격 미달의 아들들에게 자신의 지위를 세습한 엘리의 가장 큰 실수도 이런 영적 늙음에서 비롯되었죠. 지난번 공부에서는 그런 엘리와 대비되었던 '어린' 사무엘이었지만, 그 역시 영적 늙음으로 인해 사사를 세습하는 우를 범하고 말았습니다. 사무엘상 8장 3절 말씀을 보겠습니다.

그의 아들들이 자기 아버지의 행위를 따르지 아니하고 이익을 따라 뇌물을 받고 판결을 굽게 하니라(사무엘상 8:3).

신앙, 그 순례의 여정

사사의 가장 큰 역할은 판결이었습니다. 공동체 내의 질서 유지는 물론 약한 자들이 부당한 불이익을 당하지 않도록 언제나 여호와의 규례에 따라 공명정대한 판결을 내려야 할 임무가 그들에게 있었습니다. 그런데 사무엘의 아들들은 자신의 이득을 따라 그 판결을 굽게 하였다는 겁니다. 영적 교만과 늙음이 이런 결과를 초래한 것이죠. 비록 사무엘이 영적으로 늙었더라도 이스라엘 회중이 여전히 '영적으로 젊었다면' 사무엘의 실수는 돌이킬 여지가 있었을 겁니다. 이스라엘 회중은 함께 모여 여호와의 뜻을 서로 공표하고 소통하는 전통을 가지고 있었으니까요. 그러나 사무엘뿐만 아니라 이스라엘 공동체도 그와 함께 영적으로 늙어갔습니다. 사사 시대가 어언 200년이 지난 시점입니다. 그들의 조상이 타지에서 강요된 노동을 하며 겪었던 고통을 잊을 만큼의 시간이 흘렀던 겁니다. 이스라엘 공동체의 초창기 구성원들은 인간-왕의 한계와 그들이 만든 수직적 구조의 아픔을 잘 알고 있었습니다. 그러하기에 여호와께서 말씀하신 새 땅, 새 질서를 만들기를 원했습니다. 그 "나라"의 백성이 되길 원했습니다. 그 나라는 인간-왕이 없는, 오직 여호와께서만 왕되신 그런 수평적인 관계의 나라였습니다. 그러나 그 생생했던 마음도 세월과 함께 늙어간 것이지요. 하여 영적으로 늙어버린 그들은 사무엘에게 참으로 비극적인 요청을 합니다. 사무엘상 8장 4-5절 말씀입니다.

이스라엘 모든 장로가 모여 라마에 있는 사무엘에게 나아가서 그에게 이르되 보소서 당신은 늙고 당신의 아들들은 당신의 행위를 따르지 아니하니 모든 나라와 같이 우리에게 왕을 세워 우리를 다스리게 하소서 한지라(사무엘상 8:4-5).

참으로 안타까운 부탁이지요. 이스라엘 백성들이 신앙적 분별력을 잃어버린 겁니다. 어쩌자고 선조들이 피하여 탈출한 인간-왕 시스템을 다시 만들어달라고 하는지요. 이 이야기를 보면서 혹시 생각나는 우화가 있으신가요? 요담이 들려주었던 교훈 〈나무들의 왕 뽑기〉 이야기를 함께 읽었었죠. 바로 그 우화에 등장하는 "모든 나무들"은 자신들이 보기에 그럴듯한 나무들을 찾아가 왕이 되어 달라고 요청합니다. 이 우화의 실제 상황이 지금 이스라엘 공동체 안에서 진행되고 있는 겁니다. 오늘의 본문에서 이스라엘 장로들은 인간적인 마음으로 사무엘에게 왕을 뽑아 달라고 합니다. "당신은 늙고"라는 말은 결국 "이제 기력과 판단력이 쇠한 당신을 의지할 수는 없고"라는 말이겠죠. "아들들은 당신의 행위를 따르지 아니하니"라는 표현으로 미루어 사무엘의 아들들에 대한 백성들의 '부정적' 평가는 이미 내려진 상태입니다. 그러니 이런 불안정한 사사 제도 대신에 "다른 나라들처럼" 인간 왕을 뽑자고 제안합니다.

인간-왕 시스템의 통치 원리

왕 밑에서의 생활에 질려 애굽을 탈출한 이스라엘이었는데 참으로 허무한 이야기지요. 인간-왕이 통치하는 '제국적 질서'를 떠나

신앙, 그 순례의 여정

대안적 공동체를 일구겠다고 출발한 이스라엘이 '기―승―전' 진행하다가 결국 다시 '인간―왕'을 뽑자니요! 이 이야기를 듣고 사무엘이 통탄합니다. 신앙적인 통탄이자 개인적인 통탄이었습니다. 그는 하나님을 찾아가 이 모든 상황을 말합니다. 그러자 하나님께서 그에게 대답하십니다.

> 여호와께서 사무엘에게 이르시되 백성이 네게 한 말을 다 들으라 이는 그들이 너를 버림이 아니요 나를 버려 자기들의 왕이 되지 못하게 함이니라 내가 그들을 애굽에서 인도하여 낸 날부터 오늘까지 그들이 모든 행사로 나를 버리고 다른 신들을 섬김 같이 네게도 그리하는도다(사무엘상 8:7-8).

"너는 슬퍼할 것이 없다. 널 버린 것이 아니라 날 버린 것이다." 여호와께서는 사무엘에게 이렇게 이야기하고 계십니다. 이스라엘 공동체가 200년 동안이나 사사 시대를 이어갈 수 있었던 것은 그들에게 유일한 왕이 여호와임을 인정했기 때문입니다. 그런데 인간적인 시스템을 버리고 하나님의 통치를 원했던 그 공동체가 이제 하나님을 버리고 말았습니다. 하나님께선 사무엘을 통해 인간 왕이 생겨나면 어떤 일이 생기는지 다시 상기시키셨습니다.

> 이르되 너희를 다스릴 왕의 제도는 이러하니라 그가 너희 아들들을 데려다가 그의 병거와 말을 어거하게 하리니 그들이 그 병거 앞에서 달릴

것이며 그가 또 너희의 아들들을 천부장과 오십부장을 삼을 것이며 자기 밭을 갈게 하고 자기 추수를 하게 할 것이며 자기 무기와 병거의 장비도 만들게 할 것이며 그가 또 너희의 딸들을 데려다가 향료 만드는 자와 요리하는 자와 떡 굽는 자로 삼을 것이며 그가 또 너희의 밭과 포도원과 감람원에서 제일 좋은 것을 가져다가 자기의 신하들에게 줄 것이며 그가 또 너희의 곡식과 포도원 소산의 십일조를 거두어 자기의 관리와 신하에게 줄 것이며 그가 또 너희의 노비와 가장 아름다운 소년과 나귀들을 끌어다가 자기 일을 시킬 것이며 너희의 양 떼의 십분의 일을 거두어 가리니 너희가 그의 종이 될 것이라(사무엘상 8:11-17).

이것이 '인간—왕 시스템'의 질서라는 것이지요. 마지막 구절 "너희가 그의 종이 될 것이다"라는 말씀이 이 경고의 핵심입니다. 더 이상 여호와의 종이 아닌 인간—왕의 종이 된다는 것이지요. 인간—왕의 통치 구조는 수직적입니다. 가장 높은 곳에 인간—왕이 있고, 바로 그 아래에 귀족이 있고 층층이 계층이 생깁니다. 그 작동원리는 피라미드의 아랫사람이 윗사람에게 복종해야 하는 것이죠. 신하 臣下 자가 묘사하듯이, 아랫사람은 무릎을 꿇고 조아려야 하는 구조입니다. 딸들은 데려다가 허드렛일을 시키고 아들들은 전쟁터 맨 앞에서 소모되는 생명으로 취급받게 됩니다. 이러한 시스템을 만드는 인간—왕의 등장으로 결국 백성들은 자신들의 자유와 소산과 심지어 생명마저도 빼앗기게 될 것이라는 엄중한 경고입니다. 그러나 협박이라기보다는 자명한 결과까지 알려주며 선택을 기다리시는 거죠.

신앙, 그 순례의 여정

다시 돌이키기를… 다시 여호와만을 왕으로 섬기고 인간들끼리는 수평적인 공동체적 언약을 기억해내고 그걸 선택하기를… 참으로 오랜 기다림이었습니다. 만약 여호와께 '속'이 있으시다면 새까맣게 타들어가고 있으셨을 것입니다. 겨우 이집트에서 끌고 나와 공평과 정의가 넘치는, 너도 나도 위에 올라가 우쭐대려는 욕망 없이 서로를 하나님의 시선으로 "레바논의 백향목"처럼 여기는, 그런 공동체를 실험해보라고 판을 벌여주고 기다리셨는데…, 200년 동안 실험했던 사사 시대가 이렇게 끝나려 합니다. 하나님의 마음도 모른 채, 결국 이스라엘은 '인간—왕의 시스템'을 선택해버리고 맙니다.

여호와—왕 통치 질서 VS 인간—왕 시스템

우리가 잘 알고 있듯이 '여호와—왕'을 섬기는 사회의 구조는 '인간—왕 시스템'과 다릅니다. '여호와—왕 시스템'에는 인간 사이의 위계가 없습니다. 한 사람 한 사람이 모두 백향목처럼 귀한 존재입니다. 우리 모두는 평등하게 각자의 역할을 열심히 수행하며 살아갑니다. 창조된 바 자신의 재능을 발휘하며 살고 그 재능을 통해 얻어지는 것을 이웃과 나누는 공동체입니다. "여호와만이 왕"이라는 고백은 그 어떤 인간도 다른 인간들 위에 군림할 지배 정당성이 없다는 고백입니다. 하나님께선 그러한 나라를 원하셔서 '인간—왕 시스템'의 가장 낮은 사람들이었던 히브리인들을 자기 백성으로 택하신 것입니다. '인간—왕 시스템'의 수직구조 중 가장 낮은 곳에서 사람으로 대접받지 못하던 생명들을 '높이셔서' 모두가 평등한 "나라"를 세상에 보여주시길 원하셨던 것입니다. 이스라엘을 선택하신 목적은 군림하시기 위함이 아니요, 가장 고통 받고 있는 자들을 구원하시기 위함이었던 것입니다.

그러나 이러한 역사를 기억하지 못한 이스라엘의 후손들은 당장 눈에 보이는 효율성과 안정성을 가진 '인간-왕 시스템'을 선택했습니다. 어찌 보면 사무엘은 이스라엘의 사사들 중에서 가장 불행한 사사였을지도 모릅니다. 사사 시대의 마지막을 보아야만 했으니까요. 그 마음이야 어찌되었든 인간-왕 시대로 옮겨가는 역사에 동참해야 하는 비운의 주인공이었으니까요. '여호와의 영'과 함께 하면서 공동체를 무사히 이끌고 죽음 앞에서 자족함으로 감사히 눈을 감는 것이 사사로서 가장 행복한 마무리였을 텐데, 사무엘은 그러지 못하고 자기 자녀들의 타락함과 이스라엘의 인간-왕 요구를 듣고, 결국 두 명의 인간-왕을 세워야만 했습니다. 사무엘은 죽기 전까지 이스라엘의 왕을 두 번이나 세웠잖아요? 사울과 다윗 말입니다.

하나님이 실험하신 대안적 질서였던 고대 이스라엘의 사사 제도는 이렇게 끝났습니다. 결국 하나님께선 '인간-왕 뽑기'를 허락하심으로써 이스라엘 공동체에 대한 그분의 눈높이를 낮추신 것이 아닌가 싶어요. 물론, 포기하신 것은 아니었습니다. 이스라엘의 역사가 여기서 끝난 게 아니기 때문입니다. 비록 일종의 '타협안'으로 군주제를 허락하셨으나, 이스라엘의 '인간-왕 시스템' 안에서도 여호와의 백성 이스라엘의 역사는 계속됩니다. 이스라엘의 왕들은 고대 근동의 다른 국가의 왕들이 자신들을 신격화시켰던 것과는 달랐습니다. 비록 백성들 위에 군림하는 왕이었으나, 적어도 이스라엘 공동체의 신앙고백 안에서 왕들에게 기대했던 것이 무엇이었는지, 다음 시간에는 이스라엘의 첫 번째 왕 사울의 이야기를 통해 살펴보겠습니다.

오늘의 만남을 통해 한 가지만은 꼭 기억했으면 합니다. '여호와─왕 시스템'이 오늘날을 살아가는 우리들에게는 실현 불가능한 이상적 비전이라고 생각하실 수도 있겠습니다. 하지만 이 작동원리는 적어도 교회에서만큼은 당장 실천 가능합니다. 신앙 공동체는 위계가 없어야 하기 때문입니다. 늘 어린 아이와 같은 신앙으로 살았으면 좋겠습니다. 엘리가 어린 사무엘에게 배웠던 것처럼, 신앙공동체는 윗세대에게 가르침을 줄 수도 있고 다음 세대에게 배울 수도 있습니다. 각 생명이 모두 여호와께서 창조하신 향기로운 백향목이라고 고백한다면, 교회는 당장 함께 평등하게 공존하는 질서를 교회 안에서 이루어야 합니다. 교회의 가장 작은 단위인 가정에서도 가능합니다. 실은 회사도, 학교도, 공장도 다 가능합니다. 이를 이루겠다는 사회적 비전이 예수께서 매일 매일 기도하셨던 주기도문에 나와 있습니다. "아버지의 뜻이 하늘에서 이룬 것 같이 땅에서도 이루어지이다." 바로 이 질서가 하나님 나라입니다. 그 나라가 도래하기를 꿈꾸며 우리 모두 하루하루 신앙인의 삶, 크리스천의 삶을 살아내기를 간절히 소망합니다.

기도

히브리인의 하나님, 여호와여! 저희들의 신앙이 굳어지려 할 때마다, 영적으로 교만하고 늙어지려 할 때마다, 오늘 배운 이 말씀을 떠올리고 우리들의 신앙을 젊게 하는 지표로 삼게 하여 주시옵소서. 그 어떤 인간도 인간 위에 군림할 수 없음을 고백하며, 한 사람 한 사람을 백향목처럼 귀히 여기시는 하나님 당신만을 우리 왕으로 섬기게 하여 주시옵소서. 이 땅에 여호와만을 '아버지'로 섬기며 모든 사람들이 형제자매로 사랑하며 살아가는 나라를 선포하시고 그 나라의 통치 질서를 시작하셨던 예수님의 이름으로 기도합니다. 아멘.

우리 한 사람 한 사람을 귀한 백향목으로 여기시는 하나님의 통치 질서를 기억하며 가정과 교회, 내가 속한 사회에서 하나님 나라의 수평적 관계성을 실천합시다.

이스라엘의 첫 번째 왕, 사울 이야기
사무엘상 9−10장, 12장

사무엘이 사사 시대의 마지막을 목격한 가여운 사사였다면, 사울은 '인간−왕 시스템'으로 이전되는 이스라엘 공동체의 초대 왕이었다는 점에서 역시 '불쌍한 왕'이었습니다. 어느 사회든 전환기에는 혼란스러움을 경험하기 마련입니다. 사울 입장에서는 많이 당황스러웠을 거예요. 이미 왕 시스템이 정착된 사회라면 자신의 역할이 무엇인지 명료했겠죠. 그러나 이스라엘 공동체는 오랫동안 사사들이 다스리던 공동체였습니다. 그것도 소사사와 대사사는 역할이 달랐지요. 비록 소사사였던 사무엘에게 '왕'으로 임명받았지만, 사울은 자신이 대사사인 것처럼 느껴졌을 겁니다. 그런 일들은 이전에도 있었으니까요. 드보라와 바락 때도 그랬지만, '여호와의 영'과 동행하는 소사사가 긴급한 군사적 상황에서 대사사를 임명하는 일들은 사사 시대에 종종 있는 일이었습니다. 때문에 사울은 자신의 임무가 사무엘의 위임으로 대사사의 역할을 하는 것이라고 생각했을지도 모릅니다. 그런데 백성들은 임시적 지도자인 사사가 아니라, 왕을 원했습니다. 사무엘도 '왕'으로 기름을 부었습니다. 이쯤 되면 사울 입장에선 정체성의 혼란을 겪을 수밖에요. 난 대사사인가, 왕인가? 자신이 가진 권력은 임시적인 것인가, 아니면 내 가문을 계승하며 대대로 지속될 것인가? 자신의 정체성이 확고하지 않은 상황에서 사울은 결국 왕의 자리를 세습할 생각이나 이를 위한 견고한 지략을 본격적으로 펼치지 못했을 겁니다. 그래서 사무엘만큼이나 첫 왕 사울이 '가엾다'고 평가한 것입니다.

물론 이스라엘 공동체 내에서 뽑힌 왕은 자기 이해에 있어서 다른 고대 근동의 왕들과는 달랐습니다. 고대 근동의 왕들은 대부분 스스로를 신神이라 여겼기 때문이죠. '신의 아들'이라는 사실이 통치자의 자격 조건을 부여하는 겁니다. 그러나 이스라엘 왕들의 통치 정당성의 근거는 '여호와의 율법을 잘 준행하였는지'의 여부에 있었습니다. 어찌 보면 외부적인 여건으로 어쩔 수 없이 '인간-왕 시스템'으로 전환하지만, 그럼에도 불구하고 하나님의 통치 원리와 일종의 타협지점을 찾았던 것이 아닐까 싶어요. 그러나 실제로 이스라엘 역사를 통틀어 여호와의 규례를 온전히 따랐던 왕이 많지는 않았습니다. 한 인간에게 권력이 집중되었을 때, 그 권력을 공의롭고 선하게 쓰기는 너무나 어려웠다는 뜻이지요. 집중된 권력은 타락한다! 물리에만 법칙이 있는 것은 아니죠. 인간의 이치에도 이런 법칙을 말할 수 있는 까닭은, 인간이 가진 자기 확장에의 욕망 때문이지 싶습니다.

기름부음을 받은 왕

오늘 공부할 본문은 '전환기'의 왕권에 대한 묵상입니다. 이스라엘의 초대왕 사울에 대한 이야기를 본격적으로 시작합니다. 그는 자기 의지로 왕으로 등극하여 강력한 권력 집중을 작정하고 시도한 것도 아니요, 그렇다고 신앙에 입각하여 임시적으로 공동체 수호의 임무만을 수행하고 권력을 내려놓는 대사사의 역할을 행한 것도 아니었죠. 사울은 이러한 상당히 애매한 자기 인식 탓에 아들에게 왕위 계승을 실패했던 비극적 인물입니다. 학자들은 이러한 사울의 리더십을 '항구적 대사사로서 자기 인식을 하고 있던 인간─왕' 정도로 평가합니다.

사울 이전에도 스스로를 왕으로 칭했던 인물이 있었죠. 함께 공부했는데, 기억나시나요? 자신의 형제들을 모두 죽이고 백성들마저 불사르길 주저하지 않았던 폭군 아비멜렉 말입니다. 자기 아버지가 왕 같은 지도력을 행사했으니 그의 아들인 자신이 '당연히' 왕이 되어야 한다고 믿었던 자였죠. 오죽했으면 이름조차 '아비멜렉'(내 아버지가 왕이다.)이었겠어요. 그러나 이스라엘 후손들은 그를 왕으로 평가하지 않았습니다. 여호와의 인정하심이 없이 '스스로 왕이 된 자'였기 때문입니다. 동서고금을 막론하고 세상의 권력은 아비멜렉이 행했던 것처럼 정적을 제거함으로 얻어지곤 했습니다. 그러나 이스라엘의 통치 원리 속에서는 제 힘으로 왕이 된 것은 인정받지 못했던 것이지요. 이스라엘의 왕이 되기 위하여 어떤 자격과 절차가 필요했던 것일까요? 사무엘상 9장부터 시작되는 사울의 이야기를 통해 살펴보겠습니다.

물론 인간—왕을 요구한 이스라엘의 불신앙을 탓해왔습니다만, 당시 실질적인 정황을 고려한다면 그들로서도 어쩔 수 없는 선택이었을 것이라는 생각은 듭니다. 당시 이스라엘을 위협하는 새로운 세력으로 '블레셋'이 등장했기 때문입니다. 기드온 당시의 미디안 족속도 만만치 않았지만 블레셋은 토박이 민족이 아니었습니다. 강력한 철기 문명을 가지고 팔레스타인으로 이주하여 서남 해안 지역에 정착한 이방 민족이었죠. 남부 유럽에서 지중해를 건너온 민족일 것이라고 합니다. 한마디로 인종이 다른 사람들이죠. 다윗과 골리앗 이야기! 주일학교 단골 메뉴로 등장하는 스토리죠. 바로 그 골리앗이 블레셋 족속이었어요. 어마어마한 거인으로 묘사되잖아요? 블레셋 사람들은 기골이 장대하였으며 강력한 철기 무기로 무장하고 있었습니다. 이렇게 무시무시한 블레셋이 위협을 하는데, 이스라엘 백성들 입장에서는 얼마나 떨렸겠어요? 본격적인 방어를 위해 보다 강력한 대비를 해야겠다는 인간적인 생각이 들었을 겁니다. 비록 여리고 성에 들어가면서 "우리는 여호와를 의지하여 인간적인 보호벽을 쌓는 시스템은 구축하지 않겠다."고 다짐했지만, 눈에 보이는 실제적인 적 앞에서는 그런 다짐도 소용이 없었나 봅니다. 결국 이스라엘 회중은 인간—왕을 선택합니다. 사무엘상 9장 1-2절 말씀입니다.

신앙, 그 순례의 여정

베냐민 지파에 기스라 이름하는 유력한 사람이 있으니 그는 아비엘의 아들이요 스롤의 손자요 베고랏의 증손이요 아비아의 현손이며 베냐민 사람이더라 기스에게 아들이 있으니 그의 이름은 사울이요 준수한 소년이라 이스라엘 자손 중에 그보다 더 준수한 자가 없고 키는 모든 백성보다 어깨 위만큼 더 컸더라(사무엘상 9:1-2).

영상매체 시대인 요즘에는 화면에 잘 나오도록 얼굴이 조그마해서 곧 소멸할 것만 같은 여리여리한 몸매가 칭찬받습니다. 보통 TV 화면은 실제보다 더 확대되어 보이기 때문에 '일반인'들은 소위 '화면발'을 받지 않는다는데요. 이와는 반대로 전통시대의 왕은 일단 얼굴과 체격이 큼직큼직해야 했습니다. 그래야 멀리서도 잘 보이고 존재감이 있었겠죠. 사울을 묘사한 본문을 보니 그 가문이나 외모에 있어 왕이 될 만한 출중한 인물이었던 것 같습니다. 외모보다는 신앙을 보는 공동체인줄 알았는데, 살짝 실망이 들기도 합니다. 어쩌면 이 부분이 바로 이것도 버리지 못하고 저것도 제대로 취하지 못했던 '전환기' 이스라엘의 모습을 적나라하게 보여주고 있는 것인지도 모르겠습니다. 눈에 보이는 지도자, 안정감을 주는 왕에 대한 이스라엘 회중의 기대에 부응할 만한 인물이어야 했겠지요. 블레셋 사람들과 비교해서도 손색이 없어야 한다는 인간적인 생각마저 만족시키는 인물을 고르자니 사울이 눈에 띄었을 겁니다. "이 자가 너희들의 왕이다." 이리 공표하였을 때에 이스라엘 회중이 "오오, 과연왕의 재목이다." 인정해야 할 테니까요. 다윗을 지목하시며 "마음의 중심"을 언급하신 여호와이신데 왜 하필 사울은 가문과 외모로 왕을 뽑으셨는지 의문이 들었기에 생각해본 추론이었습니다. 어찌 되었든 본문에는 여호와께서 사무엘에게 사울을 왕으로 세우라고 지목하시는 이야기가 나옵니다.

사울이 오기 전날에 여호와께서 사무엘에게 알게 하여 이르시되 내일 이맘때에 내가 베냐민 땅에서 한 사람을 네게로 보내리니 너는 그에게 기름을 부어 내 백성 이스라엘의 지도자로 삼으라 그가 내 백성을 블레셋 사람들의 손에서 구원하리라 내 백성의 부르짖음이 내게 상달되었으므로 내가 그들을 돌보았노라 하셨더니(사무엘상 9:15-16).

사무엘에게 내렸던 계시의 말씀입니다. 하여 사무엘은 사울을 기다리고 있었던 거죠. 그러나 이 상황을 전혀 모른 채 자기 아버지의 암나귀를 잃어버린 사울은 암나귀를 찾기 위해 근처를 헤매다가 "하나님의 사람"이 있다는 소문을 듣고 사무엘을 찾아갑니다. 이렇게 극적으로 둘이 만나고 사무엘이 사울에게 기름을 부어 왕으로 삼는 행위가 이어지죠.

그런데 바로 이 "기름을 붓는다"라는 표현이 흥미롭습니다. 그동안 사사기에서 각자가 사사로 부름 받는 장면에서는 등장하지 않았던 묘사입니다. 왜 사사 시대에는 기름 붓는 행위가 없었을까요? 하나님의 영이 직접 임한 사람에게는 '기름 부음'이라는 의식이 필요하지 않았기 때문입니다. 각성은 개별적이었습니다. 자신의 주관적

신앙, 그 순례의 여정

인 깨달음이었다는 말입니다. 지도자가 없이 혼란스럽고 계속 외세에 당하기만 하는 백성들의 상황을 안타까워하다가 개인적으로 일종의 '소명'을 깨닫고 일어선 사람들이 사사였던 거죠. 하지만 사울의 경우는 달랐습니다. 간접적인 택함입니다. 더구나 왕으로서의 통치 정당성을 인정받으려니 많은 사람들에게 전달되어야 할 상징적인 의식과 같은 것이 필요했던 것이었지요. 요즘에도 신앙 공동체에서 어떤 공적 권위를 정당화할 때 "기름 부음을 받았다"는 표현을 많이 씁니다만, 이런 맥락에서 보자면 기름 부음은 결코 인간의 판단에 의해 절대적인 것으로 강조되어 악용되어선 안 될 것 같습니다. 그 시작이 일종의 '가시적 상징 행위'였던 것을 깨닫는다면 말이죠. 중요한 사실은 사울은 직접 하나님을 영접하지 못한 채 선택받았습니다. 그러니 더욱 당황했을 일입니다.

> 사흘 전에 잃은 네 암나귀들을 염려하지 말라 찾았느니라 온 이스라엘이 사모하는 자가 누구냐 너와 네 아버지의 온 집이 아니냐 하는지라 사울이 대답하여 이르되 나는 이스라엘 지파의 가장 작은 지파 베냐민 사람이 아니니이까 또 나의 가족은 베냐민 지파 모든 가족 중에 가장 미약하지 아니하니이까 당신이 어찌하여 내게 이같이 말씀하시나이까 하니 (사무엘상 9:20-21).

여전히 통치권은 여호와의 영

흥미로운 것은 여호와의 선택에 대한 이야기를 들은 이후 사울이 산에서 선지자의 무리와 함께 거했다는 기록입니다. 그리고 곧이어 하나님의 영이 사울에게 임하여 예언을 할 수 있게 되었다(사무엘상 10:10)고 전하는데요. 이전까지의 사사들의 소명 인식과는 순서가 바뀐 셈이죠. 오죽했으면 그의 행동이 예전과 다름을 보고 사람들이 그리 말했겠어요? "기스의 아들에게 무슨 일이 일어났느냐 사울도 선지자들 중에 있느냐?(사무엘상 10:11)" 이것이 속담이 되어 전해져온 다 하니(또 다른 기원은 19:23 이하에서 묘사됩니다.) 당시 이스라엘 사람들이 보기에도 인상적인 장면이기는 했나 봅니다.

비록 왕으로 선택받은 이후에 내린 '여호와의 영'이지만, 이런 방식의 묘사는 무엇을 전달하고자 함일까요? 이스라엘 공동체에게 있어 지도력을 정당화하는 가장 근본적인 원천은 여전히 '여호와의 영'이라는 말이 아닐까요? 이것은 이스라엘의 왕으로 통치권을 갖기 위해서는 '여호와의 영'과 함께해야만 한다는 것을 시사합니다. 그렇지 않으면 통치권을 인정받지 못하는 것이지요.

사무엘을 통해 이스라엘의 첫 왕으로 지목된 사울은 그 유력한 가문과 준수한 외모, 큰 키만으로는 부족했습니다. 이런 것들은 신앙을 제1원리로 삼는 이스라엘에게는 여전히 부수적인 것으로 고백되니까요. 그렇다면 여호와께서 보시기에 사울이 왕 되기에 특별한 성품은 어디에 있었을까요? 제가 감히 여호와의 뜻을 헤아릴 수는 없는 일이지만, 여호와께서 평소 아끼시고 택하시는 지도자들의 품성을 성경을 통해 읽고 배우면서 한 가지 발견한 것은 사울의 겸손함입니다. 사울도 온 이스라엘의 술렁임을 모르지 않았을 겁니다. 한 사회가 인간─왕 체제로의 커다란 이동을 도모하고 있던 차이니, 얼마나 어수선했을까요? 어쩌면 이미 이스라엘 백성 가운데 높임 받는 가문이었고, 심지어 인간적인 모습도 훌륭했던 사울로선 자신이 왕으로 뽑히지 않을까 하는 막연한 기대가 있었을지도 모르죠. 아비멜렉도 기대를 넘어 왕이 되려는 도모까지 한 마당인데, 자기 잘난 것을 아는 청년이라면 당시 그런 생각을 품었을 법도 합니다. 그러나 사무엘을 통해 여호와의 계획을 전해 들은 사울은 "저는 미약한 가문에서도 가장 미약한 자입니다"라고 대답합니다. 이전에 기드온이 했던 고백과 비슷하지요. 차이가 있다면 기드온의 가문이 어땠는지는 확인되지 않지만, 사울의 가문은 굉장히 높임 받는("유력한") 가문이었다고 이미 기술되어 있다는 것입니다.

부르심을 받을 때 이렇게 자신을 낮추는 것이 당시의 예의였는지는 모르겠습니다. 마치 유교 문화에서 한 번은 사양하는 것을 예의라고 여기는 것처럼요. 하지만 적어도 "내가 할 만 하지."하며 으스대는 자세와는 분명 다릅니다. 신중한 성격의 기드온이 자기 가문과 개인의 미약함을 들어 사사 되기를 고사한 것이 공적 행동을 하기 '두려웠던' 이유였다면, 이미 유력한 가문에서 필시 그 군사적 재능을 인정받고 있었을 사울은 '겸손함'을 가지고 했던 고백이 아니었을까, 그런 판단을 해봅니다. 만약 그랬다면 겸손했던 사울을 하나님께선 어여삐 보셨을 것입니다. 왕이 된 이후에 사울이 잘못을 저지르고 교만해졌을 때에 사무엘이 한 경고를 떠올리면 더욱 그러한 확신이 듭니다. "왕이 스스로 작게 여길 때에 이스라엘 지파의 머리가 되지 아니하셨나이까?"(사무엘상 15:17).

"스스로 작게 여김" 이것은 만왕의 왕이시요 모든 생명의 주관자이신 여호와 하나님 앞에서 모든 인간이 취해야 하는 '인간됨'의 자세였죠. 이것이 비록 한 공동체의 왕이라 해도 가져야 하는 이스라엘 왕의 다른 자세였습니다. 하나님 앞에서는 제 아무리 왕이라 해도 낮아져야 하는 것이 당연합니다. 위에서 우쭐댈 수 없는 것이 이스라엘 왕의 통치 원리입니다. 결국 '하나님의 영이 임한 사람이 갖는 통치권'이라는 점에서 이스라엘의 인간-왕은 사사들과 다르지 않습니다. "카리스마"라는 단어의 기원은 구약의 사사들과 이스라엘의 왕을 묘사하는 데서 비롯되었습니다. 그것은 하나님이 주신 특별한 능력을 의미합니다. 하지만 그 재능의 기원이 여호와 하나님이기 때문에 인간은 자랑할 근거가 없습니다.

막스 베버라는 사회학자가 말한 용어 중 "지배정당성"이라는 표현이 있습니다. 사람들이 특정인의 지배가 정당하다고 인정하는 데는 세 가지의 범주가 있다고 합니다. 첫째는 "전통-지배정당성"입니다. 즉 한 사회의 전통에서 지배정당성을 인정하는 사람들이 지도자가 되는 것이죠. 왕, 아버지, 주인, 남자, 어른은 전통적인 공동체에서 그들의 지배권을 인정받기 때문에 통치권을 가집니다. 반면 "법-지배정당성"은 사람보다는 법적 합리성에 근거하여 통치권을 인정하는 것입니다. 죄 앞에선 법관에게, 병원에선 의사에게, 학교에선 선생님에게 지도자적 행위를 인정하는 것이죠. 그러니까 전통 지배정당성이 주로 혈통이나 성별에 따른 것이라면 법 지배정당성은 전문성에 입각한 자리가 주는 통치 행위죠.

이 두 종류의 지배정당성과 구별되는 세 번째 범주가 바로 "카리스마—지배정당성"입니다. 지도자의 통치 근거가 '법'에도 '전통'에도 속하지 않습니다. 카리스마, 즉 여호와께서 부여하신 천부적인 능력의 소유가 정당성의 근거가 됩니다. 그가 누구인지는 중요하지 않습니다. 합리성도 기준이 아닙니다. 전통이나 법 안에선 결코 지배자가 될 수 없는 노예, 여자라 해도 상관없습니다. 법—지배정당성처럼 학교나 기관으로부터 공식적으로 인정을 받는 전문성을 입증할 필요도 없습니다. 하나님의 특별한 영으로 카리스마적인 능력을 발휘한다면 지배정당성이 인정되는 것이지요. 바로 이스라엘 공동체가 인정하는 지배정당성입니다. 이스라엘 공동체 안에서는 가문도, 전통도, 법도 왕의 통치를 정당화시키지 못합니다.

사울의 지배정당성은 '여호와의 영'과 함께 하는 신앙과 하나님 앞에서 자신을 낮추는 겸손함으로 이루어진 것입니다. 그 사람은 여호와의 영과 함께 하는가? 하여 지도력을 수행함에 있어서 여호와의 규례를 지키는가? 비록 '인간—왕 시스템'을 받아들였지만 이 두 가지 질문을 통해 왕의 지배정당성을 끊임없이 검증해간 것이 이스라엘 공동체를 이스라엘답게 만든 지점이었습니다.

그럼에도 사무엘은 여전히 마음이 좋지 않았나 봅니다. 사울을 왕으로 뽑고 기름을 붓는 의식을 하면서도 그는 계속해서 이스라엘 백성들에게 질책의 말을 전합니다.

이스라엘 자손에게 이르되 이스라엘 하나님 여호와께서 이같이 말씀
하시기를 내가 이스라엘을 애굽에서 인도하여 내고 너희를 애굽인의 손
과 너희를 압제하는 모든 나라의 손에서 건져내었느니라 하셨거늘 너희
는 너희를 모든 재난과 고통 중에서 친히 구원하여 내신 너희의 하나님
을 오늘 버리고 이르기를 우리 위에 왕을 세우라 하는도다(사무엘상 10:18-
19).

기껏 왕의 등극식을 하면서도 이런 이야기를 하고 있는 거예요.
"너희들은 너희를 구원하신 하나님을 버린 거야"라는 말로 오프닝
을 연 것이지요. 생각해보세요. 인간-왕의 등극식에서 시작부터 기
운 빼는 연설이지 뭐예요. 그게 다가 아니에요. 갈수록 더 신랄해집
니다. 사무엘상 12장 11-12절에선 또 어떤 말을 하는지 함께 보겠
습니다.

여호와께서 여룹바알과 베단과 입다와 나 사무엘을 보내사 너희를 너
희 사방 원수의 손에서 건져내사 너희에게 안전하게 살게 하셨거늘 너희
가 암몬 자손의 왕 나하스가 너희를 치러 옴을 보고 너희의 하나님 여호
와께서는 너희의 왕이 되심에도 불구하고 너희가 내게 이르기를 아니라
우리를 다스릴 왕이 있어야 하겠다 하였도다(사무엘상 12:11-12).

이전에 있던 사사들의 이름까지 나열하며 사무엘은 이스라엘 백
성들을 꾸짖기를 그치지 않습니다. 이스라엘의 선택이 옳지 못하였

신앙, 그 순례의 여정

다는 것이죠. 이쯤 되니 이스라엘 백성들도 자복합니다. "우리가 우리의 모든 죄에 왕을 구하는 악을 더하였나이다"(사무엘상 12:19). 아이고, 본인들도 그 죄가 무엇인지 알고 있네요. 그럼에도 여전히 이 공동체가 여호와의 백성으로 살아낼 가능성은 남아 있습니다. "여호와를 따르는 데에서 돌아서지 말고 오직 너희의 마음을 다하여 여호와를 섬기라"(사무엘상 12:20). 이것이면 됩니다. 오직 여호와께로 얼굴을 돌림! 바로 이 삶의 방향성을 잃지 않고 따라간다면 이스라엘은 여전히 구원의 삶을 살 수 있다고 전해주십니다.

인간—왕이 높이 들렸다고 해서 왕만이 대표로 여호와를 따르면 되는 문제가 아닙니다. 여전히 이스라엘의 "모든 백성"은 여호와의 율법을 따라야만 했습니다.

최근 한 교육계 고위 관리가 90퍼센트의 일반 시민들을 "개, 돼지"라고 칭하면서 먹고 살게만 해주면 되는 존재로 언급한 것이 알려지는 바람에 온 나라가 시끄러웠죠. 일종의 엘리트주의입니다. 전근대 사회에서는 많은 지도자들이 그런 생각을 하고 있었죠. 백성들은 굳이 복잡하고 지키기 어려운 규례나 율법조항을 세세히 알 필요가 없습니다. 그런 것은 지도자들이 알면 되는 것이고 지도자들이 이에 입각하여 제도를 만들고 시스템을 운영하면 백성들은 그저 생각 없이 잘 따라오고 주어지는 먹거리로 배나 채우라는 것이죠.

그러나 여호와께서 구상하셨던 그의 나라는 소수의 엘리트들에 의해 구상되고 운영되는 공동체가 아니었습니다. 만인이 다 그의 백성입니다. 왕도 포함해서요. 사실 하나님 입장에선 인간—왕의 존재

여부가 중요하지도 않으실 겁니다. 여호와의 백성이라면 모두가 여호와의 규례를 알아야 합니다. 그의 뜻을 헤아려야 합니다. 그 뜻대로 살아내야 합니다. 이런 공동체이고 보니 인간—왕의 지배 정당성은 그의 가문이나 힘이 아닌 '여호와의 영과 함께 있음'이어야 했던 것이죠. 그리고 이스라엘이 '헬—이스라엘'이 된다면 그 책임은 왕에게만 있지 아니하고 모든 백성에게 달려 있다고 고백하는 것입니다. 인간 왕인 사울도 이스라엘 백성들과 함께 모두 "여호와의 백성"이니까요.

대중의 심리는 구체적으로 무엇인가 눈에 보여야만 안심하는 경향이 있습니다. 이스라엘 백성들도 키 크고 힘센 왕이 눈앞에 우뚝 서서 그들을 이끌어야만 안심이 되었나 봅니다. 한 사람 한 사람이 상징적인 대체물 대신 영이신 하나님을 온전히 느낄 수만 있었다면 불안해하지 않았을 텐데. 그러나 성경은 계속해서 상징물에 의지하지 말고 '여호와의 영'과 함께하는 것에 초점을 두라고 강조합니다.

지배정당성은 '여호와의 영'과 함께함에서 오는 것입니다. 이는 오늘을 사는 우리 신앙인들에게도 마찬가지라고 생각됩니다. 우리 인생이 풍전등화같이 위험한 가운데 놓여 있을 때, 그래서 불안과 공포가 우리 전 존재를 감싸고 있을 때, 눈에 보이는 것들에 의지하는 삶은 근본적인 해결이 아니지 싶습니다. 사실 태초부터 수면 위를 운행하며 우주 전체를 가득 채우셨던 여호와의 영은, 그래서 실은 태초부터 우리 모두 안에 들어오실 수 있었습니다. 다만 우리가 그 영의 존재를 깨닫고 인정하고 그리고 존재의 숨구멍을 열어 초대해야 들어오시는 분이시죠. 우리 존재의 문을 두드리시는 여호와의 영은, 실은 태초부터 만인을 향해 다가오셨다는 것이 제 신앙고백입니다. 그걸 옛 사람들은 미처 깨닫지 못했습니다. 유난히 여호와의 임재를 가까이서 느꼈던 개인들만이 '소유'할 수 있는 특별한 카리스마라고 생각했죠. 그러나 우리는 이제 압니다. 그리고 경험하죠. 예수께서 말씀하셨듯이 진심으로 구하는 자는 모두가 얻게 되는 것이 '여호와의 영'입니다. 우리 존재를 감싸고, 우리 존재를 받치고, 늘 우리 곁에 계시기 때문이죠. 그러니 그것이 왕이든 더 힘센 무엇이든 보이는 상징물에 마음을 빼앗기지 맙시다. 그 어떤 환란 가운데에도 우리의 마음을 온전히 채우시는 '여호와의 영'에 사로잡혀서 카리스마를 내뿜는 삶이 되시길 바랍니다.

기도

사랑의 주님, 오늘은 인간—왕을 구하고 그를 의지하던 이스라엘 공동체의 선택을 보았습니다. 인간적인 불신앙이 하나님 나라 공동체가 살아가는 방식을 포기하고 어떤 타협을 도모하게 하는지, 큰 교훈을 얻습니다. 영으로 계시고 온전히 우리 안에 거주하시며 우리의 온 삶을 주관하시는 여호와를 믿고 따른다고 입으로는 고백하면서도, 눈에 보이는 지도자와 물질적인 표징을 구하는 저희들의 연약함을 용서하여 주시옵소서. 한심한 인간의 요구에도 끝없이 눈높이를 맞추시면서 인간과 소통하기 원하시는 하나님의 사랑에 감사드립니다. 늘 주와 동행하며 우리 삶 가운데서 당신이 허락하신 하늘의 재능 '카리스마'를 살리고, 살리는 일에 사용하게 하여 주시옵소서. 예수님의 이름으로 기도합니다. 아멘.

눈에 보이는 상징에 연연하지 말고 우리 마음을 온전히 채우시는 하나님의 영에 사로잡혀서 하나님이 주신 재능, 카리스마를 내뿜는 삶을 살아갑시다.

신앙, 그 순례의 여정

구약의 구원, 현재적 살림
사무엘상 13-14장

지난 만남에서는 이스라엘 공동체의 첫 왕 사울이 등극한 이야기를 보았습니다. 인간―왕을 뽑기로 한 것은 불신앙적인 선택이었지만 그럼에도 이스라엘 공동체만의 특별한 통치원리는 여전히 남아 있었다고 했어요. '여호와의 영'이 지도자와 함께 하셔야 한다는 기대는 사사와 마찬가지로 왕에게도 적용되었죠. 또한 이스라엘 백성뿐만이 아니라 왕도 여호와의 '백성'으로서 여호와의 규례를 지키고 율법을 따라야 한다는 요청 역시 이스라엘 군주제의 독특성입니다. 그래야 공동체의 안전뿐만이 아니라 왕좌의 안정 또한 보장받는다고 믿었죠. 그것이 다른 지역의 왕권 시스템과의 차이였습니다. 고대 군주제를 택한 대부분의 나라에서는 왕과 신神이 거의 동격입니다. 왕은 신의 아들이거나 우여곡절 사연이 있어 이 땅에 내려온 신으로 고백되었습니다. 따라서 왕과 신 사이의 존재론적 경계가 희미합니다. 반면 날카로운 경계선이 왕과 백성 사이에 그어졌지요. 같은 인간임에도 말이에요. 이러한 까닭에 동서고금을 막론하고 왕이 통치하는 나라에서는 큰 사건이나 자연재해에 대한 모든 책임이 왕에게 있었습니다. 그것이 전쟁의 승리와 같이 기쁜 소식이든 가뭄이나 돌림병 같은 나쁜 소식이든 말이죠. 우리나라의 전통 사회에서도 그랬잖아요? 오랫동안 비가 오지 않으면 왕이 부덕한 탓이라고. 그래서 왕이 주관하여 정성스런 기우제를 지냈죠. 그러나 이스라엘 공동체는 왕의 능력으로 구원받는 것이 아니었습니다. 모든 백성들 한 사람 한 사람이 가진 여호와에 대한 신앙이 공동체 구원의 책임이자 핵심이었습니다. 사사 시대에 지도자가 없어 곤궁에 처했던 상황에 대해서도 성경 기록자는 "백성이 여호와의 목전에서 악을 행했기 때문"이라고 평가했잖아요? 왕만이 아닌 겁니다. 모든 백성이 여호와의 규례대로 살아갈 때 이스라엘 공동체에 구원이 임했습니다.

구원의 현재성과 구체성

제가 '구원'이라는 표현을 많이 사용하고 있지요? 의도적이에요. 오늘은 이 '구원'이라는 단어에 대해 묵상하려고 하거든요. '구원'이라고 하면 우리는 보통 사후에 하늘나라에서 영원한 안식을 누리는 '내세적' 구원을 생각합니다. 그러나 구약 성경 본문을 찬찬히 읽어 보면 우리가 흔히 사용하는 구원이라는 단어 이상의 폭 넓은 구원관이 담겨 있는 것을 발견하게 됩니다. 과연 그들에게는 어떤 구원관

신앙, 그 순례의 여정

이 자리 잡고 있었을까요? 함께 살펴보죠. 먼저 사무엘상 10장 19절 말씀입니다.

> 너희는 너희를 모든 재난과 고통 중에서 친히 구원하여 내신 너희의 하나님을 오늘 버리고 이르기를 우리 위에 왕을 세우라 하는도다 그런 즉 이제 너희의 지파대로 천 명씩 여호와 앞에 나아오라 하고(사무엘상 10:19).

이것은 사무엘이 왕을 세우며 이스라엘 백성들 앞에서 애통하는 마음으로 했던 말이지요. 여기서 사무엘이 사용하는 '구원'이라는 단어는 어떻게 쓰이고 있나요? 이스라엘 사람들이 그동안 당해온 "모든 재난과 고통 중에서 친히 구원하여 내셨다"는 표현은, 분명 죽음 이후의 구원을 뜻하지 않죠. 지금 현재 벌어지고 있는 곤궁의 상황에서 목숨을 살려주신 사건들을 의미합니다. 사실 구약 성경 안에서 나타나는 바, 이스라엘 백성들이 가진 구원관의 가장 압도적인 형태는 '현재적 구원'이었습니다. 하나님의 창조명령을 기억하시나요? "살아라!" "내가 이 땅에서 허락한 너의 생명을 풍성하게 살아내라!" 그분의 창조명령이었습니다. 생명을 살아내는 것, 쉬운 일인 것 같지만 외부환경에 따라서 그것 하나 지켜내는 것이 정말 처절하고 치열할 때가 많습니다. 가슴 아픈 역사적 기억입니다만, 일제 강점기 강제 징용으로 끌려가 전쟁 맨 앞에 세워지고 '위안부'라는 이름으로 몸과 맘을 유린당한 어린 소녀들을 생각해 보세요. 죽고 싶은 순간이 얼마나 많았겠습니까? 이런 처절한 상황에도 불구하고 살아낸다는 것은 결코 쉬운 일이 아닙니다. 이와 같이 "생명을 살아내라"는 하나님의 창조명령을 행할 수 없는 모든 재난으로부터 여호와께서 건져내어 주시는 행위를 이스라엘 사람들은 '구원'이라고 고백하고 있는 것입니다. 어머, 정말로요? 아주 가까이 있는 본문으로 사무엘상 11장 1-3절을 함께 보겠습니다.

> 암몬 사람 나하스가 올라와서 길르앗 야베스에 맞서 진 치매 야베스 모든 사람들이 나하스에게 이르되 우리와 언약하자 그리하면 우리가 너를 섬기리라 하니 암몬 사람 나하스가 이르되 내가 너희 오른 눈을 다 빼야 너희와 언약하리라 내가 온 이스라엘을 이같이 모욕하리라. 야베스 장로들이 그에게 이르되 우리에게 이레 동안 말미를 주어 우리가 이스라엘 온 지역에 전령들을 보내게 하라 만일 우리를 구원할 자가 없으면 네게 나아가리라 하니라(사무엘상 11:1-3).

암몬 족속의 군대가 이스라엘 앞에 진을 치고 있는 상황입니다. 그들의 장수가 어찌나 무시무시하게 구는지 이스라엘은 싸울 생각을 일찌감치 접고 처음부터 항복을 하고 조약맺기를 청합니다. 그러한 이스라엘 백성들에게 암몬의 장수가 잔인한 이야기를 내뱉습니다. "너희들과 조약을 맺도록 하지. 그러나 그 전에 한 가지 조건이 있다. 일단 너희들의 오른 눈을 다 빼야겠다." 그야말로 불평등 조약을 넘어 폭력적인 조약이죠. 힘이 없는 사람들은 목숨을 부지하기 위해 "오른 눈을 잃더라도" 이 말도 안 되는 조약을 체결해야 하는 상황입니다. 이에 이스라엘은 무시무시한 폭력적 상황으로부터 자신들을 "구원할" 자가 있는지 찾아보고자 조금만 말미를 달라고 청합니다. 여기서 야베스 사람들이 찾는 "우리를 구원할 자"는 신이 아니라 사람입니다. 물론 '여호와의 영'에 고무되어 공의를 위해 일어서는 자이기에 여호와의 임재가 전제됩니다만, 그럼에도 불구하고 여호와의 구원은 칼을 들고 일어서서 이스라엘을 보호하는 사람이 나타나야만 가능했습니다. 그런 구체적인 인물이 있어야 이스라엘은 구원을 얻습니다. "그래. 우리에게는 영생의 구원이 있는데, 육신의 생명이 무엇이 그리 중요해? 지금 죽더라도 우리의 영혼은 구원을 받는 거야." 이런 생각을 하는 신앙인들은 당시 이스라엘 공동체에서는 하나도 없었습니다. "아니, 뭐라고? 오른 눈을 다 빼겠다고? 어쩌면 좋아. 누가 이런 폭력적이고 반생명적인 위협으로부터 우리를 구원하여 줄까?" 정의의 이름으로 분노하여 이스라엘을 구원할 사람! 이 구원의 수행자를 기대하며 야베스 족속은 이스라엘의 다른 지파동맹 부족들에게 구원을 요청했습니다. 이때 나타난 인물이 사울이었던 겁니다.

사울이 이 말을 들을 때에 하나님의 영에게 크게 감동되매 그의 노가 크게 일어나 한 겨리의 소를 잡아 각을 뜨고 전령들의 손으로 그것을 이스라엘 모든 지역에 두루 보내어 이르되 누구든지 나와서 사울과 사무엘을 따르지 아니하면 그의 소들도 이와 같이 하리라 하였더니 여호와의 두려움이 백성들에게 임하매 그들이 한 사람같이 나온지라(사무엘상 11:6-7).

불평등 조약의 앞에 있던 야베스 사람들의 이야기를 전해 들은 사울이 분노하여 그들을 돕고자 나선 것이지요. 그의 공분에 대해 성경은 "하나님의 영에게 크게 감동"되었기 때문이라고 밝힙니다. '하나님의 영'은 살리는 영이요 보호하시는 영이니까요. 어디서 힘을 앞세워서 하나님이 지으신 귀한 생명들을 위협합니까? "살려내라! 나의 백성을 구원하라!" 이에 응답한 대사사의 전형적인 부르심입니다. 사무엘은 바로 이 상황을 일러 "구원"이라 말합니다.

무리가 와 있는 전령들에게 이르되 너희는 길르앗 야베스 사람에게 이같이 이르기를 내일 해가 더울 때에 너희가 구원을 받으리라 하라 전령들이 돌아가서 야베스 사람들에게 전하매 그들이 기뻐하니라(사무엘상 11:9).

"내일 해가 더울 때에 너희가 구원을 받으리라." 이 문장은 이제껏 우리가 알고 있던 사후의 영적 구원과는 상당히 다른 차원의 구원을 분명하게 전달합니다. 이 땅에서 우리의 생명이 안전해지는 것, 인간으로서의 삶을 보장받는 것을 '구원 상태'로 묘사한 것이죠. 이제까지의 본문만 보더라도 이스라엘 사람들에게 '구원'은 '현재적'이고 '구체적인', 하여 생명이 안전함을 받는 상태를 의미하는 것임을 알 수 있습니다.

이러한 묵상만으로도 우리가 돌아봐야 할 지점이 있다고 생각해요. 행여 신앙의 사람들인 우리가 영적인 구원만 강조하는 바람에 이웃의 현재적인 고통을 가볍게 여기거나 간과하는 것은 아닌지, 성찰할 일입니다. "이 세상의 삶은 그다지 중요한 게 아니야. 썩지 않을 영원의 삶을 바라 봐. 너희 영혼을 우선적으로 챙겨." 이렇게 쉽게 말하며 내 이웃이 현재 겪고 있는 구체적인 아픔을 외면하고 있지는 않는지 돌아봐야 합니다. 예수께서도 이러한 행동을 많이 비판하셨지요. 율법만 생각하고 이웃의 고통은 신경도 쓰지 않는 것에 대해, 예수께서는 "여호와의 계명을 버리고 사람의 전통을 따르는 것"이라고 꾸짖으셨습니다. 또한 사역의 현장에서 만나는 이웃의 고통을 헤아리시며 현재적이고 구체적인 구원, 생명 살림을 실천하셨습니다.

어머나? 그럼 인간이 인간끼리 구원해줄 수 있다는 말인가요? 신학적으로 위험한 해석은 아닐까요? 이 부분에 대해 조금 더 생각해 봅시다. 과연 인간에게는 나를 구원할 힘, 너를 구원할 힘, 나아가 서로를 구원할 힘이 없는지. 영적 구원을 말하고 인간의 전적 타락을 말하는 기독교 주류 신앙의 전통에서는 당연히 이러한 질문 자체를 이단시할지도 모르겠습니다. 하지만 오늘 우리가 성경 본문에서 살펴보듯이, 구원은 무죄 상태가 된다거나 영원에 이르는 어떤 신적 경지, 영적 차원으로 승화하는 상태'만'을 의미하지 않습니다. 오히려 히브리인들의 성경(구약)에서 나타나는 '구원'은 창세기에서부터 고백되었던 구원명령, 즉 "살려라!"라는 여호와의 당부를 강조합니다. 인간에게 그런 능력이 있다는 것이 성경의 처음부터 고백되었습니다.(물론 완전한 것은 아니었죠. 그 경계에 대한 설명은 1권을 참고해 주세요.) 하나님께서 우리에게 원하시는 삶은 서로를 구원하는 삶입니다. 하나님께선 우리에게 그런 권한과 능력을 허락하셨습니다. 다만 교만과 자기포기의 양쪽 극단에 치우칠 위험을 가진 인간의 자유의지만으로는 못합니다. 그러하기에 도우시는 영인 '여호와의 영'과 함께 늘 동행해야 하는 것이죠. 늘 말하듯이 '임마누엘'이 답입니다. 구원의 열쇠입니다.

상호적 구원, 살림의 능력

사람이 사람을 구원하는 가능성에 대해 생각해보기 위해 한 사건을 소개합니다. 당시 암몬도 만만치 않았지만 가장 두려운 적은 블레셋이었습니다. 그들은 강인한 육체와 막강한 철기 무기를 가지고 있었으니까요. 블레셋 족속의 철기 문명은 매우 발달되어 있어서 이스라엘 백성들조차 농기구를 정비하기 위해선 그들에게 가져가 부탁해야 할 정도였습니다. 사무엘상 13장 이하에서는 그런 블레셋이 이스라엘에 쳐들어온 이야기가 펼쳐집니다. 블레셋이 이스라엘 앞에 진을 치고 있습니다. 지레 겁을 먹고 항복할 만한 상황이었죠. 당시 블레셋 군사들과 상응하는 철제 무기는 오직 사울과 요나단 정도만이 가지고 있었습니다. 그러니 군사적으로는 맞붙어도 승산이 없는 일입니다. 하여 모든 이들이 두려움에 떨고 있을 때에, 요나단이

홀연히 일어나 용기를 발휘했습니다. 그는 자신의 무기를 드는 소년에게 제안합니다. "여호와께서 우리를 선하게 보시고 우리를 구원하시려 한다면 우리 둘로도 역사를 만들 수 있을 것이다." 이 두 소년은 무엇을 도모한 것일까요?

요나단이 자기의 무기를 든 소년에게 이르되 우리가 이 할례 받지 않은 자들에게로 건너가자 여호와께서 우리를 위하여 일하실까 하노라 여호와의 구원은 사람이 많고 적음에 달리지 아니하였느니라(사무엘상 14:9).

소년들의 믿음이 정말 대단하지요. 카리스마적인 지도자였던 사울조차 선뜻 나서지 못하고 상황을 재고 있었는데 말입니다. "여호와의 구원은 사람이 많고 적음에 달려있지 않다." 이는 물론 이스라엘의 전통적인 신앙 고백이지만, 아무리 그래도 그렇지, 달랑 소년 둘이서 무엇을 하겠다는 걸까요. 〈성경 사랑방〉에서 이 본문을 함께 묵상하던 지헌 형제는 "중2병 아니야?" 하고 반문했었죠. 덕분에 한참 웃었습니다만, 이 본문은 구약 성경이 고백하는 구원의 내용을 전달하는 매우 중요한 본문입니다. 바로 '현재적'이고 '구체적'인 여호와의 구원 말입니다. 당장 눈앞에 있는 블레셋으로부터 이스라엘 공동체를 안전하게 지켜주시는 것이 "여호와의 구원"이니까요. 그 구원을 이루기 위해 숫자의 많고 적음이 중요하지 않다고 고백한 요나단은 용기를 내어 한밤중에 몰래 적진에 진입합니다. 우리나라에도 신라의 소년 화랑 관창의 일화가 전해집니다만, 때론 소년들의 순수한 용기가 어른들을 부끄럽게 만들지요.

요나단은 적진으로 올라가 기습으로 공격하여 스무 명의 적을 무찔렀습니다. 그러나 그들에게도 한계가 있었지요. 지쳐가는 그 둘을 구하시기 위해 여호와께선 블레셋 사람들로 하여금 서로 싸워 죽이게끔 만드셨다고, 성경은 전합니다. 이 장면을 보고 있는 사울과 이스라엘 백성들은 얼마나 큰 감동이 일었을까요? 이스라엘 백성들이 우리도 싸워야겠다고 마음을 먹어가는 순간 더더욱 대단한 기적이 일어납니다. 블레셋에 고용되었던 히브리 사람들이 여호와의 기적을 보고 돌이켜 두 소년의 편을 들게 됩니다. 가슴 벅찬 일이죠. '히브리 사람'의 어원이 되는 '하비루'는 본디 자신들의 밥줄을 위해 일거리를 찾아 계약 농민으로도 일용직 건축노동자로도 그리고 계약 용병으로도 활동했다고 했었지요. 그런 하비루들 중에는 강한 세력이었던 블레셋에 가담했던 무리도 있었던 겁니다. 먹고 살려니 그랬겠죠. 하지만 어린 '히브리 소년들'의 용기를 목도하고, 거기다 여호와의 임재를 느끼면서 어느덧 히브리 사람으로서의 동질감을 갖게 되었음이 틀림없습니다. 그러니 '계약된 용병'임에도 불구하고 그 칼날을 블레셋에게로 돌이켰겠죠. 세 번째로 일어난 감동적인 기적은 에브라임 산지에 숨어있던 이스라엘 백성들이었습니다. 에라, 이 전쟁은 승패가 뻔하다. 일찌감치 숨어서 일단 모면이나 하고 보자. 이리 비겁한 마음을 품었던 자들조차 이스라엘 편으로 가담했다는 것입니다. 이 모든 기적에 고무된 사울과 기존에 모여 있던 백성들까지 가세하여 드라마틱한 상황이 펼쳐지게 됩니다. 결국 두 소년이 대단한 구원의 역사를 이루어낸 것이지요.

승세가 잡히자 사울은 들뜬 마음이 되었나 봅니다. 다소 뒷북인 감이 없지 않습니다만 흥분하여 이스라엘에게 선포합니다. 사무엘상 14장 24절 말씀입니다.

> 이 날에 이스라엘 백성들이 피곤하였으니 이는 사울이 백성에게 맹세시켜 경계하여 이르기를 저녁 곧 내가 내 원수에게 보복하는 때까지 아무 음식물이든지 먹는 사람은 저주를 받을지어다 하였음이라 그러므로 모든 백성이 음식물을 맛보지 못하고(사무엘상 14:24).

사울은, 블레셋을 완전히 처단할 때까지 아무것도 먹지 않고 그들을 신속하게 몰아내자고 명령합니다. 누구든지 그 전에 음식을 먹는 사람은 여호와의 저주를 받을 것이라는, 신적 권위가 개입될 만한 경고까지 더했습니다. 좀 과했죠. 혹시 입다의 서원과 비슷하다는 생각이 들진 않으셨나요? 사의에 사로잡혀 함부로 하나님께 맹세하다가 외동딸을 잃었던 입다의 이야기와 비슷한 뉘앙스입니다. 과욕을 부린 사울의 선언이었죠. 여호와께서 시키지도 않았던 맹세를 하게 된 것은 사울의 욕심이라고 생각해요. 그것도 여호와의 이름을 들먹이면서 말이죠. 이미 공동체의 안전을 되찾았는데, 그것만으로 족하지 않았던 걸까요? 하지만 승세를 잡은 사울은 조금 더 욕심이 났던 모양입니다.

그러나 문제는 사울의 선언을 요나단이 듣지 못했다는 것입니다. 충분히 그럴 수 있는 정황이었습니다. 미리 계획된 방식으로 전개된 전투도 아니고, 그렇다고 요즘처럼 SNS 기술이 있어 서로 정보를 공유할 수 있는 것도 아닙니다. 그 넓은 곳에서 각각 흩어져 싸우는 와중에 어찌 모두가 사울의 말을 전달받을 수 있었겠어요. 더구나 전날 밤부터 싸움에 임했던 요나단입니다. 하여 매우 지쳐 있던 요나단은 싸움 중에 우연히 눈앞에서 발견한 꿀을 무심코 찍어 먹게 됩니다. 도망가는 블레셋 군대를 보고 신이 났던 이스라엘 백성들도 짐승들을 잡아 피가 있는 채로 먹었다고, 성경은 전합니다. 이미 승세를 잡은 후인지라 모두 들떠있었던 것 같습니다. 이어지는 본문에 따르면 사울은 계속해서 블레셋 사람들을 쫓을지 말지를 여호와께 물었습니다. 그러나 여호와의 응답은 없었습니다. 이스라엘 공동체에게 하나님의 응답이 없다는 것은 곧 그 공동체가 여호와의 뜻 안에 있지 않다는 것을 의미합니다. 누군가 여호와의 이름으로 선포된 명령을 듣지 않아 여호와의 마음을 상하게 한 것이 분명합니다. 이에 사울은 제비를 뽑죠. 백성들 앞에서 약조를 합니다. "이 제비가 내 아들 요나단에게 있다 할지라도 그를 죽일 것이다." 설마 했겠지요. 그 많은 백성들 중에 아들이 뽑힐 확률은 지극히 적으니까요. 그러나 제비를 뽑으니 요나단이 뽑혔습니다. 억울한 일이죠. 요나단은 사울의 명을 듣지 못했으니까요. 그럼에도 아버지의 서원 내용을 전해 들은 요나단은 자신의 죽음을 순순히 받아들입니다. 신앙적으로 볼 때 사울도 요나단도 쉽지 않은 신앙적 결단입니다. 그러나 오늘

신앙, 그 순례의 여정

제 이야기의 강조점은 다른 곳에 있습니다. 죽을 위기에 놓인 요나 단을 '구원'했던 사람들의 힘입니다. 누가 요나단을 구원했을까요?

> 백성이 사울에게 말하되 이스라엘에 이 큰 구원을 이룬 요나단이 죽겠 나이까 결단코 그렇지 아니하니이다 여호와의 살아 계심을 두고 맹세하 옵나니 그의 머리털 하나도 땅에 떨어지지 아니할 것은 그가 오늘 하나 님과 동역하였음이니이다 하여 백성이 요나단을 구원하여 죽지 않게 하 니라(사무엘상 14:45).

마지막 문장에 주목해 주십시오. "백성이 요나단을 구원하여." 네, 그렇습니다. 이번엔 백성들이 요나단을 구원했어요. 이 구절에는 "구원"이라는 단어가 두 번 등장합니다. 첫 번째 구원은 요나단에 의해 이루어진 이스라엘 공동체의 구원이었습니다. 두 번째 구원은 이스라엘 백성에 의해 이루어진 요나단 개인의 생명에 대한 구원이 죠. 그가 여호와와 동역하고 있다는 것을 눈으로 목격했던 이스라엘 백성들은 "사울이 아무리 왕일지라도 요나단의 머리털 하나도 건드 릴 수 없다."고 힘주어 말합니다. "백성이 요나단을 구원"한 덕분에 요나단은 죽지 않게 되었습니다. 생명을 보존할 수 있었습니다. 결국 서로가 서로를 구원한 것이죠. 너무나 아름다운 구원입니다. 서로를 살리는 상호적인 구원이 이 위기 상황 속에서 이루어진 것입니다.

그러니까 우리가 보아온 사무엘상의 본문만 보더라도 이스라엘 공동체가 믿고 실천한 "구원"이란 '현재적'이고 '구체적'이며 또한

'상호적'임을 알 수 있습니다. 물론 여호와 하나님께서는 만물의 구원자이십니다. 그러나 그분은 피조물들을, 특히 당신의 형상을 닮은 인간들을 서로 구원할 수 있는 존재로 지으셨습니다. "살려라"라는 구원 명령에 담긴 하나님의 뜻이 너무나 아름다운 것 같습니다. 우리는 연약하고 죄가 많은 존재이지만, 그럼에도 불구하고 성경에 고백된 바에 따르면 우리들의 능력과 권위는 서로를 구원할 수 있을 정도로 높습니다. 요나단의 이스라엘 구원과 이스라엘의 요나단 구원, 이 모두를 하나님께서 허락하셨기에 그 상호적 구원의 역사가 일어난 것이라고 믿습니다. 사울이 혼자 들떠 과장된 행동으로 서약함으로 죽을 뻔 했던 요나단의 목숨을 이스라엘 백성들이 구원하는 모습을 보시며 여호와께서도 분명 기뻐하셨을 것입니다.

오늘날 신실한 신앙인들도 '서로가 서로를 구원할 수 있다'는 교훈을 놓치면 안 될 것 같습니다. 많은 교회들 안에서 영혼 구원에 대한 부분만이 강조되고 있죠. 물론 매우 중요한 부분입니다만 구원의 다른 측면들, 즉 현재적이고 구체적이며 상호적인 이 땅에서의 구원이 잊히고 있다는 것이 안타깝습니다. 정말 신실하고 영적인 삶을 사시는 분들조차도 현실적인 어려움을 겪고 있는 이웃에게 손을 내밀지 않는 모습을 종종 봅니다. 자신의 능력으로 충분히 살릴 수 있음에도 불구하고 말입니다. 육적인 것을 하찮은 것, 혹은 열등한 것으로 생각하기 때문입니다. 자선은 고귀한 일이지만 구원과는 동일시될 수 없다고 여기시는 것 같아요. 그러니 '이 땅에서의 구원'을 행함에 있어 소극적이거나 부정적인 모습을 보이게 되는 것이지 싶습니다. 더구나 오늘날과 같은 승자독식의 사회에서는 여호와의 뜻과 규례를 아는 신앙인조차 '상호적 구원'의 실천을 주저하게 됩니다. 심지어 일상생활에서는 이웃의 생존을 위협하는 선택과 행동을 조금의 고민도 없이 행하고는, 주일에 교회에 가서는 너무나 영성 충만한 모습으로 예배를 드리는 경우도 있죠. 그러나 성경은 분명히 증언합니다. '이 땅에서의 구원'을 외면하는 태도는 결코 여호와께서 기뻐하시는 신앙인의 삶이 아니라고요.

이스라엘 백성들의 신실함은 왕의 실수조차도 바로잡을 수 있었습니다. 성경을 보면 볼수록 우리를 자유롭게 하고 싶어 하시는 하나님을 발견하게 됩니다. 여호와께서는 우리를 율법 속에 가두려고 규례를 주신 것이 아니죠. 성경을 통해 인간은 우리에게 주어진 권한과 능력을 깨닫고 선택하며 살아가야 한다는 생각이 듭니다. 이미 하나님께선 답을 주셨습니다. 하나님의 영과 함께하면 얼마든지 이러한 삶이 가능합니다. 이 땅의 모든 사람이 하나님의 영에 사로잡혀 서로를 구원하는 아름다운 꿈을 가질 수 있기를 원합니다. 서로의 생명을 살리는 아름다운 꿈을 꾸고 실천하면서 사는 신앙인이 되기를 소망합니다.

기도

사랑의 하나님, 저희들에게 구원의 놀랍고 다양한 의미들을 깨닫게 하시니 감사합니다. 우리는 너무 쉽게 구원이 당신의 몫이고, 당신께서 우리를 위해서만 베푸시는 것이라고 믿어왔습니다. 그리고 우리가 죽어서 얻게 되는 영적인 것이라고만 생각해 왔습니다. 그러나 이스라엘 공동체를 통해 당신이 이루어내신 구원의 역사를 공부하면서, 구원이 얼마나 현재적이고 구체적인지 배웁니다. 또한 우리 인간들이 서로서로를 구원할 수 있는 능력을 가진 상호적인 위치에 있음을 깨달았습니다. 비록 저희는 연약하고 불안한 삶을 살아가지만, 사는 동안 임마누엘이신 하나님과 동행하며 서로를 살리고 일상 속에서 구체적으로 서로의 생명을 돌보는 크리스천이 되게 하여 주시옵소서. 예수님의 이름으로 기도합니다. 아멘.

하나님께서는 인간에게 놀라운 '구원'의 능력을 주셨습니다. 지금 여기, 내 앞에 있는 이웃의 현재적 갈급함을 채우고 생명을 살리는 현재적이고, 구체적이고, 상호적인 '구원'을 실천합시다.

서른두 번째 만남

다윗을 만든 사람들 1 - 요나단과 아비가일
사무엘상 16-25장
- -

지난 만남에서 살펴보았듯이 구약에서의 구원은 '현재적'이고 '구체적'이며 '상호적'이었습니다. 상호적 구원이란 우리가 서로를 구원할 수 있다는 뜻이지요. 지난 시간 배웠던 상호 구원의 주인공은 바로 요나단과 이스라엘 백성이었습니다. 오늘 배울 내용도 상호 구원의 연장선에 있는데요, 성경 인물 중 가장 주목받는 다윗 왕과 관련된 이야기입니다.

우리나라 사람들에게 우리 역사 가운데 가장 훌륭한 왕을 꼽으라면 대부분의 국민들은 세종대왕을 말할 겁니다. 이스라엘에게 같은 질문을 하면 누구를 선택할까요? 필시 대부분은 다윗 왕을 꼽을 겁니다. "그때만 같아라." 어느 공동체나 그렇게 이상화하고 그리워하는 과거의 시점이 있습니다만, 이스라엘 사람들에게는 다윗의 통치 시절이 그러했나 봅니다. 하지만 오늘 이야기에선 다윗 왕이 주인공은 아닙니다. 늘 주변인으로만 그려졌던 사람들, 즉 다윗이 만났던 사람들이 주인공입니다. 그들의 삶을, '다윗을 만들어간 사람들'로서 관심하려 합니다. 그리고 영웅화된 다윗보다는 인간 다윗의 모습에 초점을 맞추어 공부해보겠습니다.

다윗의 중심, 여호와 신앙

'다윗' 하면 하나님께 큰 사랑을 받았던 영예로운 인물로만 기억될 겁니다. 그러나 그는 왕이 되기 전까지는 하루하루의 삶이 고난과 역경 가운데 있던 사람이었습니다. 당장의 생명마저 위태롭던 인생이었죠. 특히 이스라엘 왕 사울의 질투와 질시의 대상이 되어 어려움을 많이 겪었던 것으로 유명합니다. 왕이 되고 난 뒤에도 물론 신앙적으로나 인생 면에서 우여곡절이 많았어요.

이스라엘 역사에 있어 가장 '성군'으로 묘사되는 왕 다윗, 이제 그를 만들어간 사람들의 이야기를 하려 합니다. 우선 다윗이 왕이 되는 장면부터 살펴볼까요? 사울이 하나님 보시기에 좋지 않은 행동을 계속해서 하고 있던 시점이었습니다. 결국 하나님께선 사울을 버리시고 새로운 왕을 뽑기 위하여 사무엘에게 임하십니다.

여호와께서 사무엘에게 이르시되 내가 이미 사울을 버려 이스라엘 왕이 되지 못하게 하였거늘 네가 그를 위하여 언제까지 슬퍼하겠느냐 너는 뿔에 기름을 채워 가지고 가라 내가 너를 베들레헴 사람 이새에게로 보내리니 이는 내가 그의 아들 중에서 한 왕을 보았느니라 하시는지라(사무엘상 16:1).

여호와의 명령에 사무엘은 베들레헴으로 갑니다. 그리고 이새의 아들 중에서 가장 마지막 아들인 다윗에게 기름을 부었습니다. 세상에, 현재 왕이 살아있는데 그의 아들도 아니고 전혀 새로운 인물에게 기름을 부으라니요. 대단히 파격적이고 위험한 명령이 아닐 수 없습니다. 이 명령에 순종한다면 사무엘은 과연 무사할 수 있을까요? 백성들은 이 문제에 대해 어떤 반응을 보였을까요? 이 커다란 에피소드의 결론부터 보지요.

사무엘이 기름 뿔병을 가져다가 그의 형제 중에서 그에게 부었더니 이 날 이후로 다윗이 여호와의 영에게 크게 감동되니라 사무엘이 떠나서 라마로 가니라(사무엘상 16:13).

사울의 경우처럼 다윗 역시 그 전까지는 '여호와의 영'과 함께하지 않았다고 기록합니다. 기름 부음으로 인하여 '여호와의 영'이 그와 함께하게 되었다는 이야기이죠. 이것은 지난 시간에 배웠던 이스라엘만이 가지고 있는 독특한 지배정당성, 즉 "카리스마—지배정당성"을 보여주는 부분입니다. 하나님의 영이 다윗과 함께함으로 인해 이제 이스라엘의 지배정당성은 다윗에게로 넘어간 것입니다. 흥미로운 것은 그 다음 구절인데, 사무엘상 16장 14절에서는 "여호와의 영이 사울에게서 떠났다"는 표현이 등장합니다. 더 이상 하나님의 영이 사울과 동행하지 않으셨기에 그가 아무리 왕좌에 있다 할지라도 이스라엘 백성을 다스릴 권한이 없다는 선포입니다. 통치권이 다윗에게 넘어간 것입니다.

여기서 궁금한 점이 있지 않으세요? 다윗이 '이미' 여호와의 영과 동행하던 상황도 아니었고 오히려 기름 부음을 받은 이후에 여호와의 영에 감동을 받게 되었다면, 이새의 아들들 중에서 하필 왜 다윗이어야 했을까요? 그의 형들 역시 용모가 뛰어나고 용맹했으며 사람들이 보기에 왕으로 삼기 충분한 인물들이었는데도 말이죠. 하나님께선 왜 다윗을 선택하셨을까? 이를 설명하는 구절이 사무엘상 16장 7절 말씀입니다.

여호와께서 사무엘에게 이르시되 그의 용모와 키를 보지 말라 내가 이미 그를 버렸노라 내가 보는 것은 사람과 같지 아니하니 사람은 외모를 보거니와 나 여호와는 중심을 보느니라 하시더라(사무엘상 16:7).

지금도 많이 인용이 되는 구절이지요. 사무엘이 이새의 큰 아들 엘리압을 보고 반하자 여호와께서 그의 마음 가운데 주신 말씀입니다. 하나님께선 외모를 보지 아니하시고 중심을 보신다는 것입니다. 그렇다면 다윗은 형제들에 비해, 그리고 이스라엘의 다른 백성들에 비해 어떤 중심을 가지고 있었을까요? 이 부분에 대해 기도와 묵상을 해왔는데요, 제가 깨달은 생각을 함께 나누어 보겠습니다. 일종

신앙, 그 순례의 여정

의 추론인 셈인데, 저와 함께 본문 사이를 상상해보자고 초청해 봅니다. 우선 사무엘상 16장 11절 말씀을 보겠습니다.

> 또 사무엘이 이새에게 이르되 네 아들들이 다 여기 있느냐 이새가 이르되 아직 막내가 남았는데 그는 양을 지키나이다 사무엘이 이새에게 이르되 사람을 보내어 그를 데려오라 그가 여기 오기까지는 우리가 식사 자리에 앉지 아니하겠노라(사무엘상 16:11).

이 본문을 읽으니 혹시 감이 오지 않으시나요? 다윗이 양을 지키는 모습을 떠올리면 힌트를 얻으실 수 있을 겁니다. 이 장면을 시간 순서대로 정리해 드릴게요. 사무엘은 이스라엘 공동체 내에서 굉장히 거물급 인물이었습니다. 소사사였잖아요. 그런데 바로 '그' 사무엘이 작은 동네인 베들레헴으로 온다는 거예요. 당연히 시골마을인 베들레헴 사람들이 술렁거렸겠지요. 이 작은 동네에 사무엘이 왜 오는 것일까? 소사사의 움직임은 여호와의 특별한 계시와 관계되기 십상이고, 그렇다면 저주 아니면 축복인 것이죠. 모든 주민이 궁금증을 가지고 있었을 거예요. 오죽하면 동네의 장로들이 그를 맞이하며 "오늘 오신 이유가 평화로운 이유 때문이지요?" 하고 조심스럽게 물어보았을까요? 사무엘은 그저 제사를 드리러 왔다고 대답하고는 여호와의 제사에 이새와 여덟 명의 아들을 초청합니다.

이 전반적인 상황이 동네의 모든 사람들에게 흥미와 궁금증을 유발했을 것입니다. 왜 하필 이새의 집을 제사에 초청했는지도 궁금

했겠지요. 보나마나 이야기하기 좋아하는 사람들 사이에서는 "이새의 아들들 중에서 여호와께서 귀히 쓸 사람을 뽑을 것 같다"는 소문도 돌았을 겁니다. 사무엘이 사울을 못마땅해 하고 있다는 이야기를 전해 들었다면 그런 추측은 더욱 신뢰를 얻었겠죠. 그렇기에 이새와 그의 아들들도 내심 기대를 가지고 제사에 참여했을 것 같습니다. 아마 장남 엘리압의 경우에는 김칫국을 마시고 있었을지도 모릅니다. "여호와께서 우리 집안을 택하셨다면 당연히 장남인 내가 영광을 보는 자리에 앉겠지." 하지만 "중심을 보시는" 하나님께선 이미 엘리압은 버렸다고 사무엘에게 언지를 주셨죠. 그 말씀이 없었다면 사무엘은 아마 엘리압을 왕으로 선택했을 거예요. 그만큼 그의 용모가 뛰어났기 때문입니다. 사울과 견주어도 꿀릴 것 없는 자태였으니까요. 그러나 여호와께서는 엘리압은 아니라고 말씀하십니다. 혹시, 은근히 기대하는 엘리압의 모습에 그 마음이 사적인 열망으로 흔들렸다는 것을 보신 것이 아닐까요? 사무엘의 초청은 말 그대로 여호와를 향한 제사를 드리는 것인데, 제사에 임하는 마음이 아니라 뭔가 기대하는 허영심과 교만의 가능성을 읽어내신 것이지요. 그런 식으로 둘째, 셋째… 사무엘이 아들들의 앞을 지날 때마다 하나님께선 그들이 아니라고 말씀하셨습니다.

　모든 아들들의 앞을 지난 사무엘이 답답한 마음으로 이새에게 또 다른 아들이 있는지 묻습니다. 마지막 아들이었던 다윗은 그때에도 양을 치고 있었습니다. 저는 거기서 일종의 깨달음을 얻었어요. 혼자서 양을 지킬 정도라면 다윗 역시 어느 정도 성장하고 충분히 힘이 있는 청년이었을 겁니다. 다윗인들 작은 마을에 가득한 소문을 못 들었을 리 없습니다. 그리고 무엇보다 그 제사에 참여하려는 사람들이 말 그대로 여호와께 진심을 다하려 기웃거리는 것이 아님을 간파했을지도 모릅니다. 저마다 뭔가 얻고자 하는 심산으로 동네 사람들이 그곳에 몰려갔음을 알면서도 동요하는 대신, 다윗은 자신의 본분인 양 치는 일을 차분하게 계속합니다. 성경은 다윗이 기름부음을 받은 이후에 '여호와의 영'과 동행했다고 하지만, 사실 그거야 공식적인 인정의 장면일 뿐, 모르는 일입니다. 여호와 신앙을 가진 그가 개인적으로 주와 동행하는 삶을 살았는지는 오직 여호와와 다윗만이 알 일이죠. 여호와와 늘 함께하면서 자신에게 주어진 본분으로서의 양을 지켜낸 다윗이라면, 이미 여호와께서 꼭 제사 드리는 그곳에만 거하는 분이 아님을 알았을 겁니다. 제가 너무 많이 나갔나요? 하지만 거친 들판에서 홀로 양을 지키는 일상을 살아가다 보면 어찌 기도가 절로 나오지 않았겠어요? 그 들판에서 여호와의 임재로 양들을 구하고 자신의 목숨도 구했던 생생한 체험이 있는 다윗이라면, 군이 '사람들의 모임'인 제사 '구경'보다는 자신의 작은 임무가 중요했을지도 모르겠습니다. 여호와는 지금 이 순간에도 들판에서 양치는 다윗과 동행하시니까요. 만약에 다윗의 마음이 그러했다면요, 혹시 여호와께서는 그 마음의 중심을 어여삐 보신 것은 아닐까요? 다윗이라는 이름에는 "사랑받는 자"라는 뜻이 담겨있는데, 그가 진심으로 그런 마음을 품었다면 정말 하나님께서 다윗을 사랑하실 만합니다.(물론 이런 에피소드는 다윗을 이미 큰 왕으로 고백하는 후대의 사가들이 다윗을 특별하게 만드는 작업으로 창작한 것이라는 학설도 있습니다. 하지만 아시죠? 우리는 그런 학자들의 이야기를 간과하지는 않더라도, 묵상하는 동안에는 본문 그 자체만을 가지고 본문이 전하는 메시지를 신앙적으로 씨름하기로 한 것!)

요나단의 '여호와 신앙'

다윗은 초기엔 사울에게도 큰 사랑을 받았다고 합니다. 수금으로 사울을 위로하고, 심지어 사울의 무기까지 들게 되었을 정도라니 말 다했지요. '무기를 드는 자'는 정말 큰 신뢰의 표시였습니다. 적어도 그 사람만큼은 나를 배반하지 않는다는 신뢰가 있어야 가장 가까이에서 내 무기를 들고 늘 함께 할 수 있지 않겠어요?

그런데 왕궁에는 사울 말고도 다윗을 특별히 아낀 사람이 또 한 사람 있었습니다. 혹시 떠오르는 이름이 있으신가요? 바로 사울의 아들 요나단이죠. 만약 사울의 장남이었던 요나단이 불신앙의 사람이었다면 다윗을 사랑하기는커녕 크게 경계했을 것입니다. 사무엘이 베들레헴에 내려가 다윗에게 기름을 부었다는 소문을 그도 들었을 테니까요. '기름 부음'이 어떤 의미인지 너무나 잘 알고 있는 요나단입니다. 자신이 아버지에 이어 왕위를 계승하는 세습 기반을 흔들 수 있는 인물이 다윗인 거죠. 그러나 요나단은 매우 신앙적인 사람이었습니다. 아버지 사울조차도 다윗을 질투했건만, 요나단은 그리하지 않았거든요. 아실 거예요. "사울이 천천이면 다윗은 만만이라" 하면서 이스라엘 백성들이 사울과 다윗을 비교하는 노래를 부를 때에, 이미 왕좌에 오른 사울조차도 다윗을 크게 질투했었잖아

신앙, 그 순례의 여정

요. 그래서 사울은 질투심과 위협감에 다윗을 제거하려고 하죠. 그러나 이런 상황에서 보이는 요나단의 행동은 얼마나 그가 신앙적으로 중심이 곧은 사람인지를 보여줍니다. 다윗을 죽이려는 아버지의 도모를 알고서 다윗을 도망시키면서 요나단이 한 말입니다.

그러나 만일 내 아버지께서 너를 해치려 하는데도 내가 이 일을 네게 알려 주어 너를 보내어 평안히 가게 하지 아니하면 여호와께서 나 요나단에게 벌을 내리시고 또 내리시기를 원하노라 여호와께서 내 아버지와 함께 하신 것 같이 너와 함께 하시기를 원하노니(사무엘상 20:13).

"여호와께서 나의 아버지인 사울과 함께하신 것 같이 너 다윗과도 함께하기를 원한다"는 고백, 얼마나 멋진 신앙인의 모습인가요. 요나단은 비록 아버지 사울과 함께한 마지막 전투에서 죽습니다만, 이스라엘의 통치 원리를 알고 있는 신앙적인 인물로 높이 평가되어야 할 것입니다. 요나단은 중심이 흔들리지 않았습니다. 아버지 사울과 함께했던 '여호와의 영'이 이제 더 이상 아버지와 함께 있지 아니하고 다윗과 함께하는 것을 본 요나단은, 여호와 신앙을 그 중심에 둠으로 인해 다윗을 핍박하기는커녕 축복할 수 있었습니다.

요나단과 다윗의 관계는 마치 세례 요한과 예수님과의 관계를 떠올리게 합니다. 예수님께선 세례 요한을 "여자가 낳은 이 중에서 이보다 훌륭한 이가 없다"고 평가하셨죠. 어쩌면 요나단도 그런 평가를 받기에 합당한 인물일 것 같아요. 다윗을 제거하려는 아버지의 도모를 슬쩍 눈감고 있으면 내가 자동으로 왕이 될 상황에도, 왕위에 욕심을 내지 아니하고 친구의 목숨을 구했습니다. '살리시는 영'으로 그와 함께 하셨던 여호와의 이름으로 말이죠. 또한 아버지의 전투가 죽음으로 향한 길임을 뻔히 알면서도 육신의 아버지 곁을 지킨 효성이 가득한 아들이었습니다. 사랑과 신의와 효성 가득한 요나단! 그가 죽었다는 소식을 듣고 다윗은 크게 마음 아파합니다. 요나단과의 지난 일들이 떠올랐겠죠. 기꺼이 자기 자리, 심지어 목숨까지도 양보하며 임마누엘의 축복을 빌어주었던 친구, 그 요나단을 기억하는데 어찌 다윗의 이후 삶이 자기만을 위한 이기적인 삶일 수 있겠습니까?

그런 의미에서 요나단은 정말 '성군 다윗'을 만들어준 사람들 가운데 한 명이었다고 생각해요. 물론 요나단이 다윗이라는 주인공을 만든 조연이었다는 말은 아닙니다. 요나단 그 자체로의 삶도 충분히 '주인공'된 삶입니다.

많은 신앙인들이 한 사람의 인생이 세상적으로 높이 들리고 영화로워야만 축복이라고 여깁니다만, 저는 요나단이야말로 죽는 그 순간까지 여호와와 동행한 참 신앙의 사람이라고 생각해요. 요나단의 죽음도, 세례 요한의 죽음처럼 '죄의 대가'로 해석될 수 없는 죽음입니다. 자기 자리에서 최선을 다한 삶이었고, 피할 수 있었음에도 불구하고 자신의 삶의 선택을 당당히 지킨 탓에 직면했던 죽음이었으니까요. 이런 죽음이 결코 '망함'이 아닐진대, 오늘날 우리가 세상적인 성공과 마지막까지 유복하고 권세를 가진 삶만을 '축복'이라고

신앙, 그 순례의 여정

여기는 것은 재고해 볼 일입니다.

여호와를 기쁘시게 하는 여인, 아비가일

다윗을 만들었던 두 번째 인물로 오늘 함께 묵상하길 원하는 이는 '아비가일'입니다. 다윗이 사울의 질투를 받으며 쫓겨 다니던 시절에 만난 여인이죠. 후에 다윗의 아내가 됩니다만, 오늘은 이 두 사람의 첫 인연에 대해 이야기하려 해요. 혹시 '나발과 아비가일' 이 부부의 이름을 들어보신 적이 있으신가요? 아비가일은 유부녀였어요. 나발의 아내였죠. 당시 다윗이 살았던 삶은 전형적으로 '하비루'의 삶이었습니다. 사울의 시기 질투에 쫓겨나서 외지에 숨어사는 비참한 일상이었죠.

> 그러므로 다윗이 그 곳을 떠나 아둘람 굴로 도망하매 그의 형제와 아버지의 온 집이 듣고 그리로 내려가서 그에게 이르렀고 환난 당한 모든 자와 빚진 모든 자와 마음이 원통한 자가 다 그에게로 모였고 그는 그들의 우두머리가 되었는데 그와 함께 한 자가 사백 명 가량이었더라(사무엘상 22:1-2).

요나단의 도움으로 가까스로 사울로부터 대피한 뒤 다윗은 아둘람 굴로 숨어들었습니다. 그 소문을 듣고 일가친척들이 그를 찾아온 상황이죠. 그뿐만이 아니었어요. 환난 당했던 모든 사람들과 빚진 모든 자들과 마음이 원통했던 사람들이 모두 다윗 주변에 모여들었다고 합니다. 가나안 도시국가 사회의 시스템 안에서 적응하지 못하고 쫓겨 나온 사람들이었지요. 그 수가 사백 명 가량이었다 하니 꽤나 큰 살림살이였을 겁니다. 그들을 거두어 먹이는 일은 보통 일이 아니었죠. 이즈음에 나발과 아비가일의 이야기가 등장합니다. 그들은 부유한 농부였습니다. 양의 털이 충분이 자라 깎게 되는 축제의 날이 다가왔을 때였죠. 우리로 치면 추석과 같은 명절인 셈이에요. 한 해의 결실을 추수하니 그야말로 기쁜 날이요, 그 어느 때보다 먹거리가 풍성한 시기입니다. 다윗은 이 소식을 듣고 자기 공동체에 속한 소년들을 보내어 이 부부에게 먹을 것을 조금 달라고 부탁합니다. 당시 다윗이 했던 부탁을 읽어보겠습니다. 사무엘상 25장입니다.

다윗이 나발이 자기 양 털을 깎는다 함을 광야에서 들은지라 다윗이 이에 소년 열 명을 보내며 그 소년들에게 이르되 너희는 갈멜로 올라가 나발에게 이르러 내 이름으로 그에게 문안하고 그 부하게 사는 자에게 이르기를 너는 평강하라 네 집도 평강하라 네 소유의 모든 것도 평강하라 네게 양 털 깎는 자들이 있다 함을 이제 내가 들었노라 네 목자들이 우리와 함께 있었으나 우리가 그들을 해하지 아니하였고 그들이 갈멜에 있는 동안에 그들의 것을 하나도 잃지 아니하였나니 네 소년들에게 물으면 그들이 네게 말하리라 그런즉 내 소년들이 네게 은혜를 얻게 하라 우리가 좋은 날에 왔은즉 네 손에 있는 대로 네 종들과 네 아들 다윗에게 주기를 원하노라 하더라 하라(사무엘상 25:4-8).

신앙, 그 순례의 여정

다윗이 소년들을 보내어 그동안 자기들이 양을 지켜준 것을 강조하며 먹을 것을 나누어 달라고 부탁하고 있습니다. 학교에서 불량학생들이 약한 동료에게 소위 '빵을 뜯는'(아이들 용어죠. '강제로 빼앗는') 상황은 아닙니다. 후에 나발의 거절을 듣고 다윗이 원통해하는 장면이 나오는데 이때 다윗의 말을 살펴보면 정당한 요구로 보입니다.

> 다윗이 이미 말하기를 내가 이 자의 소유물을 광야에서 지켜 그 모든 것을 하나도 손실이 없게 한 것이 진실로 허사라 그가 악으로 나의 선을 갚는도다(사무엘상 25:21).

"그동안 했던 일이 모두 허사다"라고 말하는 다윗의 모습을 보면 실제로 열심히 양을 지켜왔던 것 같아요. 물론 반드시 먹을 것을 주어야 한다는 법적 구속력은 없었습니다. 어차피 법망 바깥의 떠돌이들이거든요. 하지만 전형적인 하비루 공동체였던 다윗의 무리는 생계수단으로 주변 농민이나 유목민을 보호하는 경호 역할을 '비공식적'으로 의뢰받기도 했을 겁니다. 다른 이들의 양과 목자들을 보호하여 주고 그 대가로 받은 수확의 일부분을 아둘람 공동체와 나누어 먹곤 했겠죠. 비록 계약서가 있었던 것은 아니었으나 늘 있었던 상호부조였을 겁니다. 그러니 소년들을 보내어 함께 나누어 먹을 권리를 주장한 것이겠죠.

이 모습을 보니 창세기 12장에서 아브라함이 받은 축복의 내용이 기억납니다. "너를 축복하는 자에게는 내가 복을 내리고 너를 저주하는 자에게는 내가 저주하리니"(창세기 12:3). 여호와의 약속이셨죠. 다윗의 상태가 바로 여호와께서 언급하신 '너'의 모습이었던 겁니다. 1권에서도 상세하게 말씀드렸듯이, 누군가의 축복이 필요한 '히브리'의 상태였던 것이죠. 물론 이 본문만 보아서는 다윗이 나발과 처음부터 확고한 계약을 맺고 양과 목동들을 지켰는지는 나와 있지 않습니다. 나발의 반응으로 보면 은근슬쩍 구두계약을 하고 나중에 오리발을 내미는 것일 확률이 높습니다. 아니면 힘 좀 쓰는 부랑아 무리였던 "다윗의 소년들"이 그 힘으로 나발의 일꾼들을 괴롭히지 않고 오히려 보호해준 것을 티내면서 그저 부유했던 나발에게 자비를 부탁한 것일 수도 있겠죠. 가장 나쁜 경우라면 멀쩡하게 계약을 해놓고서 힘없는 하비루라고 완전히 입을 닦은 경우겠죠.

그 전후가 어찌 되었든 나발은 부유한 농부고 이제 막 수확을 했습니다. 잔치 분위기입니다. 전혀 아무런 수고를 하지 않았다 할지라도 이웃이라면 넉넉하게 나누어 먹을 만한 풍요의 절기입니다. 그러나 정당한 노동의 대가를 청원하는 다윗의 부탁에 나발은 인색한 모습을 보입니다.

나발이 다윗의 사환들에게 대답하여 이르되 다윗은 누구며 이새의 아들은 누구냐 요즈음에 각기 주인에게서 억지로 떠나는 종이 많도다 내가 어찌 내 떡과 물과 내 양털 깎는 자를 위하여 잡은 고기를 가져다가 어디서 왔는지도 알지 못하는 자들에게 주겠느냐 한지라(사무엘상 25:10-11).

신앙, 그 순례의 여정

아주 얄미운 대답이지요? 이미 나발은 다윗이 누구인지도 어떤 상황인지도 알고 있는 것으로 보입니다. "그저 제 주인에게 꿇어 복종하며 살 일이지 요즘 왜 이렇게 도망자들이 많아?" 이런 뉘앙스의 비아냥이 틀림없습니다. 필시 다윗이 힘이 없었던 것을 알고 있었기에 업신여기며 홀대를 한 것이겠죠. "내가 어찌 내 떡과 물과 내 양 털 깎는 자를 위하여 잡은 고기를 가져다가 어디서 왔는지도 알지 못하는 자들에게 주겠느냐." 글쎄요. 이 말을 요즘 우리가 얼른 알아들을 수 있는 멸시의 표현으로 어찌 옮길 수 있을까요? "죽 쒀서 개 줄 일 있냐?" 대략 이런 말입니다. 내 먹거리는 내 울타리 안의 사람들만 먹이겠다는 건데, 그럼 그렇게만 이야기하지, 나눠주지 않아 못 먹는 것도 서러운데 졸지에 '개'가 되는 사람은 듣는 심정이 얼마나 비참할까요? 다윗 역시 "어디서 왔는지도 알지 못하는 자"로 불리는 모멸감을 겪은 겁니다. 이 말을 들은 다윗으로서는 욱 화가 날 법도 합니다. 더구나 자기를 믿고 따르는 아둘람 굴 사람들을 먹여 살려야 하는 다급한 상황이죠. 결국 자발적으로 나누지 않겠다면 빼앗아 오겠다는 생각을 하고 다윗은 전쟁을 준비합니다. 젊은 남자들과 함께 검을 들고 일어섭니다.

나발의 아내였던 아비가일이 활약하는 부분은 여기부터입니다. 그녀는 남편 나발이 다윗의 부탁을 거절했다는 사실을 알게 됩니다. 다윗이 지금 검을 들고 오고 있는 것까지는 몰랐겠지요. 하지만 아비가일은 "아버지의 기쁨"이라는 이름의 뜻대로 믿음이 좋고 총명한 여인이었습니다. 그녀는 재치를 발휘하여 자기가 융통할 수 있는 음식들을 준비하고 다윗의 무리에게 환대를 베풉니다. 얼마나 대단한 환대였는지 사무엘상 25장 18절에 그녀가 나눈 음식의 목록과양이 자세히 나타나 있습니다.

아비가일이 급히 떡 이백 덩이와 포도주 두 가죽 부대와 잡아서 요리한 양 다섯 마리와 볶은 곡식 다섯 세아와 건포도 백 송이와 무화과 뭉치이백 개를 가져다가 나귀들에게 싣고(사무엘상 25:18).

준비한 음식이 어마어마하죠? 하긴 사백 여명이 먹으려면 상당한분량이어야 하겠죠. 아내의 재량으로 이 정도쯤 나누어도 될 만큼이었다면 나발의 부는 그야말로 엄청났을 겁니다. 다윗의 무리들이 기여를 했는지의 여부를 떠나, 이렇게 넉넉한 여건임에도 나누지 않았던 것은 하나님께서 보시기엔 어리석은 행동이었지요. 음식을 잔뜩싣고 다윗에게로 달려간 아비가일은 모든 정황을 설명하며 다윗을설득합니다. "미련한 남편의 실수를 부디 용서해 달라"는 그녀의 말에 다윗은 마음이 녹습니다. 하여 칼을 접고 돌아갔죠. 아비가일의지혜로운 나눔은 다윗의 아둘람 공동체와 그녀의 남편 집안 모두를구원했다고 볼 수 있습니다. 음식을 나눔으로 다윗의 가족들을 배고픔에서 구원하고, 한편으로는 다윗을 무장해제시킴으로써 나발을비롯하여 자기 가족의 생명을 살린 셈이니까요.

문제는 나발입니다. 어리석기가 이루 말할 수 없습니다. 이런 구원의 역사가 일어나는 동안에 나발은 무엇을 하고 있었을까요? 사무

신앙, 그 순례의 여정

엘상 25장 36절 말씀을 함께 보겠습니다.

> 아비가일이 나발에게로 돌아오니 그가 왕의 잔치와 같은 잔치를 그의
> 집에 배설하고 크게 취하여 마음에 기뻐하므로 아비가일이 밝는 아침까
> 지는 아무 말도 하지 아니하다가(사무엘상 25:36).

나발은 그의 아내가 자신을 살리고 왔다는 것도 모른 채 신나게
왕의 잔치와 같은 규모로 부어라 마셔라 즐기는 중이었습니다. 모든
일을 해결하고 돌아온 아비가일이 그 꼴을 보았죠. 여러분 같으면
어떻게 하시겠어요? "여보! 도대체 제 정신이 아니군요"로 시작하여
다다다 잔소리를 할 만한 상황이죠. 그러나 남편의 한심한 행태를
보면서 대처하는 아비가일의 모습이 참으로 지혜롭습니다. 잔뜩 취
한 남편에게 정색을 하고 이야기해 보았자 부부싸움밖에 더 하겠어
요? "아침까지는 아무 말도 하지 아니하다가" 결혼하신 분들은 충분
히 공감하시겠지만 이게 쉬운 일이 아닙니다. 한심하고 어리석은 남
편의 모습에 잠은 왔을까요? 보통의 아내였다면 그 자리에서 폭발
했을 일이고, 행여 '전략적'으로 다음 날 아침까지 기다리기로 했다
고 해도 밤새 그 마음이 시끄러웠을 겁니다.

아비가일의 마음이 어떠했는지는 성경의 묘사가 없으니 그저 상
상할 따름이고요. 다음 날 벌어진 일들을 살펴보죠. 아비가일은 나
발이 술에서 깰 때까지 기다렸다가 모든 일을 이야기합니다. 아내
의 말을 듣고 나발은 "낙담하여 몸이 돌과 같이 되었다"고 합니다.

포도주에서 깬 뒤에 들은 이야기에 낙담을 하였다니, 나발은 도대체 어느 부분에서 '낙담'을 하였을까요? 아내가 자기 허락도 없이 그 많은 음식을 하찮은 하비루 무리들에게 건네서요? 그건 아닌 것 같습니다. 이거야 말로 상상하기 좋아하는 제가 마음껏 상상의 나래를 펼칠 만한 부분입니다. 한 가지 힌트는 나발이 갈렙 족속이라는 사실이죠. 아시잖아요, 여호수아와 갈렙! 가나안 땅으로 들어올 때에 다른 정탐꾼들과는 다르게 여호와의 비전을 믿고 눈으로 본 것이 아니라 신앙으로 믿는 것들을 이야기했던, 바로 그 갈렙 족속이에요. 당연히 여호와의 규례를 아는 사람일 겁니다. 약하고 가난한 사람들, 즉 "히브리 사람들을 환대하는 사람을 축복하시고 이들을 저주하는 사람은 저주하시겠다" 하셨던 여호와의 엄중한 말씀이 그제서야 생각났을 수도 있겠죠. 무엇보다 아비가일이 조근조근(필시 이런 어투였겠죠?) 이야기하는 동안 자신이 한 행동이 무엇인지 뒤늦게야 알게 되었을지도 모릅니다. 얼마나 비아냥거리며 빈손으로 보냈어요? "아이고, 요즘 제 주인 떠나서 여기저기 떠돌면서 손 벌리는 것들이 왜 이렇게 많아? 다윗이 누구야? 그런 허접한 무리에게 왜 내 몫을 나눠 줘?" 배고파 먹을 것을 청하는 히브리 공동체를 이렇게 빈손으로, 거기다 모멸감까지 얹어서 돌려보냈습니다. 이런 행동의 대가가 무엇인지, 여호와 신앙의 전통 안에서 자랐던 나발이라면 귀동냥으로나마 들었던 이야기가 있었을 겁니다. 이제 자신에게 임할 것은 여호와의 저주밖에 더 있겠어요? 당연히 낙담하고 몸이 돌과 같이 굳을 일이죠.

신앙, 그 순례의 여정

나발은 그로부터 열흘 후에 급작스레 죽게 됩니다. 성경에는 "여호와께서 그를 치심으로 죽음에 이르게 하셨다"고 나와 있습니다. 어떤 방법으로 치셨는지는 묘사되어 있지 않으니 우리가 어떤 상상을 한들 증명할 길은 없습니다. 다만 '나발'이라는 이름의 히브리어 뜻이 "미련한 자"라는 의미인 것으로 미루어, 넘치는 물질적 축복을 가지고도 나누는 넉넉함을 가지지 못하고 '미련하게' 그저 자기 손아귀에 움켜쥐고 제 배만 불렸던 인물임에는 틀림없습니다. 나발은 그렇게 허무하게 죽었습니다. '부자와 나사로' 이야기를 아시지요? 사실 나발에 비한다면 예수님의 예화에 나오는 부자는 나발만큼의 악인은 아니었습니다. 그저 너무나 간절히 부자의 나눔이 필요했던 한 영혼을 거들떠보지 않고 잔치를 벌이고 늘 배부른 일상을 즐겼을 뿐입니다. 문 밖의 거지 나사로는 부자네 집을 지킨 것도 아니요 뭔가 공헌한 바도 없으니 다윗과 그의 소년들이 나발에게 주장했던 정당한 근거도 없습니다. 그럼에도 부자가 제 배만 불린 것에 대해 예수께서는 그것을 '죄'라고 분명히 지적하셨습니다. 세상 모든 거지를 돌보라는 것이 아닙니다. 매일 드나드는 자기 집 문 앞에 앉아 구걸하던 거지 나사로였습니다. 적어도 내 앞의 그 곤궁한 자는 돌보았어야 한다는 말이죠. 재물과 능력을 가진 자들이 하나님께 얻은 것을 기쁘게 나누어서 배곯는 자 없고 생명이 스러지는 자 없는 사회로 만들라는 것이 하나님의 통치 비전이라고 생각합니다. 그게 "하나님 나라"입니다. 그렇기 때문에 "너(히브리 사람 아브라함)를 축복한 자를 하나님께서 축복하시고, 너를 저주한 자를 하나님께서 저주하시겠다"고 말씀하신 것입니다. 그 비전은 이스라엘 공동체의 처음부터 있었던 믿음이었죠.

나발이 죽은 이후에 아비가일은 다윗의 아내가 됩니다. 어머나? 둘이 짜고 저지른 일은 아닌가요? 그런 의심도 드실 일이긴 합니다. 하지만 눈이 맞은 다윗과 아비가일이 미련한 남편을 죽이고 새 출발을 했다는 것이 이야기의 초점은 아닙니다. 나발이라는 이름과 아비가일이라는 이름의 뜻을 마음에 한 번 더 새겨보기로 합니다. '어리석고 미련한 자'를 의미하는 나발과 '내 아버지의 기쁨'이라는 뜻의 아비가일! 사실 '나발'이라는 이름이 실명은 아니겠지 싶어요. 어느 부모가 자기 자식 이름을 이렇게 지을까요? 어쩌면 그 이름은 본명이라기보다는 제 실속을 찾는 듯하지만 하나님 보시기에 어리석은 행동으로 이웃도 살리지 못하고 결국 자기 영혼도 구원 받지 못한 한 인간의 탐욕과 이기심을 명명한 것이 아닐까요? 나발! 우리가 그런 이름으로 불리고 훗날 그런 이름으로 기억된다면 큰 수치일 겁니다. 오늘의 성경 본문은 분명한 어조로 말합니다. 나발과 같은 삶으로 우리의 영혼은 구원받을 수 없습니다. 한편 '내 아버지의 기쁨'이라는 의미를 담은 이름 아비가일! 어떻게 살면 아버지께서 그리 기뻐하시는 삶을 살 수 있을까요? 아버지의 뜻을 잘 헤아리고 따로 시키지 않아도 그 규례대로 살아가는 딸을 보면 '아빠 미소'가 절로 나오겠죠. 한 공동체의 수장이었던 나발 한 사람의 패악함으로 여호와의 저주를 받을 뻔 했던 나발의 가문은 아비가일의 넉넉한 나눔으로 구원을 받았습니다. 우리가 하나님을 '아버지'라 부르는 한 우리 모

신앙, 그 순례의 여정

두는 결국 아비가일의 삶을 살아야 합니다. 흥청망청 내가 쓸 부요함이 넘치는데도, 나의 소유를 위하여 알게 모르게 수고했던 이들을 외면하고 나눔을 거절한다면, 우리의 이름은 '나발'입니다. 어리석은 사람이죠. 그러니 매일 기도해야 합니다. 하나님이 기뻐하시는 딸과 아들, 하나님 보시기에 기쁜 삶을 살아가는 아비가일이 되시기를….

기도

사랑의 하나님, 감사를 드립니다. 큰 부와 명예와 높은 권력을 가지는 것을 우리들은 하나님께 큰 축복을 받은 자의 당연한 권리인 것처럼 생각할 때가 많습니다. 그러나 만약 저희가 물질이든 힘이든 충분히 나눌 것을 가지고 있다면 그것은 저희들만을 위한 축복이 아님을 깨닫게 하소서. 여호와께서 우리에게 그러한 축복을 허락하신 것은, 주께서 우리와 같이 생명을 풍성히 누리기 원하시는 '히브리 사람들'(사회적 약자들)과 나누기 위함임을 알게 하여 주시옵소서. 저희가 아비가일처럼 하나님 당신에게 기쁨이 되는 아들, 딸로 살아가게 하여 주시옵소서. 예수님의 이름으로 기도합니다. 아멘.

하비루의 처지가 되었던 다윗을 환대했던 아비가일처럼 우리도 하나님의 기쁨이 되는 나눔을 실천합시다.

다윗을 만든 사람들 2 - 우리아 이야기

사무엘하 7, 11–12장

지난 만남에서 우리는 나발과 아비가일의 이름 뜻을 새기며 다짐했었습니다. 미련하고 어리석은 나발의 선택이 아니라 '아버지' 하나님께 기쁨이 되는 아비가일의 선택을 하며 살자고요. 자기 딴에는 똑똑한 선택을 한 것처럼 보였겠지만 하나님께서 보시기엔 참으로 어리석은 자가 바로 나발이었습니다. 풍요로운 삶을 살았음에도 불구하고 하나님의 백성인 하비루를 돕지 않았던 것이 어떤 결과를 낳았는지, 적극적으로 악을 도모하지 않더라도 배고픈 자를 외면하고 제 배만 채운 것은 '이미' 죄라고, 성경은 분명히 말하고 있으니까요.

요나단의 선택도 함께 기억해야 하겠습니다. 세상적인 시각으로 보자면 요나단은 실패한 인물입니다. '누워서 떡먹기?'인 아버지의 왕위 계승도 물 건너갔고, 패배가 뻔한 아버지의 전투에 함께 하여

요절했기 때문이죠. 신앙이 좋은 분들조차 '죽음'을 실패나 저주(형벌)로 보는 분이 많습니다. 하나님이 함께 하시면 무조건 장수하고 무조건 부자가 되고 무조건 성공을 한다고 말입니다. 그런 신앙을 신학적으로 체계화하여 주장하는 '번영 신학'이 아직까지도 신앙인들의 귀를 솔깃하게 합니다. 요즘처럼 먹고 사는 문제가 힘겨운 시절에는 더욱 그러하지요. 그러나 하나님께서 보시기에 요나단의 삶과 죽음은 결코 실패가 아니었을 거라고, 저는 확신합니다. 사는 동안, 그리고 죽음의 순간까지도 그의 선택은 여호와의 규례에서 벗어나지 않았기 때문입니다. 이런 요나단의 삶과 죽음을 보더라도, 신앙이 좋은 사람은 성공한다는 공식에서 자유로워져야 하지 않을까요? 하나님의 시선은 우리의 시선과 다르다는 것을 늘 마음에 새겼으면 합니다.

자기교만이 일으킨 죄

오늘도 다윗을 만들었던 인물을 살펴보려고 해요. 물론 오늘 만날 사람 역시 그 자신의 삶에 있어서는 오롯이 주인공이었죠. 결과적으로 그의 삶과 죽음이 다윗을 하나님 앞에서 성장시키는 계기가 되었다는 말이지, 그러한 수단이 되고자 '조역'으로 산 인생은 분명 아니었습니다. 다윗의 큰 실수를 기억하시지요? 흔히 '다윗과 밧세바 이야기'로 기억하고 계실 것입니다. 그러나 오늘은 밧세바의 남편이었던 '우리아'에게 초점을 맞추어 이야기를 진행하려고 해요.

사무엘하 말씀으로 넘어옵니다. 사무엘상은 사울과 그의 아들들이 전쟁에서 패하여 모두 죽는 이야기로 끝납니다. 사무엘하는 사울과 요나단의 죽음을 슬퍼하는 다윗의 이야기로부터 시작되지요. 이후 다윗이 유대인들의 왕으로 등극하고, 사울의 다른 아들이 사울의 권력을 장악하여 서로 대치하는 상황이 진행됩니다. 그러나 결국 다윗이 승리함으로 다윗은 온전한 이스라엘의 왕으로 등극하지요. 오늘 이야기는 바로 그 직후에 벌어진 사건입니다.

> 여호와께서 주위의 모든 원수를 무찌르사 왕으로 궁에 평안히 살게 하신 때에(사무엘하 7:1).

여호와께선 다윗의 모든 원수를 제거하셨고 다윗은 이제 평안히 왕궁에 있게 되었습니다. 인간적인 시각으로는 '고생 끝 행복 시작'인 상황이죠. 그렇지만 지금까지의 성경 이야기를 돌이켜 보건데 왠지 다윗에게 불안한 일이 생길 것 같다는 느낌이 듭니다. '권력을 장악하고 왕으로서 궁에 평안히 살던 그때에'라니… 과연 어떤 일이 일어났을까요? 조마조마한 마음으로 본문을 계속 읽어보겠습니다.

> 그 해가 돌아와 왕들이 출전할 때가 되매 다윗이 요압과 그에게 있는 그의 부하들과 온 이스라엘 군대를 보내니 그들이 암몬 자손을 멸하고 랍바를 에워쌌고 다윗은 예루살렘에 그대로 있더라(사무엘하 11:1).

마지막 부분을 읽으니 왠지 불안했던 느낌은 확신이 되어버립니다. 모든 부하들을 전쟁터에 보내고 다윗은 왕으로서 편안히 궁에 있는 상황입니다. "나, 왕인데 내가 친히 나가서 고생스럽게 싸울 일이 뭐야?" 예전에 무리들을 이끌고 여기저기 계약용병 대장을 하며 진흙탕에서 뒹굴던 '하비루' 다윗이 아닙니다. 왕이 되었으니 왕의 삶을 누려야지! 그런 마음이었겠지요. 하여 부하들은 죽음이 목전에 있는 극한 상황으로 보내놓고 자신은 왕궁에 그대로 남아 있다가 사건이 터진 겁니다.

> 저녁때에 다윗이 그의 침상에서 일어나 왕궁 옥상에서 거닐다가 그곳에서 보니 한 여인이 목욕을 하는데 심히 아름다워 보이는지라(사무엘하 11:2).

익히 아는 이야기지요. 하지만 이 짧은 구절을 찬찬히 새겨 봅니다. 저녁에 침상에서 일어난 다윗이라. 그야말로 이전과는 다른 일상입니다. 낮잠 한 잠을 늘어지게 자고 난 뒤입니다. 그의 하루는 여유롭기 그지없습니다. 부하들은 한창 전투 중이었음에도 그는 저녁 나절 옥상을 거닐고 있습니다. 필시 거하게 식사도 마쳤을 겁니다. 왕으로서 자신이 통치하는 공간을 내려다보고 싶은 마음도 있었겠지요. "왕궁 옥상"이라는 말이 많은 설명을 해주고 있습니다. 당시 이스라엘에서 이렇게 '옥상'을 가진 가옥구조가 또 어디 있었겠습니까? 그렇게 높은 위치에서 아래를 내려다볼 수 있는 "왕궁 옥상", 거기서 밧세바를 본 것이지요. 가끔 목사님들 설교를 듣다 보면 밧세바를 탓하시는 분들도 꽤 있어요. 하지만 왕궁을 제외한 대부분의 가옥 구조는 자그마한 단층입니다. 석조 건물도 아니고 현대인의 집처럼 모든 시설이 다 지붕으로 덮여 있는 것도 아닙니다. 혹자는 밧세바가 여인들의 달거리 이후 정결의식을 위해 몸을 씻고 있었을 거라고도 합니다. 이유가 어찌 되었든 이스라엘의 보통 여인이라면 상상하기 힘들었을 겁니다. 고층 건물도 없고 비행물체도 없는 시절에 자기보다 높은 곳에서 내려다보는 눈이라니! 밧세바의 부주의함 '만'을 나무랄 일은 아닙니다. 오히려 저는, 다윗에게 옥상에 올라가 내려다보고 싶은 마음이 없었다면 이 비극은 일어나지 않았을 거라고 생각해요. 목욕하는 밧세바를 볼 일도, 음욕을 품을 일도 없었을 테니까요. 목욕하는 여인에게 관심이 생긴 다윗은 그 여인이 누구인지 알아봅니다.

> 다윗이 사람을 보내 그 여인을 알아보게 하였더니 그가 아뢰되 그는 엘리암의 딸이요 헷 사람 우리아의 아내 밧세바가 아니니이까 하니(사무엘하 11:3).

이미 답은 나온 것이지요. 하나님의 율법을 아는 다윗이라면 남편이 있는 여인을 향한 욕심을 그쳤어야 합니다. 더군다나 우리아의 아내라고 합니다. 우리아가 누굽니까? 그는 다윗과 어려웠던 시절을 함께 동고동락同苦同樂하며 보냈던 용사 중 한 명이었습니다. 사무엘하 23장에 37명의 용사들을 언급하는 본문을 보면 그의 이름이 등장합니다. 그러니까 밧세바는 다윗이 잘 알고 신뢰하던 부하의 아내인 것이지요. 이런 상황이라면 더더욱 밧세바를 욕심내는 것은 말도 안 됩니다. 그쯤에서 회개하고 음욕을 그쳤으면 될 일입니다. "아이고, 내가 시간이 많고 여유로워진 것이 문제구나. 이렇게 높이 올라 사람들을 내려다보니 유혹이 오는구나." 그리 지혜롭게 자신을 성찰하며 탐욕을 그쳤어야 할 일입니다.

그러나 다윗의 마음에는 이전에는 없던 생각이 스물스물 올라왔습니다. "나, 왕인데? 왕이 누구야? 최고 권력자야. 내 말 한마디에 오라면 오고 가라면 가는 그런 권세가 나에게 있어. 심지어 생살여탈권도 내 것인데, 이 정도 쯤이야." 필시 이런 생각이 들었겠죠. 그동안 계약 용병 생활을 하면서 여러 도시를 떠도는 동안 익히 보아왔던 왕들의 행동이었으니까요. 하여 다윗은 왕의 권력을 이용하여 밧세바를 자신에게 데려옵니다. 그리고 그녀와 동침한 이후 돌려보내지요.

이 일화로 보건데 다윗은 밧세바를 자신의 아내로 삼을 마음까지는 없었던 것 같습니다. 그저 하루의 밀회로 그칠 양이었습니다. 그런데 문제가 생겼습니다. 그녀가 아기를 갖게 되었다는 것입니다. 물론 고대 근동의 왕에게는 그것도 큰 문제가 아니었을 것입니다. 그만큼 왕의 권력이 막강했던 시기니까요. 그런데 다윗은 허둥댑니다. 다윗의 양심이 발동했기 때문일까요, 아니면 아직 '초짜' 왕이라 자신이 어디까지 권력을 행사해야 하는지 잘 몰라서였을까요. 다윗은 이 문제를 어찌 해결해야 할까 전전긍긍합니다. 그 어느 공동체

신앙, 그 순례의 여정

보다 신앙심에 의거한 도덕적 통치가 중요한 이스라엘 백성들이 이 사실을 알면 어찌 될까 우려하는 마음도 있었겠지요. 다윗은 자신의 지배정당성을 잃게 될까 봐 걱정합니다. 이스라엘 공동체에게 있어서 인간—왕은 자신들과 마찬가지로 '여호와의 백성'이니까요. 여호와의 규례를 지키지 않았다면 바로 '아웃'이죠. 또 하나의 가능성은 다윗이 '자기 의義'에 사로잡혔을 수도 있다는 겁니다. "내가 누구야? 여호와의 영과 동행함으로 왕으로 등극한, 그리고 성전도 짓겠다고 약속한 신앙의 왕인데, 이런 치부를 드러나게 할 수는 없어. 보다 큰 대의를 위해서 이쯤은 덮어버리는 것이 맞아. 그게 공동체를 위한 일이야." 이런 마음으로 은폐를 시도했을지도 모르죠. 그 동기가 무엇이었든 이 일을 숨기려는 다윗의 이런 마음이 2차, 3차의 범죄를 낳게 했습니다.

여호와의 빛, 우리아

다윗의 처음 계략은 다소 '귀여운' 감도 있습니다. 그는 자신의 실수를 덮기 위하여 밧세바가 임신한 아기를 우리아의 아기로 생각하게끔 만들 꾀를 내었습니다. 하여 한창 전쟁 중이던 우리아를 궁정으로 돌아오도록 명령하고 밧세바와 동침하게 만들고자 계획을 꾀합니다. 명목상 전쟁 상황을 보고하라는 것이었죠.

우리아가 다윗에게 이르매 다윗이 요압의 안부와 군사의 안부와 싸움이 어떠했는지를 묻고 그가 또 우리아에게 이르되 네 집으로 내려가서 발을 씻으라 하니 우리아가 왕궁에서 나가매 왕의 음식물이 뒤따라 가니라(사무엘하 11:7-8).

그러나 보고 따위는 처음부터 안중에도 없던 일입니다. 그저 형식적으로 듣는 둥 마는 둥 했을 겁니다. 본론은 어서 집으로 가라는 것이죠. 다윗은 우리아에게 집으로 돌아가 "발을 씻으라"고 합니다. 우리도 자주 "집에 가서 발 씻고 잠이나 자" 이런 표현들을 씁니다만, 한마디로 쉬라는 뜻이죠. 우리아에게 '전장의 여독을 풀고 아내와 시간을 보내라'고 권합니다. 그 상황을 더욱 축복해주는 것처럼 보이기 위해 "왕의 음식물"을 뒤따라 보냈습니다. 그 당시 왕의 음식물을 받는다는 것은 굉장한 영광이었습니다. 조선시대에도 왕이 친히 따라주는 술이나 음식은 그야말로 가문의 영광이었잖아요? 모든 군주제에서는 그러했습니다. 때문에 다윗은 우리아가 곧바로 집으로 달려갔을 거라고 생각했습니다. 아내가 그리웠을 겁니다. 전쟁으로 인해 오래 떨어져 있었는데 얼마나 아내가 보고 싶었겠어요? 더구나 왕이 친히 내려준 음식물을 가지고 푹 쉬라는 왕의 명령까지 받았으니 당당하게 집에 갈 수 있는 상황입니다. 마다할 이유가 없죠.
그러나 다음 날, 다윗은 우리아가 집에 가지 않고 궁궐 문 앞에서 잤다는 이야기를 전해 듣게 됩니다. 다윗 입장에서는 속이 터지는 상황이지요. 우직하고 충성스런 우리아는 필시 왕의 음식물을 그의 부하들과 나누어 먹고 그들과 함께 한뎃잠을 청했던 것 같습니다.

신앙, 그 순례의 여정

다윗의 초조함이 읽힙니다. 답답했던 다윗은 우리아를 불러 왜 집에서 쉬지 않았냐고 따지듯 묻습니다. 그때의 우리아의 대답이 기가 막힙니다. 사무엘하 11장 11절 말씀을 함께 보시겠습니다.

> 우리아가 다윗에게 아뢰되 언약궤와 이스라엘과 유다가 야영 중에 있고 내 주 요압과 내 왕의 부하들이 바깥 들에 진 치고 있거늘 내가 어찌 내 집으로 가서 먹고 마시고 내 처와 같이 자리이까 내가 이 일을 행하지 아니하기로 왕의 살아 계심과 왕의 혼의 살아 계심을 두고 맹세하나이다 하니라(사무엘하 11:11).

아차! 다윗은 이때라도 뉘우쳐야 했습니다. 그러게 말입니다. 언약궤가 함께한 전쟁이라는 것은 '여호와 전쟁'의 전형입니다. 친히 여호와께서 앞서 나가 싸우시는 전쟁이 진행 중입니다. 거기 내 사랑하는 형제들이 생사의 위협 속에서 전쟁을 치르고 있습니다. 이 와중에 어찌 혼자만 먹고 마시고 혼자만 아내와 함께 하는 즐거움을 누릴 수 있겠습니까? 놀라운 것은 우리아가 이스라엘 사람이 아닌 헷 사람이었다는 것입니다. 헷 족속은 여호수아가 처음 가나안 정복에 들어갈 때 여호와께서 진멸하라고 명하셨던 족속 중 하나였습니다. 가나안 부족인 것이지요. 그럼에도 불구하고 우리아는 왜 다윗을 따랐을까요? 우리아의 이름에서 그 답을 찾을 수 있습니다. 우리아라는 이름은 "여호와의 빛" 혹은 "여호와는 빛이시다"라는 뜻을 가지고 있습니다. 이 이름은 개명한 이름일 것 같아요. 이방 민족이었던 그가 처음부터 여호와를 알지는 못했을 테니까요. 필시 우리 아는 "히브리의 하나님 여호와"의 소문을 듣고 보았던 자들 중 하나였을 것입니다. 헤세드를 입은 사람들 가운데 속했던 것이죠. 다윗과 함께하시는 여호와 하나님을 보며 자신이 주로 섬기는 이(다윗)의 주님이신 여호와를 받아들였을 겁니다. "여호와의 빛"이라는 이름은 그런 연유에서 갖게 된 것이 아닐까요? 그렇다면 우리아는 이방인이었음에도 불구하고 그 이름대로 살기 위해 진심을 다해 노력했던 사람이라고 볼 수 있습니다. 그랬기에 참된 신앙인으로서 '여호와 전쟁'의 의미를 알고 있었던 것이죠. 우리아는 배운 대로 실천하려 했고 그랬기에 다윗에게 저런 대답을 할 수 있었던 것입니다.

"어찌 제가 집으로 가 내 아내와 먹고 마시고 같이 자겠습니까?"라는 우리아의 대답에 다윗이 오히려 흠칫했을 거예요. 그 일을 행한 사람이 바로 다윗이었으니까요. 언약궤가 나가 있고 자신의 부하들의 목숨이 오락가락하던 그때에, 한잠 늘어지게 자고 왕궁 옥상에 올라 남의 아내를 탐하고 그러고도 뉘우침 없이 이를 덮으려 한 사람이 바로 자기 자신이었던 것입니다. 그러나 다윗은 그 말을 듣고도 뉘우침이 없었습니다. 오히려 다윗은 2차 작전을 도모합니다. "오늘 하루 더 머무르자"고 우리아를 설득하고 거하게 술상을 펼칩니다. 술에 취하면 우리아도 여호와의 율법을 그대로 행하지 못할 거라고 생각했던 거예요. 더구나 '왕의 술상'은 술 이상의 의미를 가지고 있습니다. 아무에게나 왕이 술상을 내리지는 않으니까요. 내가 너를 특별히 신뢰한다. 너는 나의 부하들 중에서도 내가 유난히 아끼는 부하다. 이런 메시지가 담겨 있겠죠. 주거니 받거니 하는 동안 넌지시 우리아를 크게 들어 쓸 것이라는 이야기도 건넸을 수 있습니다. 비록 직접적으로 언지하지 않아도 분위기상으로도 감 잡았을 일입니다. 이렇게 우리아를 잔뜩 들뜨게 만들고 술에 취하게 한 다윗은 아마도 작전이 성공할 줄 알았을 거예요. 그러나 그날 저녁 우리아는 취중에도 집으로 돌아가지 않습니다.

어려서 이 본문을 읽을 때는 우리아가 답답해 보이기도 했습니다. 그러나 어른들의 세상을 어느 정도 알게 된 요즘에는 그런 의문도 듭니다. 우리아가 정말로 다윗의 비밀을 몰랐을까요? 왕궁은 권력의 중심지입니다. 작은 소문 하나도 권력을 차지하는 데 유용한 정보가 됩니다. 그러니 왕궁을 드나들 정도의 사람이라면 중요한 정보들은 주고받았을 가능성이 큽니다. 혹은 의도하지 않았더라도 시중드는 사람들이 그리 많으니 입방아를 찧는 사람들도 있었을 겁니다. 어쩌면 첫 날은 몰랐을 수도 있습니다. 하지만 둘째 날까지 전장으로 돌려보내지 않으면서 "하루 더 머물라"는 왕의 요청 이후엔 우리아가 어느 정도 눈치를 챘을 수도 있는 일입니다. 왕이 왜 이렇게 나에게 잘 해주지? 주변에서 들리는 소문과 수상한 낌새를 몰랐을 리 없습니다. 어려운 시절에 산전수전 다 겪은 그인데, 눈칫밥 먹은 세월이 얼마인데, 그 정도로 무딘 사람은 아니었을 겁니다. 이 모든 정황들을 종합해보면서 미루어 짐작했을 수도 있습니다.

그런데 만약에, 만약에 말입니다. 우리아가 이 모든 사실을 알고 있었다면 이야기는 더욱 흥미로워집니다. 다윗이 차려 준 '왕의 술상'은 너무나 분명한 의미를 담고 있었을 테니까요. "미안하다. 어쩌다 보니 그리 되었다. 그러나 네가 이 일을 한 번만 눈 감아 준다면 너를 후에 높이 들어 쓰겠다. 윈—윈(서로 얻는 일)이잖아?" 이런 의미를 담은 무언無言의 계약과도 같은 자리였을 것입니다. 만약 그렇다면, 우리아는 선택의 상황에 놓여 있는 겁니다. 눈앞에 실리를 취할 수 있는 상황입니다. 억울하고 분하지만 어차피 일은 벌어진 것이고, 상대는 왕이니 어찌해볼 도리가 없습니다. 자신만 동조하면 앞으로 승승장구입니다. 많은 갈등을 했을 것 같아요. 그러나 결국 그는 집에 가지 않았습니다.

  이쯤 되자 다윗은 3차 시도를 계획합니다. 다윗은 우리아에게 장군 요압에게 전달할 편지를 건네줍니다. 만약 저의 상상력이 맞다면, 우리아는 편지를 읽지 않고도 그 내용이 자신에게 불리한 것이었음을 짐작하고 있었을 거예요. 우리아가 편지의 내용을 예상하고도 그대로 요압에게 전했을 수도 있겠다는 생각이 들자 저는 숨이 탁 막혔습니다. 우리아는 그때 어떤 심정이었을까요? "충성의 대가가 이것인가? 명령에 불복종하고 아내를 데리고 밤도망을 선택하는 것이 낫지 않을까?" 이런 생각이 왜 들지 않았겠습니까! 그러나 우리아는 신앙의 사람이었고 다윗에게도 충성된 신하였습니다. 어쩌면 자신의 신분이 상승하는 것보다도 다윗을 더 사랑했던 사람이었는지도 모릅니다. 그가 규례를 지켜 행함으로 자신의 주군 다윗이 큰 교훈을 얻을 수 있다면, 훗날 다윗은 여호와의 백성 이스라엘을 위해 더욱 크게 정의롭게 쓰임을 받을 것이다 하는 그런 소망과 믿

신앙, 그 순례의 여정

음이 있었을지도 모릅니다. 아니 그런 희생적인 생각이 아니더라도, 여호와의 빚된 삶을 사는 신앙인으로서 거짓과 타협할 수는 없다는 소박하고 단순한 생각을 했었는지도 모르죠. 그는 무장이니까요. 그 이유가 어찌 되었든 우리아는 자신이 살 수 있는 길을 선택할 수 있었음에도 불구하고 편지를 들고 요압에게로 돌아갑니다.

제가 여러분께 너무나 많은 상상력을 요청하네요. 만약 여러분이 요압 장군이었다면 편지를 받은 이후 어떤 결단을 내리실 것 같으세요? 요압에게 우리아는 정말 훌륭하고 신뢰하는 부하였을 겁니다. 한두 해를 알고 지낸 사이가 아닙니다. 저는 진한 전우애를 직접 경험해보지 못했습니다만, 생사의 길목에서 서로를 지켜주던 사이이니 감히 다른 사랑과는 비교하기도 힘들 만큼의 상호애로 다져졌을 것입니다. 물론 다윗이 편지에 상세하게 설명했을 리는 만무합니다. 숨기고 싶은 그 사연을 설마 구구절절 적었겠어요? 그러니 요압으로서는 무슨 상황인지 세세하게는 몰랐을 가능성이 큽니다. 더구나 전쟁에 임한 장수가 멀리 왕궁에서 벌어진 일을 시시콜콜 다 전해 들을 방도도 없지요. 그런 상황에서 우리아를 아주 불리한 싸움에 앞세우고 모든 병력은 뒤로 빠지라는 편지를 받았으니 참으로 뜬금없고 당황스러웠겠지요. 신앙심 깊고 군인 정신을 가진 장군이었다면 왕에 대한 믿음을 잃고 실망했을 일입니다. 죽음을 불사하고 명령불복종을 택할 만큼 기가 막힌 상황이었을 겁니다.

하지만 성경에서 묘사하는 요압은 아주 정치적인 기회주의자입니다. 왕이 우리아를 제거하려 한다는 것을 눈치 채고 재빠르게 왕의 명령을 수행합니다. 하여 우리아가 '확실하게 죽을 수 있도록' 가장 맹렬한 전장으로 보냅니다. 그런데 여기서 더 슬픈 것은 우리아 혼자만 희생되지 않았다는 것입니다. 말씀에선 우리아와 함께 "다윗의 부하 중 몇 사람이 엎드려졌다"(사무엘하 11:17)고 기록되어 있습니다. 전쟁이라는 특성상 우리아 한 사람만을 격전지에 보낼 수는 없었겠죠. 결국 자연스럽게 우리아를 죽이기 위해 다른 병사들도 함께 죽임을 당했어야 했던 것이지요. 물론 우리아를 죽이는 일이 정당했던 것은 아니지만, 그래도 그는 이유가 있는 죽임을 당했습니다. 하지만 다윗의 '다른 부하들'의 생명은 뭡니까? 참으로 까닭 없는 죽음입니다. 물론 왕이란 자신의 권력을 유지하기 위해서 부하들의 생명을 쉬이 여겼던 것은 사실입니다. 그러나 이스라엘 공동체에선 결코 상상할 수 없는 일입니다. 한 생명 한 생명이 하나님 앞에 평등하다고, 마치 레바논의 백향목과도 같이 귀하다고 고백하는 공동체 안에서 결코 일어나선 안 될 일이 벌어진 것이지요.

어떻게 생각하세요? 제가 재구성한 이 사건의 전개가 너무 지나쳤나요? 하지만 만약 우리아가 죽을 줄 알고 선택한 길이었다면, 우리는 우리아의 이 선택이 입을 모아 찬양하는 훌륭한 왕 다윗을 만드는 데 가장 결정적인 사건이 되었다고 평가할 수 있습니다. 어쩌면 우리아는 아둘람 공동체 시절부터 다윗과 함께 했을지도 모릅니다. 다윗과 함께 산전수전 겪으면서 그와 함께 하시던 여호와의 역사를 보았던 우리아였다면, 그래서 자신의 조상이 섬기던 가나안의 다른 신들을 버리고 이름까지 개명하며 살리시는 여호와 신앙을 받아들였다면, 지금 자신의 '주군' 다윗의 실수를 가장 가슴 아파하면서 사랑하는 마음으로 자신의 목숨을 버리면서까지 다윗을 구한 것은 아닐까, 이렇게 상상한다면 무리일까요? 그건 말도 안 돼! 분명히 여호와께서는 '살리라'는 구원명령과 함께 '살아라'라는 창조명령도 주셨다고 하고서는. 어찌 죽을 줄 아는 그 길을 갔다고 보자는 건지? 이렇게 따지신다면, 저는 이렇게 답하고 싶습니다. 예수께서는 분명 그러셨습니다. "사람이 친구를 위하여 목숨을 버리면 그보다 더 큰 사랑이 없나니"(요한복음 15:13). 어쩌면 우리아는 다윗의 사람됨의 그릇을 알고 있었기 때문에 "친구를 위한 죽음"을 선택했을지도 모릅니다. 하나님의 뜻을 이 땅에 이루기 위해 크게 쓰임 받을 인물이라고 믿었을 테니까요. 물론 신분제가 엄연히 존재하던 시절이니 주인의 뜻과 자신의 여호와 신앙이 상충하는 상황에서 의로움의 편에 서서 장렬히 전사하는 선택을 한 것일 수도 있지만, 그 어느 경우든 우리아의 '선택'은 다윗을 그 이전의 모습으로부터 '돌이키는' 큰 사건이 되었습니다. 결국 우리아는 어떤 의미에서는 다윗을 '구원'한 것이라고 볼 수도 있겠습니다.

태어남과 죽음 사이를 살아가는 우리의 인생에서도 수많은 '선택'의 숙제가 주어집니다. 즐거운 선택도 있을 겁니다. 하지만 오늘 우리아의 '선택'처럼 가슴 아픈 선택지가 우리 삶 한가운데 뚝 떨어질지도 모릅니다. 우리의 몫이 '회개하고 큰 일하는 다윗'인지, 우리아와 같이 '큰 교훈을 주고 희생되는 인생'이 될지, 사실 우리는 모릅니다. 하지만 저의 신앙고백은, 그것은 하나님조차도 미리 결정해놓으신 것은 아니라는 겁니다. 우리 삶 속에서 우리가 하나님을 향한 중심을 갖고 있다면 그저 우리는 담담하게 선택해야 할 겁니다. 물론 강요된 선택이어서는 안 됩니다. 내 영으로, 주 안에서, 스스로 기꺼이 택하는 삶의 몫이어야 할 겁니다. 그리 될 때에 그것이 어떤 선택이라 해도 우리가 처한 상황에서 하나님을 중심으로 한 선택이요 내가 사랑하는 이웃을 위한 선택이라면, 그 결과가 세상이 보기에 실패한 모습일지라도 하나님께서 보시기엔 아름다울 것입니다. 죽음조차도 귀하고 성공적인 삶일 것입니다.

이런 메시지가 듣기엔 조금 거북할지도 모르겠습니다. "조금만 참으면 왕궁에 임할 것이다, 다윗과 같은 삶이 너희에게 있을 것이다." 이런 말씀에는 쉽게 아멘으로 화답할 수 있지만, 우리아의 삶을 우리의 삶에 적용시켜 이야기하면 아멘으로 화답하길 망설이게 됩니다. 하나님의 뜻을 따라 산 우리 삶의 결과가 우리아처럼 끝나기를 원치 않는 것이죠. 하지만 결과는 유한한 인간이 미리 알 수 없습니다. 그저 하나님의 규례를 지키려는 삶, 여호와의 빛을 삶 가운데 드러내는 인생을 살아야 합니다. 그렇게 산다면 그 삶에 성실히 임한 결과로 선택한 '죽음'조차도 아름다울 수 있을 겁니다. 세상을 바꾸고 내 이웃을 바꾸고 결국에는 하나님의 뜻을 이 땅에 도래케하는 죽음이니까요.

사람이 친구를 위하여 목숨을 버리면…
죽은 우리아는 장례를 거쳐 밧세바에게 돌아옵니다. 왕의 음식을 들고 핑크빛 미래를 보장받으며 살아서 아내를 볼 수 있었던 우리아는 그렇게 주검으로 아내를 만났습니다. 그리고 곧 밧세바는 다윗과 결혼하지요. 하지만 성경은 이 사건을 아름다운 해피엔딩으로 미화하지 않습니다. 다윗의 죄를 정확하게 기록하고 평가합니다. 사무엘하 12장 10절 말씀입니다.

> 이제 네가 나를 업신여기고 헷 사람 우리아의 아내를 빼앗아 네 아내로 삼았은즉 칼이 네 집에서 영원토록 떠나지 아니하리라 하셨고(사무엘하 12:10).

선지자 나단을 통해 다윗에게 전하신 하나님의 말씀입니다. 다윗이 우리아만을 업신여긴 것이 아니라 생명이신 하나님을 업신여겼다고 말하고 계십니다. "헷 사람"이라고 밝혔지만, 이 의미는 이방민족이니 구원과 보살핌의 대상이 아니라는 배타적인 이분법을 비껴나 있습니다. 비록 헷 사람이지만 우리아는 "하나님의 백성"입니다. 여호와를 섬기는 자이니 그의 백성입니다. 무엇보다 다윗과 함께 오랫동안 계약용병('히브리')의 삶을 살았던 자입니다. 다윗과의 관계에서는 약자입니다. 그런데 이런 우리아를 업신여긴 것은, 히브리의 신인 여호와마저 업신여긴 행동이라는 것이죠. 기억나시죠? 아브라함이 아직 아브람이던 시절에 하셨던 약속, 히브리 사람을 축복하는 자를 축복하시고 저주하는 자를 저주하시겠다던…. 다윗을 향한 저주는 히브리인을 환대하지 않은 그의 행위에 대한 "히브리의 하나님 여호와"의 경고가 들어 있는 것이지요.

그래도 감사한 것은 나단의 이러한 경고에 다윗이 통곡을 하며 반성하게 되었다는 점이죠. 어쩌면 우리아는 다윗의 이후 삶 가운데 가장 아픈 가시처럼 박혀 있는 이름이었을 겁니다. 비록 우리아는 이름 모를 전쟁터에서 허무하게 죽었지만, 필시 다윗의 마음속에서 그 누구보다도 오래 계속해서 살아있었을 거예요. "사랑받는 자"라는 뜻의 이름을 가진 다윗, 그가 여호와께도 이스라엘 사람들에게도, 그리고 오늘날까지 기독교인들의 많은 사랑을 받을 만한 인물로 살아가기까지, 그를 경계하게 해준 존재 우리아에게 진 빚이 참으로 클 것입니다. 우리아의 이름은 주군에게 아내를 빼앗긴 어리버리한 신하로도, 권력의 희생양이 된 불운한 부하로도 기억되지 않았으면 합니다. 아주 먼 훗날에 예수께서 말씀하셨던 그 귀한 사랑, 친구를 위하여 기꺼이 목숨마저 내어놓은 그 사랑으로 주군에 대한 기대와 희망을 놓지 않았던 이름으로 기억한다면, 그것은 저의 과한 상상력일까요?

기도

　사랑의 하나님, 감사합니다. 오늘은 하나님의 사랑을 받았고, 이스라엘 사람들의 사랑을 받았고, 오늘날에도 많은 크리스천의 사랑을 받고 있는 다윗이 저지른 큰 실수를 살펴보았습니다. 그동안 다윗이 이룬 많은 업적만을 생각하며 그 주변 인물들을 스쳐 지나가곤 했는데, 그러나 돌이켜보니 다윗을 다윗되게 했던 귀한 사람들이 많았음을 고백합니다. 저희들의 삶이 기왕이면 높이 들리고 다윗처럼 멋진 삶이기를 원하지만, 그러나 때론 당신께선 우리아와 같은 귀한 사람을 통하여 당신의 빛을 나타내신다는 것을 고백합니다. 저희들의 삶이 어느 자리에 있든지, 언제나 저희들의 마음과 삶 가운데 당신을 밝게 비추는 신앙인이 되게 하여 주시옵소서. 예수님의 이름으로 기도합니다. 아멘.

우리는 다윗같이 성공한 삶을 살기를 원하지만, 더 중요한 삶의 자세는 우리아처럼 하나님 보시기에 귀한 삶을 선택하는 것입니다. 어떤 자리에서든 하나님의 규례를 지키고 여호와의 빛을 드러내는 삶을 삽시다.

용기와 지혜의 인물, 나단 이야기
사무엘하 12장

어쩌다 보니 다윗 주변의 인물들을 계속 집중적으로 관심을 갖게 되었네요. 다윗을 '만든' 사람들을 조명함으로써 오늘날까지도 이상화되는 인물 다윗을 입체적으로 그려보고자 함이었어요. 그러나 한편으로 그들 역시 배경이나 주변인물이 아닌, 자기 삶의 선택에 충실하고 치열했던 '주인공'으로 관심하고 싶었죠. 오늘도 그와 같은 삶을 살았던 인물을 소개합니다. 선지자 '나단'의 이야기입니다.

용기가 지혜를 만났을 때

다윗이 이스라엘 왕권을 견고하게 확립하기 위해 한 일이 참으로 많습니다. 무엇보다 가장 큰 일은 도읍을 예루살렘으로 옮겨 정치와 신앙의 중심지로 만든 것이죠. 유대인이나 기독교인이나 '예루살렘'

하면 갖게 되는 설렘과 거룩함이 있잖아요. 여호와의 역사가 집약된 공간 예루살렘! 소위 '시온산'에 대한 로망을 갖게 한 이 공간에 대한 기억들을 처음 시작한 인물이 바로 다윗이었습니다. 다윗은 예루살렘에 도읍을 정하고 성전을 짓기 시작하고 구별됨의 역사를 만들었으니까요. 필시 '다윗'과 '예루살렘'은 모든 이스라엘 사람들에게 회귀 본능을 일으키는 단어일 겁니다. 역사의 시점을 되돌릴 수 있다면 가장 돌아가고 싶어 하는 시간과 공간이 바로 '다윗 시절의 예루살렘'이라는 말이죠.

그러나 우리가 계속 묵상했듯이 다윗이 처음부터 흔들림 없는 모범적인 신앙의 인물이었던 것은 아닙니다. 더구나 이리 숨고 저리 치이는 삶을 끝내고 마침내 왕위에 올랐을 때에는 신앙심보다는 자신의 욕심에 더 무게를 둔 삶을 살았지요. 사실 다윗이 밧세바를 탐하여 저지른 강간, 음모, 살인 사건들은 다른 나라의 왕이 그랬다면 그냥 넘어갈 수도 있는 일이었습니다. 그 일이 정당하다는 것이 아니라, 이스라엘 밖의 많은 나라에선 그런 일들이 비일비재했기 때문입니다. 소위 '권력형 비리'라고 하죠. 비리인 것을 세상이 다 아는데 그것이 권력을 가진 자의 행위라면 용기 있게 '틀렸다'고 나서기가 힘든 거죠.

그러나 이스라엘 공동체에는 왕보다 위에 있는 통치 근거가 있었지요. 인간—왕 위에 계신 분! 바로 여호와 하나님 신앙입니다. 여호와의 율법은 왕의 명령보다도 상위법입니다. 때문에 왕조차도 그 율법을 어겼을 때에는 지배정당성을 인정받을 수 없었습니다. 이것이

신앙과 정치를 결합시킨 이스라엘 공동체의 원리였죠. 그랬기에 '하나님의 말씀을 맡아 전하는'(예언) 선지자들에겐 상대가 왕이든 제사장이든 맡은 말씀을 전해야 할 의무가 있었습니다. 다윗의 시대에 이 임무를 맡았던 선지자는 바로 '나단'이었습니다. 이전의 선지자들에 비해 나단의 경우는 이 업무를 수행하는 것이 매우 곤란했을 것 같아요. 사사 시절에야 강력한 왕권을 행사하며 생살여탈권을 쥔 절대적 인간이 없었으니까요. 더구나 사사들은 여호와의 계시를 직접 받는 신앙의 사람들이면서 공동체를 다스리던, 그러니까 정치적 힘과 신앙적 경건을 다 소유한 사람들이었죠. 그러나 나단은 사사가 아닙니다. 더구나 시절은 왕이 존재하는 군주제입니다. 말씀을 전해야 하는 상대는 '무려' 왕입니다. 그것뿐인가요. 설상가상, 다윗 왕을 지켜보자니 지금 제 정신이 아닌 듯합니다. 자신의 욕심을 위해 우리아라는 충신을 죽음으로 내몰 정도로 판단이 흐려져 있으니까요. 여러분이 나단이었다면 어떻게 하시겠어요? 참으로 고민이 되는 상황인데, 일단 나단이 하나님께로부터 어떤 말씀을 맡았는지 그 내용부터 살펴보겠습니다. 그래야 전해도 될 내용인지 아닌지 소위 '견적'을 낼 수 있으니까요.

… 내가 너를 이스라엘 왕으로 기름 붓기 위하여 너를 사울의 손에서 구원하고 네 주인의 집을 네게 주고 네 주인의 아내들을 네 품에 두고 이스라엘과 유다 족속을 네게 맡겼느니라 만일 그것이 부족하였을 것 같으면 내가 네게 이것 저것을 더 주었으리라 그러한데 어찌하여 네가 여호

와의 말씀을 업신여기고 나 보기에 악을 행하였느냐 네가 칼로 헷 사람 우리아를 치되 암몬 자손의 칼로 죽이고 그의 아내를 빼앗아 네 아내로 삼았도다 이제 네가 나를 업신여기고 헷 사람 우리아의 아내를 빼앗아 네 아내로 삼았은즉 칼이 네 집에서 영원토록 떠나지 아니하리라 하셨고 여호와께서 또 이와 같이 이르시기를 보라 내가 너와 네 집에 재앙을 일으키고 내가 네 눈앞에서 네 아내를 빼앗아 네 이웃들에게 주리니 그 사람들이 네 아내들과 더불어 백주에 동침하리라 너는 은밀히 행하였으나 나는 온 이스라엘 앞에서 백주에 이 일을 행하리라 하셨나이다 … 이 일로 말미암아 여호와의 원수가 크게 비방할 거리를 얻게 하였으니 당신이 낳은 아이가 반드시 죽으리이다(사무엘하 12:7-14).

이것이 나단이 다윗에게 전해야 할 하나님의 저주였습니다. 첫째, 네 집안에 칼이 끊이지 않으리라. 둘째, 너의 아내들을 빼앗길 것이다. 셋째, 밧세바가 낳을 아이는 반드시 죽으리라. 이렇게 '잔인한' 말씀을 맡아 다윗에게 전해야 했던 나단은 얼마나 마음이 힘들었을까요. 목숨을 잃을까, 두려움이 가득했을 겁니다. 그러나 나단은 정말 용감한 선지자였습니다. 충분히 포기할 수 있었을 텐데도 용감하게 다윗에게 나아갑니다. 하지만 동시에 나단은 지혜로웠습니다. 여호와께서 저 내용을 전하라 하셨다고 왕 앞에 나가자마자 대뜸 "주여호와의 말씀입니다." 하면서 저 무시무시한 예언을 '돌직구'로 전하지는 않았거든요. 아마 저 내용을 처음부터 선포했다면 화가 난 다윗은 직접 칼을 들어 나단을 내리쳤을지도 모를 일입니다.

물론 목숨을 포기한 순교자의 마음으로 나갈 수도 있지요. 그래! 죽으면 죽으리라. 하나님이 주신 말씀이 비록 저주의 말이라도, 그대로 전하고 장렬하게 순교하지 뭐. 이렇게 생각하면서요. 하지만 나단은 지혜로웠습니다. 하나님이 주신 이 저주의 말씀을 있는 그대로 전하기 전에, 나단은 한 상황을 연출합니다. 다윗이 도저히 빼도 박도 못할 맥락을 만들어낸 것이죠. 나단은 도대체 어떤 플롯을 전개한 것일까요? 사무엘하 12장 1-4절 말씀을 함께 보시겠습니다.

여호와께서 나단을 다윗에게 보내시니 그가 다윗에게 가서 그에게 이르되 한 성읍에 두 사람이 있는데 한 사람은 부하고 한 사람은 가난하니 그 부한 사람은 양과 소가 심히 많으나 가난한 사람은 아무것도 없고 자기가 사서 기르는 작은 암양 새끼 한 마리뿐이라 그 암양 새끼는 그와 그의 자식과 함께 자라며 그가 먹는 것을 먹으며 그의 잔으로 마시며 그의 품에 누우므로 그에게는 딸처럼 되었거늘 어떤 행인이 그 부자에게 오매 부자가 자기에게 온 행인을 위하여 자기의 양과 소를 아껴 잡지 아니하고 가난한 사람의 양 새끼를 빼앗아다가 자기에게 온 사람을 위하여 잡았나이다 하니(사무엘하 12:1-4).

나단은 다윗이 행했던 죄를 그대로 처음부터 지적하는 대신에, 다른 사례로 둔갑시켜 왕인 다윗의 판단을 청합니다. 나단의 이야기를 들은 왕 다윗은 '나단의 계획대로' 자기 고을에서 일어난 이 일을 듣고 분노했습니다. 아직 그 이야기가 자신에 대한 비유인지도 모르고, 다윗은 노하여 말합니다. "여호와의 살아계심을 두고 맹세하노니 이 일을 행한 자는 마땅히 죽을 것이다!" 나단은 다윗으로 하여금 그것이 자신의 죄인지 미처 깨닫기도 전에 자기 죄의 형벌을 스스로 판단하도록 한 것이죠. 그 말이 끝나자마자 나단이 말합니다. "왕이시여, 그 자가 바로 당신입니다." 너무나 멋진 말이었지요. 타이밍까지 완벽했습니다. 그러나 고대 근동의 보통의 군주 앞에서라면 이렇게 멋진 예를 들어 왕 앞에서 말할지라도 죽음을 면치 못하는 것이 더 흔한 일이었을 겁니다.

여호와 신앙이 마술적이지 않은 까닭

저는 이 일화를 전하는 성경본문에서 사무엘하 12장 15절이 가장 인상적입니다. "나단이 자기 집으로 돌아가니라." 그게 뭐요? 뭐 이렇게 싱거운 부분이 인상적이라는 건가요? 의아해하실지도 모르겠습니다. 네, 나단은 무사히 자신의 집으로 돌아갔습니다. 그러나 저는 이 부분이 그냥 평범하게 읽히지가 않았습니다. 우선적으로는, 다윗이 자신이 저질렀던 죄를 자백하고 복종했기에 나단이 무사히 살아 돌아갈 수 있었을 테니까요. '여호와의 규례'라는 가장 핵심적인 부분을 공유하고 있었기 때문에, 다윗은 자신이 왕임에도 불구하고 나단의 꾸짖음에 비로소 정신을 차리게 된 것이죠. 다윗은 나단의 말을 듣고 아차 싶었을 거예요. 비로소 왕권보다 높이 있는 여호와의 율법을 떠올렸을 겁니다. 자신이 저질렀던 죄를 깨닫고, 자신이 어겼던 계명들을 기억해냅니다. 그리고 자기를 정죄한 나단의 말들을 모두 인정하기 시작하고 여호와 앞에서 전심으로 회개하기에 이르게 된 것입니다.

그러나 이 구절이 유난히 인상적이었던 또 다른 이유는 다른 데 있습니다. 다윗이 더 이상의 요구나 명령 없이 나단을 '그냥' 집으로 돌려보냈다는 점입니다. 여기에도 '여호와 신앙'의 아주 독특한 핵심이 발견되기 때문입니다. 다윗은 고대 근동의 다른 왕들이 종교적인 지도자를 향해 가진 제의적 기대를 가지고 있지 않습니다. 그랬기에 나단을 그냥 돌려보낸 겁니다. "너, 여호와의 선지자 아니냐? 어떻게 좀 해 봐. 저주를 풀 방법은 없어? 여호와께 잘 좀 말씀드려 보면 안 될까?" 고대 근동의 여느 왕이었다면 나단에게 신의 노여움을 풀고 저주를 없앨 수 있는 제의를 드려 보라고 명령했을지도 모릅니다. 실제로 동서고금을 막론하고 정치 세력과 밀접하게 연결되어 있던 제사장들은 왕을 위한 주술적 의식을 행해 왔지요. 더구나 '마술적 세계관'을 가지고 있었던 고대에 능력 있는 종교란 인간의 필요에 따라 신을 조정하는 기술을 보이는 자를 의미했습니다. 당연히 신의 뜻을 구하는 것이 아니라 자기들의 필요에 의해 신을 주술적으로 움직이려는 제의적 기술이 성행했고요. 만약 다윗이 이런 마술적 신앙을 가지고 있었다면 나단을 그대로 집에 보내지는 않았을 겁니다. 그로 하여금 궁에 머물며 자신에게 걸린 저주를 풀도록 명령했을 것입니다. 저주를 풀기 전에는 그를 자유롭게 놓아 주지 않았을 테죠.

그러나 이스라엘의 신앙은 마술적 신앙과 달랐습니다. 오히려 반대죠. 인간이 하나님의 큰 뜻을 '받아' 그것을 개인과 공동체의 삶 가운데 실천하는 것이 '여호와 신앙'이었습니다. 종교사회학자 막스 베버는 그 방향이 '위에서 아래(하나님으로부터 인간에게로)'라고 표현했죠. 자주 언급했지만, 예언豫言은 하나님의 말씀을 맡는 것입니다. 하나님께 나의 이야기를 올려서 나의 원함을 채우는 것이 아니라, 하나님께서 우리에게 하시는 말씀을 붙잡고 그 말씀을 따라 살아가는 것이 이스라엘의 신앙이었던 것이지요. 다윗 역시 이러한 이스라엘의 신앙을 가지고 있었기에 나단을 그대로 돌려보낸 것이 아닐까요? 선지자로서 나단은 그가 맡은 몫, 그러니까 여호와의 말씀을 자신에게 전달하는 역할을 수행했다고 인정했으니까 돌려보냈겠지요.

그 이후로 다윗이 행한 회개의 행동은 하나님의 말씀에 순종하는 믿음의 정수를 보여줍니다. 나단이 돌아간 이후에 하나님께서 말씀하신 부정한 관계로 잉태된 아이와 관련한 일이 먼저 터졌습니다. 밧세바와 다윗 사이에 생긴 그 아이가 시름시름 앓기 시작했습니다. 곧 죽게 생겼죠. 이미 예언된 저주입니다. 여호와께서 그리 될 것이라고 전하셨습니다. 그러나 다윗은 하나님 앞에 무릎을 꿇고 기도합니다. 그의 마음의 탄식이 성경에 기록되어 있지 않으니 그 내용을 미루어 짐작하기는 어려운 일입니다. 다만 그의 간절함이 성경의 글귀에서 묻어나옵니다. 다윗은 금식하며 간곡히 하나님께 기도했다고 합니다. 얼마나 애절했던지 그 아이가 죽은 뒤에도 신하들은 차마 그 소식을 다윗에게 전하지 못해 망설입니다.

다윗이 그 아이를 위하여 하나님께 간구하되 다윗이 금식하고 안에 들어가서 밤새도록 땅에 엎드렸으니 그 집의 늙은 자들이 그 곁에 서서 다윗을 땅에서 일으키려 하되 왕이 듣지 아니하고 그들과 더불어 먹지도 아니하더라 이레 만에 그 아이가 죽으니라 그러나 다윗의 신하들이 아이가 죽은 것을 왕에게 아뢰기를 두려워하니 이는 그들이 말하기를 아이가 살았을 때에 우리가 그에게 말하여도 왕이 그 말을 듣지 아니하셨나니 어떻게 그 아이가 죽은 것을 그에게 아뢸 수 있으랴 왕이 상심하시리로다 함이라(사무엘하 12:16-18).

얼마나 간절했으면 금식까지 하며 기도를 했을까요? 늙은 자들은 이스라엘의 존경받는 노인들입니다. 어른들이 가서 "이러지 마시라"고 다윗을 말리려고 했었나 봅니다. 보통은 나이 많으신 어른들이 권하면 마지못해서라도 응하기 마련이니까요. 그럼에도 불구하고 다윗은 그 말을 듣지 않고 계속해서 하나님 앞에 무릎을 꿇고 있었습니다. 이 와중에 이레 만에 아이가 죽은 거죠. 사람들은 다윗에게 아이의 죽음을 쉽게 전달하지 못합니다. 아이가 아파하는 것만으로도 저렇게 곡기를 끊고 엎드려 기도만 하는 왕인데, 아이의 죽음을 접한다면 행여 덜컥 왕의 몸에 병이라도 얻으면 어쩌나 근심했을 법 합니다. 그러나 그들이 걱정하며 수군거리는 것을 보고 다윗이 먼저 눈치를 챕니다. 아, 아이가 죽었구나. 그런데 그때의 다윗의 반응이 예상 밖입니다. 말씀을 이어서 읽어 보겠습니다. 사무엘하 12장 19-20절 말씀입니다.

신앙, 그 순례의 여정

다윗이 그의 신하들이 서로 수군거리는 것을 보고 그 아이가 죽은 줄을 다윗이 깨닫고 그의 신하들에게 묻되 아이가 죽었느냐 하니 대답하되 죽었나이다 하는지라 다윗이 땅에서 일어나 몸을 씻고 기름을 바르고 의복을 갈아입고 여호와의 전에 들어가서 경배하고 왕궁으로 돌아와 명령하여 음식을 그 앞에 차리게 하고 먹은지라(사무엘하 12:19-20).

주변 사람들의 눈에는 너무나 어리둥절한 상황이지요. 그래서 다윗에게 묻습니다. "아이가 살았을 때는 그렇게나 열심히 기도하시더니, 어찌하여 아이가 죽은 후에는 이렇게 멀쩡하게 행하십니까?" 이 질문에 대한 다윗의 답입니다.

이르되 아이가 살았을 때에 내가 금식하고 운 것은 혹시 여호와께서 나를 불쌍히 여기사 아이를 살려 주실는지 누가 알까 생각함이거니와 지금은 죽었으니 내가 어찌 금식하랴 내가 다시 돌아오게 할 수 있느냐 나는 그에게로 가려니와 그는 내게로 돌아오지 아니하리라 하니라(사무엘하 12:22-23).

저는 이 말씀이 구약을 통틀어 '여호와 신앙'을 가장 절실히 담아낸 핵심적인 신앙 고백 중 하나라고 생각합니다. 이것이 생명의 근원이시요 주관자이신 여호와를 대하는 신앙인의 바른 간구라는 생각이 듭니다. 다윗이 아기가 죽기 전에 간절히 기도하던 것은 "내 아이를 살려주세요."라는 요구가 아니었을 겁니다. "저 아이만 살려주시면 제가 커다란 성소를 지어 바치겠습니다."라든가 하는 공약이나 맞교환 제안 같은 기도는 더더욱 아니었고요. "내가 할 수 있는 일은 그저 과거에 저질렀던 나의 끔찍한 죄를 진심으로 뉘우치고 자복하는 것뿐이다. 그 모습을 보고 행여 하나님께서 나를 불쌍히 여겨 용서할지도 모르는 일이니 나의 진심과 최선을 다하자. 여호와께서는 사랑의 주이시니 그의 헤세드를 간구할 수밖에 없다. 그러나 그 일의 판단은 여호와께 있는 법…, 하나님의 결정이 이 아이를 데려가시는 거라면, 나는 하나님의 절대적인 결정을 받아들여야 한다." 이것이 다윗의 신앙 고백이었고 기도에 임하는 자세였을 겁니다.

이 사건 이후로 다윗은 사랑이 많은 왕, 헤세드(은총)를 베푸는 왕으로 변모합니다. 저는 다윗의 변화에 가장 큰 계기가 이레 동안 무릎을 꿇었던 그 마음에서 비롯되었을 것이라 생각합니다. 자신의 죄로 인해 아무 죄 없는 자신의 아이가 죽음을 당한다? 이것은 상상할 수 없는 괴로움입니다.

다윗은 이 아이를 너무나 사랑했습니다. 어떻게 아느냐고요? "지금은 죽었으니 내가 어찌 금식하랴 내가 다시 돌아오게 할 수 있느냐 나는 그에게로 가려니와"(23절) 이 표현을 그저 단순히 관용적인 표현이라고 볼 수도 있겠습니다. 죽은 자는 이 세계로 올 수 없고, 오직 산 자가 저 세상으로 갈 뿐이라는. 하지만 "내가 그에게 갈 일만 남았다."는 이 말이 제게는 또 다른 의미로 전해옵니다. "아가야. 내 눈에 넣어도 아프지 않을 내 사랑하는 아가야. 지금은 널 볼 수 없지만 아빠가 곧 너에게로 갈 거란다. 내가 너를 보러 갈 동안 기다리렘." 하는 다윗의 그리움이 읽혔습니다.

또 하나의 의미는 다윗이 미처 품에 충분히 안아보지도 못한 그 아이에게 하는 약속이지요. "미안하다. 아가야. 아빠가 너무 잘못 살아서 그 죗값을 네가 받았구나. 하지만 꼭 지켜보아주렴. 앞으로 아빠는 오직 여호와의 규례대로만 살 거야. 훗날 너를 만났을 때 '이렇게 변했다, 이렇게 살아냈다' 이야기해 줄 만큼의 인생을 살아낼게. 너에게 부끄럽지 않도록 최선을 다할게." 이런 각오의 표현으로도 들렸습니다. 아이의 삶은 비록 짧았지만 이 '상실'로 인해 나의 삶이 이렇게 변하였다는 것을 아이에게 보여주겠다는 다윗의 의지가 담긴 말로 느껴졌어요. 그래서 다윗은 그에게 행해진 벌을 달게 받았던 것이 아닐까요? 비록 그것이 많은 이들에게 여호와의 저주로 보이더라도, 다윗에게 아이의 죽음은 하나님께서 그의 삶을 돌이키시기 위해 주신 사랑이었음을 고백하는 것이죠. 이스라엘 장로들조차 어리둥절하였던 다윗의 모습은 사실 하나님의 절대 주권에 대한 신뢰이자 믿음의 표현이었던 것입니다.

그 뒤로 다윗은 중심이 흔들리지 않는 왕이자 헤세드를 베푸는 왕이 됩니다. 어쩌면 다윗에게 이 사건은 죄에 대한 깊은 뉘우침으로 인해 삶의 태도를 변하게 한 결정적 계기가 아니었을까요? 살인에, 강간에, 거짓말에, 거짓증언, 도둑질까지… 이웃과의 관계에 있어서 여호와께서 하지 말라고 금하신 조항들은 몽땅 어겼던 그 끔찍한 죄에도 불구하고 다시 삶의 기회를 주셨는데, 어찌 또다시 규례를 어기는 삶을 살겠습니까? 어찌 이웃이 나에게 행하는 작은 죄를 가차 없이 처벌하는 각박함을 보이겠습니까?

물론 다윗이 죄를 짓지 않고도 여호와의 규례 안에 거했다면 가장 좋았겠지요. 그러나 우리는 '유한한 존재'입니다. 때문에 살아가는 동안 단 한 번도 죄를 선택하지 않는 완벽한 삶을 살기란 어려운 일입니다. 그러나 두려워하지 않아도 될 것은 하나님 앞에서 죄를 짓지 않을 수는 없지만, 하나님께선 우리에게 헤세드를 베푸사 그 죄를 돌이킬 기회를 주신다는 것이죠.

이 이야기는 "우리는 죄 사함을 받았어."라고 안도하며 살아가라는 말씀이 아닙니다. 하나님께서는 우리가 진심으로 뉘우치고 돌이킬 때에 분명 우리에게 새로운 삶의 기회를 허락하십니다. 그러나 우리가 그것만 가지고 죄를 지은 기억으로부터 편하게 지내서는 안 되겠죠. 여호와께서는 더 이상 그 죄를 묻지 아니하신다 해도 우리는 우리가 행한 잘못을 기억하고 하루하루 더 이상 같은 죄를 짓지 않도록 스스로를 경계해야 할 것입니다. '임마누엘' 주와 동행하면서 순간순간 하나님께서 기뻐하시는 선택을 해야 할 것입니다.

물론 우리가 살면서 만나는 상실의 아픔을 '저주'라든가 아니면 '죄를 깨닫게 하는 계기'라든가 하는 말로 섣불리 평가할 수는 없습니다. 더구나 내가 처한 아픔이 아니라 타인의 것이라면 더더욱 그러합니다. 하지만 적어도 다윗이 보여주었던 이 신앙고백을 통해 우리는 여호와 신앙의 정수를 봅니다. 우리도 우리의 삶 가운데서 이러한 마음 자세를 실천하고 있는지 돌아보아야 할 필요가 있는 것 같아요. 어쩌면 우리는 여호와의 이름을 부르면서 마술적 신앙을 가

신앙, 그 순례의 여정

진 채 살아가고 있진 않나요? 말로는 "여호와 하나님의 뜻대로"라고 하지만, 사실은 "하나님, 우리 뜻대로 해주세요." "제가 원하는 것을 들어주세요."라고 떼쓰고 있는 것은 아닌지…, 마술적 신앙의 핵심은 '신을 조종하는 것'입니다. 제물을 바치든 춤을 추든 예배를 드리든 그 의식의 모양이야 종교마다 다양하겠지만, 행위의 핵심은 하나입니다. 신의 능력으로 우리가 원하는 일이 이루어지는 것! 어느 종교의 이름으로 행해지든 인간의 뜻을 이루도록 신을 조종하고 떼쓰는 종교심은 '마술적'입니다. 우리 뜻대로 해 달라고 요구하는 것은 모두 마술적 신앙입니다.

하나님의 응답은 반드시 우리가 원하는 응답은 아닐 수도 있습니다. 그렇기에 "예수 믿고 인생 피세요"라는 말을 쉽게 해서는 안 됩니다. 예수 믿고 인생이 안 필 수도 있기 때문입니다. 적어도 이 세상에서의 삶이 성공이고 꽃길이 아닐 수도 있습니다. 아니, 오히려 아니기가 더 쉽습니다. 세상이 여호와 하나님을 모를 때, 여호와의 통치 질서에서 멀 때, 하나님의 말씀에 순종하는 삶을 선택한다는 것은 세상적으로 성공하기가 힘든 길이기 때문이죠. 글쎄요. 아무래도 나단의 신앙적 용기에 더하여 그의 지혜가 필요한 듯싶습니다.

말씀을 사모하며 그 말씀을 '맡는' 일이 먼저겠죠? 그렇다면 우리가 매일 매일 꿇어 엎드려야 하는 곳은 여호와의 전이겠군요. 하나님께선 이런 귀한 계획을 다윗뿐만 아니라 우리 한 사람 한 사람들을 향해 갖고 계십니다. 우리가 할 일은 자복하고 엎드려 그 말씀을 맡는 것입니다. 그 맡은 말씀을 우리 삶 속에서 구현하고 실현해

내는 것이 우리가 할 일임을 기억합시다. 기왕이면 지혜롭게 해 보아요. 죽음과 죽임으로 가득 찬 이 세상에서 우리가 임무를 다 완수하고서도 꿋꿋하고 당당하게 영원한 우리의 집, 본향으로 돌아갈 수 있도록.

신앙, 그 순례의 여정

기도

우리에게 헤세드를 베푸시기 원하시는 여호와 하나님, "저희들의 뜻대로 마옵시고 오직 여호와 하나님 당신의 뜻대로 하옵소서." 겟세마네에서 땀이 피가 되도록 기도하셨던 예수님을 기억합니다. 오늘 다윗도 이레 동안 자복하고 무릎을 꿇어 기도했습니다. 그리고 하나님의 뜻에 순종하였습니다. 주님, 저희들도 삶 가운데서 언제나 당신의 뜻을 헤아리고 그 말씀을 맡아 살아내는 신앙인이 될 수 있도록 하여 주시옵소서. 행여 우리들의 인간적인 탐욕을 이루기 위해 당신께 조르고 감히 당신을 조종하려는 마술적인 신앙을 가진 것은 아닌지, 늘 경계하게 하시고 자기중심적인 신앙을 버리게 하여 주시옵소서. 예수님의 이름으로 기도합니다. 아멘.

기독 신앙의 정수는 하나님의 말씀을 '맡아' 그 말씀대로 내 삶을 바꾸는 것입니다. 행여 우리의 신앙이 여호와의 이름을 망령되이 일컫는 '마술적 신앙'은 아닌지 경계하고 성찰해 봅시다.

다윗의 헤세드
사무엘하 15~19장

오늘은 모처럼 행복한 이야기를 함께 나눌 것 같아요. 그동안 다윗의 주변 인물들을 통해 그의 우여곡절 삶의 질곡을 살펴보았는데, 그 과정 중에 다윗이 얻게 된 변화를 함께 확인하는 시간이거든요. 다윗의 아들 솔로몬 이후 분열된 왕국을 보면서 성경학자들이 평가하는 것이 있습니다. 그나마 다윗의 통치 기간 동안 짧게나마 통일 왕국을 이룰 수 있었던 것은 그의 인격 덕분이라고요. 그래서 "인격 연합"이라는 표현을 자주 쓰지요. 다윗이 자신과 다른 편에 서 있던 이들도 잘 포용했기에 공동체가 분열되지 않았다는 겁니다. 다윗의 포용적 인격은 타고난 것이라기보다는 하나님 안에서 성장하고 만들어져 간 것이었습니다. 지난 시간에도 공감했던 이야기이지만, 죽은 아이에게로 나아갈 순간까지 부끄럽지 않는 삶을 살겠다는 아버지의 참회와 다짐은 신앙적, 인격적 성장을 예상할 수 있었지요. 오늘 그 지난한 성장의 열매가 그의 향후 삶 가운데서 어떻게 결실을 맺었는지 확인하려 합니다.

다윗의 가난한 마음

신약에 "마음이 가난한 자는 복이 있다"는 표현이 있어요. 예수께서 하신 산상설교의 메시지입니다. 오늘 다윗의 일화를 묵상하면 이 말씀을 잘 돌아볼 수 있을 것 같습니다. 우리는 흔히 "마음이 가난하다"는 것을 '마음에 욕심이 없다'는 정도로 알고 있습니다. 그러나 오늘 본문은 진정으로 마음이 가난한 자의 선택이 무엇인지를 더 깊고 풍부하게 전해줍니다.

나단의 예언을 들은 다윗은 하루하루가 불안했을 것입니다. 여호와의 말씀이니까요. 그 말씀이 하나도 땅에 떨어지지 않고 이루어짐을 믿고 있었을 텐데, 그렇다면 자신의 집에서 칼이 끊이지 않을 것은 자명합니다. 그러니 자식을 낳아도 순전하게 기뻐할 수 없었을 겁니다. 아이들이 늘어 가면 갈수록 오히려 더욱 불안했겠죠. 언제일까? 누구에 의해서일까? 뛰어난 재능을 가진 아이들을 보아도 마냥 기쁘지만은 않았을 겁니다. 행여 그 뛰어남이 다른 자녀들을 밟고 죽이는 힘으로 변할까 봐. 그러니 장성하는 자녀들을 바라보는 일이 늘 조마조마 했겠죠.

결국 하나님께서 말씀하신 '그날'은 오고야 말았습니다. 암논이라는 다윗의 아들이 화근이 되었어요. 암논은 자신의 이복누이인 다말을 좋아했습니다. 그 당시에는 이복누이와의 결혼이 제도적으로 가능한 시절이었습니다. 그러나 그는 굉장히 폭력적인 방법으로 이복누이를 취합니다. 심지어 자신의 욕망만을 채우고는 다말을 홀로 두었죠. 그녀와 결혼하지 않은 채로 버려둔 겁니다. 전형적으로 '왜곡된' 가부장적 응시입니다. 소유하려는 탐욕과 그 욕망을 달성하고 난 뒤에 흥미가 떨어지는, 그런 마음과 행동 말입니다. 다말의 친오빠인 압살롬이 이 사실을 알고 분노했습니다. 그럴 일입니다. 자고로 여동생에 대한 오빠의 사랑은 각별한 법인데, 친누이가 이복형에게 그런 모멸스러운 일을 당했는데 어찌 가만히 있을 수 있겠습니까? 하지만 압살롬은 주도면밀한 성격의 소유자였던 것 같습니다. 화가 난 압살롬은 형을 제거하려는 계획을 갖습니다만, 가장 좋은 때를 얻기 위해 감정을 누르고 기다립니다. 그의 인내가 참으로 대단했죠. 그는 자신의 계획을 실현하기 위해 만 2년을 별렀습니다. 그리고 아주 적절한 시기에 형제들을 속여 암논을 죽입니다. 원인은 암논에게 있었지만, 어쨌든 다윗의 아들이 동생에게 죽임을 당한 것이지요. 다윗 가문에 임했던 저주가 이루어진 것입니다.

다윗의 비통함은 상상을 초월하는 것이었을 겁니다. 자기가 낳은 아들들이 서로를 죽이는 것만으로도 가슴 칠 일인데, 심지어 그것이 자기 탓이라는 걸 안다면 아버지로서 사는 것 자체가 고통스러울 일이죠. 저는 그 비통함이 있었기에 다윗이 후에 자신을 거스르고 반역한 압살롬을 받아주고 살리려 애썼다고 생각해요. 율법적으로는 사람을 죽인 자는 응당 생명을 빼앗아야 하는 것이니 반역자 압살롬은 죽어야 했습니다. 그러나 자신도 우리아의 생명을 부당하게 빼앗았으나 하나님께 헤세드를 입어 새 삶을 살았던 적이 있었죠. 그걸 기억한다면 다윗이 압살롬을 용서하여 헤세드를 베푼 것은 어찌 보면 당연한 처사입니다. 더구나 왕자들 사이의 살인과 왕위찬탈이 자기 죄로 인함이라고 생각했다면 더욱 그러했을 겁니다.

그러나 압살롬에게 헤세드를 베풀고 생명을 살려준 것으로 다윗 가문의 비극은 끝나지 않았습니다. 이미 압살롬은 자신의 여동생을 지켜주지 못했던 아버지에게 마음이 돌아선 상태였습니다. 워낙 주도면밀한 인물이었던 압살롬은 왕에게 재판을 받으려는 백성들을 중간에서 가로채어 중재를 하며 이스라엘 백성들의 마음을 삽니다. 그는 아주 많은 사람들이 자신을 좋아하게끔 만들었고, 결국 왕의 자리에 앉습니다. 압살롬의 세력이 어찌나 빠르게 팽창했던지, 나중에는 다윗조차도 힘을 잃고 도망할 처지에 이르게 됩니다. 그러고 보면 다윗도 참 파란만장한 삶을 살았지요. '히브리'의 삶을 살면서 자신의 주군인 사울의 시기로 목숨의 위협을 받기가 몇 번이었습니까? 그런 우여곡절 끝에 겨우 왕의 자리에 앉았지만 다시 아들에게 쫓겨나고 마네요. 그러나 이 무렵 다윗의 변화된 모습을 볼 수 있는 두 가지 에피소드가 등장합니다. 첫 번째 일화는 사무엘하 15장 19-20절 말씀입니다.

그 때에 왕이 가드 사람 잇대에게 이르되 어찌하여 너도 우리와 함께 가느냐 너는 쫓겨난 나그네이니 돌아가서 왕과 함께 네 곳에 있으라 너

는 어제 왔고 나는 정처 없이 가니 오늘 어찌 너를 우리와 함께 떠돌아다
니게 하리요 너도 돌아가고 네 동포들도 데려가라 은혜와 진리가 너와
함께 있기를 원하노라 하니라(사무엘하 15:19-20).

지금 다윗은 왕의 자리에서 쫓겨나 목숨이 위험한 상황입니다. 급
히 도망가는 중이었죠. 목숨이 위태로운 급박한 상황에서도 다윗은
무리 중에 함께한 잇대라는 사람을 발견합니다. 그는 블레셋 사람들
의 도시인 가드 출신의 인물이었습니다. 이방인인 잇대가 왜 다윗과
있었을까요? 우리아의 이야기에서도 살펴보았지만, 다윗과 함께 하
며 산전수전을 겪는 동안 여호와 신앙을 갖게 된 많은 외지인들 중
한 명이었겠지요. "너는 어제 왔고"라는 표현에서 잇대가 다윗 공동
체에 들어온 지 얼마 안된 인물임을 알 수 있습니다. "쫓겨난 나그
네"라 하니 그의 이전 삶 또한 얼마나 힘들었을지 예측할 수 있습니
다. 그렇기에 다윗은 잇대로 하여금 압살롬을 왕으로 섬겨 편안한
삶을 살라고 권합니다. 그동안 유리방황하면서 힘들게 살다가 이제
겨우 정착했는데, 또다시 앞길이 험난한 자신을 따라 나서지 말라는
당부입니다. 다윗의 입장에서 이것은 결코 쉬운 결정이 아니었습니
다. 목숨이 위험하여 도망하는 중에 잇대는 그에게 매우 필요한 용
사였으니까요. 잇대의 동료들이 600명이나 있었습니다. 자신의 목
숨을 구해줄 든든한 세력이었지요. 그러나 다윗은 그들을 이용하려
하지 않고 그들의 입장을 헤아리고 있습니다. 그들을 진심으로 축복
하며 그들의 앞날을 걱정하지요.

신앙, 그 순례의 여정

사리사욕을 채우기 위해 오랜 충신들을 전장에서 죽게 만들었던 예전의 다윗에 비한다면 놀라운 변화입니다. 왕은 신하에게 자신을 지키라고 명령할 수 있는 존재죠. 왕을 따라 나선 충신들에게 보호받으며 자신의 목숨을 구할 충분한 통치 근거가 있었습니다. 그럼에도 불구하고 신하들의 안위를 먼저 걱정하는 다윗의 모습을 보며, 저는 정말로 다윗의 변화가 진실하다는 생각이 들었습니다. 사람을 이용가치로 여기는 자가 아니라, 의미 있는 '너'로 응시하며 그의 입장을 헤아리는 마음을 갖게 된 것이지요.

그러나 잇대는 왕의 권고에도 불구하고 돌아가지 않고 다윗과 함께하여 그들 무리 중 맨 앞의 호위병이 됩니다. 정말로 훈훈한 군신君臣 사이입니다.

헤세드를 입은 사람 다윗의 변화된 성품을 헤아릴 수 있는 두 번째 일화는 사울 왕의 후손인 시므이와의 일화를 통해 보여집니다. 다윗이 왕좌에서 쫓겨났다는 소식을 듣고 제일 기뻐할 사람은 누구일까요? 필시 다윗에게 억울한 일들을 당한 사람들이겠죠. 무엇보다 사울 집안에 남아있는 후손들이 있다면 이들은 필시 다윗에게 이를 갈았을 겁니다. 전쟁과 권력다툼 속에서 많은 사람들이 죽임을 당했음에도, 겨우 살아남아 목숨을 부지하던 소수의 사울 집안사람들은 그들의 비참한 신세가 다윗 때문이라고 여기고 있었을 테니까요. 그러던 중에 다윗이 그의 아들로 인해 쫓겨났다는 소식을 들었으니 기분이 어땠을까요? "너, 쌤통이다." 그런 마음에 기뻐했겠지요.

사울의 후손 중 시므이라는 자는 '기회는 이때다' 싶었는지 쫓겨가는 다윗을 향해 돌까지 던졌습니다. 그러면서 모질게 저주의 말을 뱉었습니다.

시므이가 저주하는 가운데 이와 같이 말하니라 피를 흘린 자여 사악한 자여 가거라 가거라 사울의 족속의 모든 피를 여호와께서 네게로 돌리셨도다 그를 이어서 네가 왕이 되었으나 여호와께서 나라를 네 아들 압살롬의 손에 넘기셨도다 보라 너는 피를 흘린 자이므로 화를 자초하였느니라 하는지라(사무엘하 16:7-8).

다윗이 했던 모든 일을 비꼬아 표현합니다. 그중에서 다윗의 마음을 가장 아프게 했던 말은 "피를 흘린 자여"라는 말이었을 겁니다. 불의로 인해 우직한 충신과 자신의 아들을 피 흘리게 했다는 사실이 다윗의 마음에 날카로운 칼날처럼 박혀 있었을 테니까요.

그렇게 지적을 당하는 다윗의 모습을 보며 화가 난 다윗의 신하 아비새가 말합니다. "명령만 내리십시오. 저 무례한 자를 당장에 처리하겠습니다." 자신의 주군을 모욕하고 저주하는 몰락한 왕가의 후손이 아닙니까! 비록 쫓기는 몸이나 저 한 사람 정도는 마음만 먹으면 충분히 응징할 수 있는 힘이, 다윗에게는 있었습니다. 더구나 쫓겨난 것도 억울한데 아픈 곳을 찌르고 있으니 제대로 속상할 일이죠. 예전의 다윗이라면 충분히 격분하여 죽이라고 명령했을 수도 있었을 겁니다.

그러나 다윗은 이미 '마음이 가난한 자'였습니다. 나단을 통해 들은 하나님의 말씀이 마음에 깊이 박혀 있는 상태였지요. 다윗은 열불을 내며 흥분한 아비새를 저지하고 시므이를 죽이지 말라고 명합니다.

> 왕이 이르되 스루야의 아들들아 내가 너희와 무슨 상관이 있느냐 그가 저주하는 것은 여호와께서 그에게 다윗을 저주하라 하심이니 네가 어찌 그리하였느냐 할 자가 누구겠느냐 하고(사무엘하 16:10).

"그가 나를 저주하는 것은 여호와께서 시키신 일이다"라고 담담히 말하는 다윗, 그는 이미 마음이 가난한 자였습니다. 마음이 가난한 자는 '여호와를 향해 마음이 온전히 비워져 있는 자'를 뜻합니다. 모든 것을 받아들이는 자입니다. 그렇기에 다윗은 시므이를 그대로 둔 채 계속해서 가던 길을 갑니다.

그런데 압살롬의 짧은 통치가 끝이 나 버렸습니다. 다윗은 압살롬에게 헤세드를 베풀었건만, 압살롬의 말로는 비참했습니다. 결국 다윗은 다시 왕의 자리로 돌아올 수 있게 되었습니다. 예루살렘으로 돌아가는 길에 요단강을 건너야 했으니 그 길에서 다시 시므이를 만나야 할 상황이 됩니다. 실컷 다윗을 욕했던 시므이는 마음이 급했겠지요. 영영 권력을 잃은 자라 생각하여 막말에 저주까지 퍼부었는데, 큰일 났습니다. 사태수습이 시급합니다. 목숨을 구하기 위해 시므이는 얄팍하게나마 수를 씁니다. 급히 나룻배를 준비하여 다윗과 딸린 무리들을 섬기죠.

왕의 가족을 건너가게 하며 왕이 좋게 여기는 대로 쓰게 하려 하여 나룻배로 건너가니 왕이 요단을 건너가게 할 때에 게라의 아들 시므이가 왕 앞에 엎드려 왕께 아뢰되 내 주여 원하건대 내게 죄를 돌리지 마옵소서 내 주 왕께서 예루살렘에서 나오시던 날에 종의 패역한 일을 기억하지 마시오며 왕의 마음에 두지 마옵소서 왕의 종 내가 범죄한 줄 아옵기에 오늘 요셉의 온 족속 중 내가 먼저 내려와서 내 주 왕을 영접하나이다 하니(사무엘하 19:18-20).

참, 너무나 속이 뻔히 보이는 행동이죠? 만약 다윗에게 '가난한 마음'이 없었다면 시므이에게 충분히 보복하고도 남았을 겁니다. 참으로 얄밉게도 시므이는 다윗의 마음을 콕콕 찌르는 말을 골라서 합니다. 지난번에는 다윗을 향해 "피 흘리는 자"라고 하여 가슴을 후벼 파더니 이번에는 "내가 범죄한 줄 아옵기에"라고 말하며 다윗 앞에 엎드립니다. 그런 시므이의 모습을 보며 다윗은 어떤 장면이 오버랩 되어 생각났을까요? 자신이 여호와 앞에 회개하여 엎드렸던 지난날의 모습이 생각나지 않았을까요? 심지어 자신은 사람을 죽였던 죄를 여호와 앞에 아뢰며 엎드렸지만, 시므이가 지은 죄라곤 '겨우' 다윗을 비방하며 그의 무리에게 돌을 던졌던 것뿐이었습니다. 심지어 하나님 앞에서 자신의 죄가 더 크고 깊은데, 만약 자신이 시므이의 잘못을 용서하지 않는다면 그것이야말로 하나님 앞에서 자신이 죄를 짓는 거라고 생각했을 겁니다.

헤세드의 하나님을 믿는다는 것은…

다윗의 '가난한 마음'은 하나님이 기뻐하시는 인간관계를 비유로 설명하신 예수님의 메시지에서도 그대로 전해집니다. 마태복음 18장에 보면 '용서할 줄 모르는 종의 비유'가 등장하지요. 용서와 관련하여 베드로가 했던 질문에 답하시며 예수께서 들려주신 이야기입니다. 한 나라의 왕이 자신에게 만 달란트를 빚진 자의 빚을 탕감해줍니다. 그런데 이 빚을 탕감 받은 자가 집에 돌아가는 길에 자신에게 백 데나리온을 빚진 자를 만납니다. 그러나 그는 백 데나리온 빚진 자가 아무리 자복하여 엎드릴지라도 용서해주지 않고 옥에 가두어 버립니다. 그 장면을 보고 어이가 없던 백성들이 이 일을 왕에게 아뢰자, 왕이 그를 불러 그의 악함을 비난하며 벌을 내립니다. 다윗이 처해 있던 입장과 똑같은 상황이지요. 다윗은 여호와께 만 달란트 이상의 잘못을 용서받았습니다. 다시 삶의 기회를 얻은 다윗은 너무나 큰 빚을 탕감 받은 존재입니다. 그런 다윗이 자신의 첫값을 기억하는데, 어찌 백 데나리온 빚진 자인 시므이를 용서하지 못하겠습니까?

우리 모두 사는 동안 알게 모르게 죄를 짓고 삽니다. 그리고 하나님 앞에 엎드려 빌고, 또한 그의 넉넉하신 용서를 경험하지요. 그러나 여호와의 넉넉한 용서뿐만이 아니라 우리가 지은 죄의 무게도 항상 기억했으면 합니다. 죄의식에 사로잡혀 살자는 말이 아닙니다. 뻔뻔하거나 배은망덕한 삶을 살지는 말자는 말입니다. 비록 신약의 시대를 사는 우리는 죄로부터 자유로운 삶을 살 수 있게 되었지만,

오늘의 이야기를 통해 다시 한 번 깨닫게 됩니다. 사는 동안 우리의 죄를 잊어서는 안 된다는 것을. 죄 사함에 대한 감격과 더불어 내가 어떤 죄를 범했는지를 늘 새기면서 살아야한다는 것을요. '죄 사함'에 방점을 찍고 살면 너무나 가벼운 삶을 살 것 같습니다. 그렇다고 '죄'에 방점을 찍고 살면 너무나 우울하고 의기소침한 삶을 살겠지요. 내가 지은 죄의 무거움과, 이를 용서하신 여호와의 헤세드가 크다는 사실, 이 모두를 기억하고 살아갈 때에, 우리들은 '가난한 마음'으로 이웃이 내게 지은 죄를 기꺼이 용서할 수 있을 것입니다. 도저히 용서할 수 없을 것만 같은 이웃의 죄조차도, 우리가 하나님 앞에서 지었던 죄만큼은 못합니다. 아들에게 생명의 빚을 진 다윗은 빚진 자로서 하나님과 아들을 만나는 그날까지 헤세드의 마음을 품고 살아갔습니다. 그는 빚진 마음과 탕감 받은 감격을 항상 가지고 살았습니다. 그 두 가지를 기억하며 살았기에 다윗은 자신에게 죄 지은 자를 용서할 수 있었고, 많은 사람들을 품을 수 있었고, 인격 연합으로 통일 왕국을 유지할 수 있었을 겁니다.

우리들 모두 공동체 안에서 다윗과 같은 영향력을 발하는 개인이 되기 원합니다. 우리 주변에 시므이 같은 사람들이 어찌 없겠습니까? 살다보면 콕콕 약점을 찌르고 아픈 곳을 건드리며 심기를 어지럽히는 사람들을 만나는 법입니다. 그러나 이들을 보면서도 흔들리지 않고 또한 내가 그들을 응징할 충분한 힘이 있을 때조차 그 권력을 사용하지 않을 수 있는 방법은 오직 하나입니다. 우리가 빚진, 그리고 여호와께로부터 탕감 받은 '만 달란트'를 기억하는 것입니다.

신앙, 그 순례의 여정

다윗의 인생을 통해 우리는 하나님과 함께 했던 이의 성장과 열매를 배웠습니다. 이와 같이 우리도 지난날들의 잘못을 잊지 말고 기억하며 '만 달란트 탕감 받은 자'의 감격과 기쁨으로 선한 영향력을 통해 공동체를 연합하고 화평케 하는 자로 살아갔으면 좋겠습니다.

기도

사랑의 하나님, 이미 저희들은 감당할 수 없는 큰 빚을 당신으로부터 탕감 받았습니다. 그러나 저희는 살아가면서 그 사실을 너무나 자주 잊고 지냅니다. 우리에게 던져지는 작은 돌에도 흥분하고 분노하고 용서하지 못하는 모습을 발견합니다. 언제나 우리가 당신으로부터 큰 죄 사함을 받았다는 것을 기억하게 하소서. 그러나 그 사함의 기억 속에만 묻혀, 행여 저희가 탕감 받은 죄의 분량이 얼마나 컸는지 잊어버리는 신앙인이 되지 않게 하여 주시옵소서. 언제나 우리 마음속에 죄 사함의 기쁨과 죄의 크기를 함께 가지고, 이 땅에서 당신이 저희에게 베푸신 헤세드를 이웃들에게 베푸는 신앙인이 되게 하여 주시옵소서. 예수님의 이름으로 기도합니다. 아멘.

우리가 하나님으로부터 받은 죄 사함의 가치를 기억하며, 이웃의 작은 죄에는 기꺼이 헤세드를 베푸는 선한 삶을 삽시다. 그것이 마음이 가난한 자의 삶의 자세입니다.

신앙, 그 순례의 여정

어머니 밧세바와 아들 솔로몬
열왕기상 1-2장

다윗 이야기로 꽤 많은 지면을 할애했네요. 그 긴 이야기를 마치고, 오늘은 그의 아들 이야기를 시작합니다. 특히 어머니 밧세바와 관련하여 어머니와 아들의 관계에 초점을 맞추어 이야기를 살펴볼까 합니다.

어머니로서의 밧세바, 어머니로서의 아비가일

우선 밧세바라는 인물을 떠올리면 어떤 생각이 드시나요? 그 경건한 다윗마저 범죄하게 만든 팜므파탈? 사실 성경 안에는 그런 표현이 명시적으로 그려져 있지 않은데도, 많은 설교자들이 밧세바를 묘사할 때에 다윗을 계획적으로 유혹한 여인으로 풀이합니다. 당시 정황을 정확하게 알 길은 없습니다만, 저는 그래도 밧세바를 조금이나마 변호하고 싶네요. 사실 당시의 건물 구조상 목욕을 하던 밧세바는 자신의 모습을 누군가 위에서 볼 수 있다고는 생각하기 힘들었을 거예요. 대다수 서민들의 가옥구조는 단층이었고 지금처럼 샤워 시설이 내부에 갖춰져 있는 상황이 아니었으니까요. 고층건물도 비행기도 없던 시절이니 담장 너머 그것도 위에서 내려다보는 시선을 상상하기 힘들었을 것이라는 거죠. 높은 궁전 없이 지내온 공동체인데 이제 막 다윗의 성이 생겼다 해도 익숙지 않았을 일입니다. 사실 왕궁이 아무리 높다 한들 다윗이 옥상에 올라가지 않았더라면 밧세바의 목욕을 훔쳐보는 상황이 일어나지도 않았겠죠.

밧세바를 변호하다 보니 결국은 다 다윗 탓이 되고 말았네요. 하하, 이 이야기는 전에도 많이 생각해본 부분이니 밧세바에 얽힌 다른 이야기로 넘어가 봅니다. 밧세바가 등장하는 일화는 성경에 3번 소개되고 있습니다. 첫 번째가 방금 말씀드린 목욕 사건이었고, 두 번째는 아들 솔로몬을 왕으로 만들기 위해 죽음이 임박한 다윗을 찾아가는 이야기입니다. 오늘은 이 부분을 집중해서 보겠습니다. 열왕기상 1장 11-12절 말씀입니다.

나단이 솔로몬의 어머니 밧세바에게 말하여 이르되 학깃의 아들 아도니야가 왕이 되었음을 듣지 못하였나이까 우리 주 다윗은 알지 못하시나이다 이제 내게 당신의 생명과 당신의 아들 솔로몬의 생명을 구할 계책을 말하도록 허락하소서(열왕기상 1:11-12).

나단이 밧세바를 찾아온 것이지요. 앞부분의 정황을 조금 나누겠습니다. 열왕기상 1장은 "다윗이 늙었다"는 표현으로 시작됩니다. '늙음'이라는 표현이 성경에서 육체적, 영적 늙음을 모두 의미할 수 있다는 것을 자주 언급했지요. 이미 다윗은 기력이 없어서 스스로를 보살필 수 있는 상황이 아니었습니다. 그때를 노려 학깃의 아들 아도니야가 요압 장군과 함께 무리를 거느리고 나타나 스스로 왕의 자리에 앉습니다. 다윗은 이미 기력이 쇠하여 이런 일이 있는 줄도 모르고 있었죠. 한마디로 나라 정세를 기민하게 파악하고 대처할 능력이 떨어진 것입니다. 이와 같은 긴박한 정세를 파악하고 나단이 밧세바에게 찾아갑니다.

사실 아도니야의 입장에서 보면 충분히 왕위를 탐낼만했어요. 다윗의 아들 중 첫째 형이었던 암논은 압살롬에게 죽임을 당했고, 압살롬은 아버지에게 저항하여 반란을 도모하다가 다윗의 신하에게 죽임을 당합니다. 다윗의 많은 아들 중 1남인 암논과 3남인 압살롬이 죽은 상황에서 아도니야는 4남이었습니다. 충분히 왕권을 노릴 만하지요.

잠깐 다른 소리입니다만, 그럼 둘째 아들은 누구였는지 궁금하시지 않나요? 다윗의 둘째 아들은 다니엘이었습니다. 다니엘의 어머니는 아비가일입니다. 그럼 서열로 볼 때 아도니야보다는 다니엘이 욕심을 낼만 한데, 그의 이름은 성경에서 딱 한 번 나오고 맙니다. 역대기 저술가가 다윗의 아들들을 일목요연하게 소개하는 부분이죠. 나이 순서대로 나열한 것을 보면 둘째 아들이고 다윗의 왕권을 노릴 만큼 장성한 아들임에 틀림없습니다. 하지만 달랑 이름 한 번 나온 자료로는 다윗의 아들 다니엘이 어떤 성품의 사람이었으며 어찌 살았는지 알 길이 없습니다. 그러나 분명한 것은 아들들이 죽어나가고 아버지가 쫓겨 다니는 다윗 왕가의 일대 혼란 속에서도 그 이름이 등장하지 않는 것을 보면 극적인 죽음을 당했거나 뭔가 정치적으로 큰일을 도모한 적이 없던 인물임은 분명합니다. 아도니야가 스스로 등극하자 나단이 급히 밧세바를 찾아와 하는 말 중에서도 드러나지만 왕자들은 왕위를 얻든지 아니면 죽임을 당하는, 그러니까 중간이 없는 극단적인 삶에 노출되기 쉽습니다. 그런 일들이 지금 진행 중이고요. 오죽했으면 밧세바와 솔로몬이 목숨을 부지하기 위해서는 지금 일어나 왕위 계승을 도모해야 한다고 재촉했겠습니까? 그럼에도 이런 난리통에도 다니엘은 그 소용돌이에 말려들지 않은 것 같습니다. 이것이 어찌 가능했을까요?

제 추론의 힌트는 '어머니 아비가일'에 있습니다. 여호와의 통치 질서를 이해한 지혜로운 여인이었던 아비가일은 필시 아들 다니엘에게도 어려서부터 하나님의 규례대로 살도록 가르쳤을 겁니다. 첫째가 셋째에게 죽임을 당했을 때, 둘째였던 그에게 왕이 될 욕심이 왜 없었겠습니까? 스스로 왕이 되려 했다면 충분히 도모했을 법한 정황인 걸요. 하지만 '아버지의 기쁨'이 되는 삶을 선택했던 지혜로운 아비가일이 그의 어머니였다는 것에 착안해 봅니다. 그녀라면, 스스로 왕위를 도모하는 것은 옳지 못하다고 가르치지 않았을까요?

'다니엘'이란 이름은 "나를 판단하시고 통치하시는 분은 오직 하나님"이라는 의미를 담고 있는데요, 그런 마음을 가지고 살았을 것이라고 생각합니다. 때문에 아버지가 늙고 자신이 제일 연장자인 아들이었음에도 경거망동하지 않았겠지요.

이런 틈을 타서 4남인 아도니야가 움직인 겁니다. 그야말로 권력이동의 격변기입니다. 왕자들이 여럿 죽어나갈 수 있는 긴박한 상황이죠. 이 와중에 아들을 살리고 나아가 왕으로 만들려면 주도면밀하고 정치적이어야 할 텐데, 밧세바는 그런 인물은 아니었나 봅니다. 아도니야가 왕위를 차지했다는 사실조차 모르고 있었으니까요. 지혜가 많은, 그리고 놀랍게도 정치적 수완마저도 좋은, 나단이 그녀에게 솔로몬을 위한 계략을 전합니다.

> 당신은 다윗 왕 앞에 들어가서 아뢰기를 내 주 왕이여 전에 왕이 여종에게 맹세하여 이르시기를 네 아들 솔로몬이 반드시 나를 이어 왕이 되어 내 왕위에 앉으리라 하지 아니하셨나이까 그런데 아도니야가 무슨 이유로 왕이 되었나이까 하소서 당신이 거기서 왕과 말씀하실 때에 나도 뒤이어 들어가서 당신의 말씀을 확증하리이다(열왕기상 1:13-14).

밧세바의 말대로 다윗은 예전에 솔로몬의 왕위를 약속했을까요? 앞 이야기들을 살펴보아도 다윗이 그러한 약속을 실제로 했는지는 성경 본문 안에 나타나지 않습니다. 그렇다면 어째서 나단과 밧세바는 이런 이야기를 다윗에게 상기시키는 걸까요? 혹시 늙은 다윗의 정신이 혼미한 틈을 타서 없는 이야기를 지어낸 것은 아닐까요? 설마 선지자까지 가담한 이 사건에서 거짓말을 했을까 싶기는 합니다. 아마도 사실이겠지. 다윗이 밧세바에게 그런 약속을 하기는 했을 거야. 이렇게 추측할 수 있을 만한 대목이 사무엘하 12장 24-25절 말씀에 등장하기는 합니다.

> 다윗이 그의 아내 밧세바를 위로하고 그에게 들어가 그와 동침하였더니 그가 아들을 낳으매 그의 이름을 솔로몬이라 하니라 여호와께서 그를 사랑하사 선지자 나단을 보내 그의 이름을 여디디야라 하시니 이는 여호와께서 사랑하셨기 때문이더라(사무엘하 12:24-25).

이 대목은 다윗의 죄로 인해 밧세바와의 사이에 있었던 첫 아들이 죽은 이후를 기록한 부분입니다. 아들을 잃은 슬픔에 힘들어했을 밧세바를 위로하는 과정에서 '왕위'에 대한 언급이 있었을지도 모르죠. 위로했다고 하잖아요. 성경에 세세한 언급이 없었다고 해서 나단과 밧세바가 없는 이야기를 꾸몄다고 판단할 수는 없을 것 같아요. 사실 여부보다 더 중요한 것은 여호와께서 나단을 솔로몬에게 보내셨다는 것입니다. 불륜으로 낳은 자식을 향한 서슬 시퍼런 저주의 예언을 전했던 나단, 바로 그가 이 아들에 대해서는 여호와의 축복을 전합니다. 솔로몬은 하나님 보시기에 너무나 사랑스러운 존재라고요. "여디디야"라는 솔로몬의 애칭은 여호와께서 그에게 주신 것이라 합니다. 이 애칭의 뜻은 "여호와께 사랑을 입음"이라는 뜻입니다.

신앙, 그 순례의 여정

그런데 역대상 3장에 근거해 보면, 솔로몬은 죽은 아이 바로 다음에 태어난 아들이 아닐 가능성이 큽니다. 밧세바가 낳은 아들이 네 명 등장하는데, 그 리스트 중 솔로몬의 이름은 가장 마지막에 있거든요. 보통은 장자부터 나이순으로 기록하는 것이 관례입니다. 이렇게 보자면 솔로몬은 장자가 아닐 수 있습니다. 제 생각에 다윗의 많은 아들들 가운데 솔로몬이 제일 품행과 행실 면에서 하나님 보시기에 사랑을 입을만했을 것 같아요. 마치 조선시대 태종의 아들들 중에서 장남과 차남보다는 후에 세종이 되는 셋째가 남다른 기질과 성품을 보였던 것과 같이 말이죠. 만약 여호와의 마음에 합한 왕의 재목이 솔로몬이었다면, 그리고 이것을 나단에게 전달하셨다면, 나단의 입장에선 아도니야가 스스로 왕이 된 것이 매우 긴급한 위기 상황이었겠지요.

최초의 세습왕 솔로몬과 '왕의 규례'

밧세바는 나단의 계략대로 행합니다. 밧세바의 이야기를 들은 다윗은 자신이 그런 말을 했었는지도 잘 기억할 수 없을 만큼 정신이 맑지 못했습니다. 그러나 그가 신뢰하는 선지자 나단까지 와서 자신을 추궁하니 매우 당황스러웠겠죠. 비로소 상황이 긴급하게 느껴진 다윗이 급히 선포하는 장면이 등장합니다. 열왕기상 1장 30절 말씀입니다.

내가 이전에 이스라엘의 하나님 여호와를 가리켜 네게 맹세하여 이르기를 네 아들 솔로몬이 반드시 나를 이어 왕이 되고 나를 대신하여 내 왕위에 앉으리라 하였으니 내가 오늘 그대로 행하리라(열왕기상 1:30).

이 구절을 읽으시면서 혹시 이상한 부분을 발견하지 않으셨나요? 사울이 왕이 될 때에도, 다윗이 왕이 될 때에도 그들의 왕위 계승에는 일종의 절차가 있었죠. 선지자가 여호와의 뜻을 받들어 한 사람을 지목하고 그에게 기름을 부으면 그에게 '여호와의 영'이 임하고 백성이 환호하여 왕으로 추대한다, 이런 순서가 이스라엘의 전통이었죠. 그러나 솔로몬이 다윗의 왕권을 계승하게 되는 장면에서 다윗은 하나님께 맹세하는 것이 아니라 밧세바에게 맹세하고 있습니다. 또한 자신이 직접 자신의 아들에게 왕위를 계승하겠다고 말하고 있다는 것입니다. 하나님의 뜻이 아니라 아버지 다윗이 자신의 뜻대로 아들 솔로몬에게 왕위를 계승하겠다고 선포해 버린 것이지요. 주체가 여호와가 아닌 아버지 왕이 되어 버렸습니다. 그러니까 솔로몬은 성경에 등장한 왕들 중에서는 첫 번째로 세습된 왕입니다. 사회학적으로 평가하자면, 다윗의 왕권이 그만큼 안정적이고 강했다는 것을 뜻합니다. 감히 다른 가문의 사람들은 왕권을 넘볼 수 없을 정도로요. 하지만 신앙전통에 비추어 볼 때 왕위를 세습한다는 것은 이스라엘에게는 참으로 낯선 것이었습니다.

비록 세습된 왕위였지만 이스라엘 왕권의 핵심을 기억한다면 솔로몬은 여호와께서 기뻐하시는 왕이 될 수 있었을 겁니다. 열왕기상 2장 2절의 기록에 따르면, 다윗은 자신의 아들에게 이스라엘의 왕으

신앙, 그 순례의 여정

로 통치하는 가장 중요한 원칙을 알려줍니다.

> 내가 이제 세상 모든 사람이 가는 길로 가게 되었노니 너는 힘써 대장
> 부가 되고 네 하나님 여호와의 명령을 지켜 그 길로 행하여 그 법률과 계
> 명과 율례와 증거를 모세의 율법에 기록된 대로 지키라 그리하면 네가
> 무엇을 하든지 어디로 가든지 형통할지라(열왕기상 2:2).

이것이 이스라엘 왕이 지켜야 할 통치 원리입니다. 솔로몬이 지켜
야 할 것은 고대 도시국가와 제국의 왕들이 앞서 실행했던 '인간—
왕의 규례'가 아니라 '여호와의 규례'였습니다. '여호와의 규례'는 수
평적인 관계 방식이 작동하는 공동체를 만들기 위한 일종의 생활 원
칙이었죠. 하나님의 백성을 지키기 위해 인간—왕은 잠시 쓰임 받는
도구였습니다. 왕은 이것을 꼭 명심해야 한다는 엄중한 유언이죠.
그러나 바로 이어져 나오는 다윗의 당부는 읽는 이를 당혹시킵니다.
심히 늙었던 다윗인지라 오락가락했던 걸까요? 하지만 정신이 혼미
해서 내린 교훈치고는 너무나 치밀합니다. 요압을 죽이라는 명령을
하는데 이는 왕권 유지를 위해서 필요한 전략이었죠. "네 지혜대로
그의 백발이 평안히 스올에 내려가지 못하게 하라." "스올에 내려간
다"는 것은 '죽는다'는 의미입니다. 그런데 '평안히 죽지 않게 하라'
는 말은 그야말로 네 정적이 될 인물이니 죽이라는 조언이죠. 지난
시간에 다윗이 넓은 마음으로 용서했던 시므이를 기억하시지요? 심
지어 다윗은 솔로몬에게 시므이조차도 죽이라고 명령합니다. 앞서

여호와의 규례대로 행하라고 말하고는, 이어지는 유언이 살인 명령이라니, 이것을 도대체 어떻게 받아들여야 할까요?

다윗이 심히 늙었기에 실족했구나! 오락가락 하는구나. 하여 온전치 못한 정신으로 "죽이라"는 명령을 한 거구나. 이렇게 생각해 볼 수도 있겠죠. 보다 깊은 학문적 논의에 따르면 이 두 이야기는 다른 전승 자료가 나란히 편집되었기 때문이라고 합니다. 그러니까 쉽게 말하면 앞의 이야기는 이상적인 왕의 덕목으로 후대의 사가들이 적어놓은 것이지, 이미 나이 든 다윗은 인간—왕의 술수만을 전달했었을 것이라는 말이죠. 아니면 그조차 솔로몬의 정치적 전략의 정당성을 아버지의 유언으로 그린 것이지 실제로 다윗이 그렇게 유언하지 않았을 것이라고 보기도 합니다. 늘 하는 이야기지만 그건 우리 〈성경 사랑방〉의 '읽기' 방식은 아니에요. 우리는 성경 안에 그려진 인물들을 통해, 그리고 성경을 기록한 신앙인들의 입장에서, 성경 본문 그대로를 읽으면서 그 안에서 사람들의 심정을 헤아려보자고 했죠.

성경에 기록된 그대로 다윗이 유언을 했다고 인정해 봅시다. 여기 적힌 그대로 다윗이 앞에는 옳은 소리를, 뒤에는 율법에 위배되는 권고를 했다고. 그리 본다면 정말이지 인간은 마지막 순간까지 '임마누엘' 밖에는 답이 없는 것 같습니다. 다윗조차도 늙으매 오락가락, 하나님의 법도와 인간 왕의 정치적 지혜 사이를 왔다 갔다 하는 것을 보면요. 물론 안타깝기는 합니다. 만약 솔로몬이 하나님의 말씀 안에서 쭉 자라온 자라면, 이 상반되는 유언을 듣고 헤아리는 지혜가 있었을 테니까요. 연로하신 아버지의 실수이거니 하면서 '여호와의 율법을 따르라'는 앞의 이야기만 마음에 새겼을 거예요. 하지만 이후 진행되는 이야기들을 읽어보면 솔로몬은 그렇지 않았어요. 요압은 물론 시므이까지 '아버지의 명령대로' 다 죽여 버리죠.

이럴 때 어머니 밧세바라도 아들을 지혜로이 인도했다면 좋았을 텐데. 밧세바와 관련된 마지막 에피소드를 보면 밧세바는 중심이 곧은 인물은 아니었던 것 같습니다. 솔로몬이 다윗의 뒤를 이어 왕이 된 이후의 이야기입니다. 아버지가 공식적으로 아우인 솔로몬에게 왕위를 계승하고 솔로몬이 예루살렘에서 왕이 되었다는 소식에, 형인 아도니야는 도망을 갔습니다. 일단 목숨은 건져야 하니까요. 한동안 숨어 지내다가 밤중에 몰래 밧세바를 찾아옵니다. 비록 친어미는 아니지만 그래도 남편인 다윗의 아들인데, 밧세바는 아도니야가 딱하기도 했을 거예요. 그런 심정을 이용하여 아도니야는 밧세바에게 제안을 하죠. 솔로몬이 왕이 되었음을 인정하는 동시에 작은 부탁을 하나 합니다.

이제 내가 한 가지 소원을 당신에게 구하오니 내 청을 거절하지 마옵소서 밧세바가 이르되 말하라 그가 이르되 청하건대 솔로몬 왕에게 말씀하여 그가 수넴 여자 아비삭을 내게 주어 아내를 삼게 하소서 왕이 당신의 청을 거절하지 아니하리이다(열왕기상 2:16-17).

아비삭은 다윗 말년에 수종을 들던 여인이었습니다. 다윗이 너무 늙어 추위를 타자 일종의 '동녀'(몸을 따뜻하게 하는 소녀)처럼 곁에 둔 여인이죠. 비록 부부의 연을 맺은 것은 아니었으나 아버지의 여인이었음에는 분명합니다. 아도니야의 계획은 아버지의 여자를 자신이 소유함으로써 솔로몬보다 높아지려는 것이었습니다. 하지만 밧세바는 아도니야의 숨은 의도를 알아채지 못한 것 같습니다. 나이로 치면 아비삭은 밧세바와는 세력을 다툴 여지도 없는, 그야말로 애기였을 테니까요. 그래서 아무런 의심 없이 밧세바는 솔로몬에게 가서 아도니야의 부탁을 전달합니다. "네 형이 괘씸하기는 하지만 생각해보면 딱하기도 하잖니. 순순히 네가 왕인 것을 인정한다고 하는구나. 다른 것도 아니고 아주 작은 부탁을 하나 하던데, 들어주면 어떨까?" 필시 이렇게 아들을 달래며 이야기를 전했겠죠. 이 이야기를 들은 솔로몬은 분노합니다.

> 솔로몬 왕이 그의 어머니에게 대답하여 이르되 어찌하여 아도니야를 위하여 수넴 여자 아비삭을 구하시나이까 그는 나의 형이오니 그를 위하여 왕권도 구하옵소서 그뿐 아니라 제사장 아비아달과 스루야의 아들 요압을 위해서도 구하옵소서 하고 (열왕기상 2:22)

어머니의 어리석음을 비꼬는 솔로몬의 대답이었습니다. 아도니야의 이런 부탁은 아버지 다윗에 대한 모욕이며, 왕이었던 솔로몬의 권위에 대한 반항의 의미를 담고 있었으니까요. 충분히 그를 죽일 수 있는 명분이었던 셈이지요. 정말 밧세바는 아도니야의 의도를 몰랐던 걸까요? 만약 밧세바가 이를 미리 알고도 속는 척하며 솔로몬에게 아도니야의 이야기를 전했다면, 그녀는 정치 9단이 분명합니다. 솔로몬이 아도니야를 숙청할 정당성을 부여해 준 것이니까요. 하지만 정황상 밧세바는 거기까지 생각해낼 정도로 현명한 인물은 아니었다는 생각이 들어요.

밧세바와 솔로몬을 평가절하하는 것 같습니다만, 성경에 기록된 대로의 일만으로 보더라도 저는 이 두 모자가 참으로 답답하고 안타깝기만 합니다. 오히려 본문에는 등장하지도 않는 아비가일과 다니엘 모자가 훨씬 더 지혜롭게 느껴집니다. 만약 밧세바가 여호와의 규례를 잘 아는 현숙한 여인이었고 솔로몬이 밧세바의 무릎에서 여호와의 규례를 잘 들으며 자랐더라면, 늙은 아버지가 어떤 유언을 하든 상관없이 그의 부족함을 잘 메우고 아버지 메시지의 중요한 부분만을 받아들여 "살리는" 정치를 했겠지요. 솔로몬이 여호와께 지혜를 구한 왕으로 칭송이 자자합니다만, 한편으로 저는 안타깝습니다. 하나님의 큰 선물인 지혜를 받고도 온전히 그 능력을 하나님과 백성을 위해 사용하지 못했기 때문이지요.

모든 아들의 행동이 어머니 탓은 아닙니다만, 저는 오늘의 묵상에서 상당히 대조적인 두 어머니를 자꾸 비교하게 되네요. 어리석은 남편의 결정을 보면서 지혜로운 선택을 하고 자신의 삶을 스스로 결정한 아비가일과는 달리, 중심이 없이 이 사람 말에 혹하고 저 사람 말대로 행동하곤 하던 밧세바는 결국 아들 솔로몬에게도 좋은 영향력을 끼치지 못했던 것 같습니다. 이런 묵상에 이르자 걱정이 됩니다. 행여 여호와 앞에서 중심을 잡지 못하면 우리를 바라보며 따라

오는 우리의 자녀들과 후배들에게 피해를 입히는 삶을 살게 되지는 않을까, 두려움이 생깁니다. 우리 아이들도, 후배들도, 이리저리 흔들리는 어른을 보며 중심 있는 삶을 살 수 없게 되지 않겠어요? 성경 안에 기록되지 않은 모자이지만, 적어도 그 격랑 속에서 '살아남았음'은 분명한 아비가일과 다니엘 모자! 그들처럼, 중심을 오직 여호와께 두는 삶이라면 비록 세상적인 부귀영화를 누리지 못한다 해도 복된 삶이지 싶습니다. 아비가일과 다니엘 모자는 비록 성경 안에 기록될 공적 행동은 하지 않았지만, 필시 조용히 자신들이 가진 영향력으로 주변 사람들을 보듬고 살리는 귀한 인생을 살았을 것만 같습니다. 어쩌다 보니 성경 본문은 '밧세바와 솔로몬'에 관한 이야기인데, '아비가일과 다니엘'에 대한 칭찬으로 마치게 되네요.

물론 저의 상상력이었으니 "우리도 아비가일과 다니엘처럼 삽시다." 이렇게 선언하기에는 무리가 있겠지요. 하지만 이 묵상을 마치며 제가 함께 나누고 싶은 메시지는 분명합니다. 우리의 중심을 여호와께 둠으로 흔들리지 않았으면 합니다. 하여 우리의 걸음을 보며 뒤따라오는 어린 세대에게 좋은 영향력을 끼치는 어른이 되었으면 좋겠습니다. 우리의 영과 육이 늙어 정신이 혼미해지고 그동안 가르쳐왔던 이야기들조차 횡설수설하게 될지라도, 그동안 우리의 가르침 속에서 올바르게 자라 여호와의 규례를 확고히 몸과 마음에 새긴 어린 생명들이, 어느덧 든든하고 지혜로운 젊은이가 되어 현명하게 헤아리고 옳은 선택을 할 역량을 가질 수 있도록.

기도

주님, 우리들이 주님 앞에서 온전히 바로 서지 못할 때 그것이 자신의 삶뿐만 아니라 뒤따라오는 이들의 걸음조차 방해할 수 있다는 것을 알았습니다. 우리의 그릇된 모습이 그들의 마음을 어지럽히고 그들의 삶을 유혹에 빠뜨리게 된다는 것을 깨닫습니다. 주님, 우리가 먼저된 자, 어른된 자, 선배된 자의 책임을 다하게 하시고 그것을 위해 우리가 먼저 당신 안에서 당신의 규례와 법도대로 살아가는 신앙인이 되게 하여 주시옵소서. 하여 '먼저 난 이'로서 우리의 생애가 '뒤에 오는 이들'에게 귀한 신앙의 본이 되길 원합니다. 임마누엘, 주께서 동행하시며 우리를 바른 길로 인도하여 주시옵소서. 예수님의 이름으로 기도합니다. 아멘.

여호와를 향한 마음의 중심을 굳건히 하고 한 걸음 한 걸음 바르게 살아갑시다. 따라오는 아이들이 지켜보며 흔들리지 않도록.

과녁을 빗나간 화살, 솔로몬의 지혜

열왕기상 3~11장

지난 시간은 솔로몬이 왕이 되는 이야기를 나누었죠. 영적 분별력을 잃은 아버지와 신앙 면에서도 인격 면에서도 중심이 잡히지 않은 어머니 사이에서 첫 번째 '세습 왕'이 된 그의 이야기를 안타까워했었습니다. 오늘은 솔로몬이 왕이 된 이후 어떤 삶을 살았는지 공부해보려고 합니다. 다윗과 솔로몬 이후 이스라엘 왕들의 이야기는 열왕기 이외에 역대기에서도 설명을 합니다. 하지만 역사를 서술하는 시각이 서로 조금 달라요. 역대기는 다윗 왕가에 상당히 우호적으로 기술되어 있습니다. 예를 들어 다윗이 밧세바를 탐했던 수치스런 일화는 쏙 빠져 있지요. 그러나 열왕기는 사사기나 사무엘상·하가 공유하는 "여호와—왕 사상"(여호와께서 이스라엘을 다스리시는 왕이시다.)의 흔적이 많이 남아 있습니다. 다윗 왕가에 대한 찬양이 비교적 덜 개입

되어 있다고 할까요. 하여 너무 이상화된 인물이 아닌, 솔로몬이라는 사람 자체를 살펴보기 위해서는 열왕기의 묘사를 따라가는 것이 조금 더 솔직한 묵상을 할 수 있겠다 싶어요.

솔로몬의 지혜, '듣는 마음'

솔로몬은 기독교인이 아니더라도 그 이름을 알만한 매우 유명한 인물입니다. 특히나 여호와께 왕국을 다스릴 지혜를 구한 일로 오늘날까지도 많은 이들의 칭송을 받지요. 〈솔로몬의 선택〉, 〈솔로몬의 위증〉 등 TV 오락 프로그램이나 드라마 제목으로 차용될 만큼 주목을 받는 인물입니다. 그러나 솔로몬이 처음부터 법적 판단이나 지혜가 출중했던 것은 아닙니다. 사실 카리스마적인 왕이요 지파들을 규합하여 강력한 중앙집권적 왕권을 이룬 다윗이 죽은 후 왕위를 계승한 아들이라면 당연히 두려움이 많았을 겁니다. 그런 솔로몬의 꿈에 여호와께서 나타나셨다는 계시 사건은 그의 왕권에 대한 신앙적 정당성을 강화시킵니다. 성경 본문의 내용은 이렇습니다.

이에 왕이 제사하러 기브온으로 가니 거기는 산당이 큼이라 솔로몬이 그 제단에 일천 번제를 드렸더니 기브온에서 밤에 여호와께서 솔로몬의 꿈에 나타나시니라 하나님이 이르시되 내가 네게 무엇을 줄꼬 너는 구하라 솔로몬이 이르되 주의 종 내 아버지 다윗이 성실과 공의와 정직한 마음으로 주와 함께 주 앞에서 행하므로 주께서 그에게 큰 은혜를 베푸셨고 주께서 또 그를 위하여 이 큰 은혜를 항상 주사 오늘과 같이 그의 자리에 앉을 아들을 그에게 주셨나이다 나의 하나님 여호와여 주께서 종으로 종의 아버지 다윗을 대신하여 왕이 되게 하셨사오나 종은 작은 아이라 출입할 줄을 알지 못하고 주께서 택하신 백성 가운데 있나이다 그들은 큰 백성이라 수효가 많아서 셀 수도 없고 기록할 수도 없사오니 누가 주의 이 많은 백성을 재판할 수 있사오리이까 듣는 마음을 종에게 주사 주의 백성을 재판하여 선악을 분별하게 하옵소서(열왕기상 3:4-9).

다소 동화 같은 설정입니다. 마치 〈금도끼 은도끼〉와도 같은. 하지만 진심으로 여호와를 앙망하는 자에게 자신을 드러내시는 '여호와 신앙'을 믿는 신앙인이라면 이런 계시 사건이 가능함을 인정하시겠지요. 한 번 생각해 보세요. 여호와께서 저렇게 꿈에 나타나 질문을 하신다면, 여러분은 무엇을 구하시겠어요? 어린 시절 저도 자주 솔로몬과 동일시하며 구할 것을 상상하곤 했습니다. 무엇이든 소원을 들어주는 지니가 나오는 요술항아리가 어떨까, 아니면 내가 요술을 부릴 수 있는 요술봉? 어려서 욕심이 많았던 저는 소진할 선물보다는 계속 사용할 수 있는 특별한 물건을 상상하곤 했지요. 본문에 따르면 솔로몬 역시 닳아 없어지거나 한시적으로 쓰고 말 선물이 아닌, 영구적인 선물을 요청합니다. 솔로몬이 간구한 것은 "듣는 마음"이었습니다. 듣는 마음은 곧 지혜입니다. 왕에게는 백성을 재판하고 옳고 그름을 판단하여 공동체를 정의롭고 질서 있게 보호하는 임무가 주어져 있기 때문입니다. 여호와의 마음으로 백성의 소리를 듣고 공평한 판단을 내리기 원했던 솔로몬, 그 마음을 어여삐 보신 하나님께서 그에게 지혜를 허락하십니다.

여호와께서 허락하신 지혜는 어떤 것일까요? 솔로몬의 지혜가 빛을 발한, 아주 잘 알려져 있는 일화가 있습니다. 바로 '두 여인과 한 아기' 이야기지요. 너무나 유명한 이야기라서 굳이 세세하게 반복할 필요는 없겠지요. 그래도 혹 낯선 분을 위하여 아주 짧게 스토리 라인만 말씀드릴게요. 두 여인이 같은 날 출산을 하였는데, 한 여인이 잠을 청하다가 그만 실수로 자신의 아기를 깔아 죽게 만들었다죠. 하여 옆 여인의 아기와 바꿔치기를 했다는 겁니다. 물론 그건 깨어 보니 죽은 아기를 옆에 둔 엄마의 말이었고요. 살아 있는 아기를 데리고 온 여자는 그녀가 자신의 아기를 탐내서 거짓을 고하는 것이라고 분통을 터뜨렸죠. 여기서 아주 유명한 솔로몬의 판결이 나오잖아요? "칼을 가져와라. 둘 다 자기 아이라고 고집을 하는데, 누가 진짜 엄마인지 알 길이 없으니 둘로 잘라서 공평하게 반씩 똑같이 나누어 주마!" 솔로몬의 선포에 한 엄마는 기겁을 하며 아이를 포기합니다. 다른 엄마는 기왕에 못 가질 것 이판사판이다, 하는 표정이었고요. 이에 솔로몬은 펄쩍 뛰며 스스로 포기한 여인에게 아이를 돌려주었죠. 진짜 어머니를 찾아준 솔로몬의 판결은 하나님께서 주신 "듣는 마음"이 아니었다면 불가능했을 겁니다. 아이를 살리기 위해 아이를 포기하는 어머니의 호소를 잘 들을 수 있었기에 지혜로이 '살리는' 선택을 할 수 있었을 테니까요. 솔로몬의 선택은 생명을 살리시는 하나님의 지혜가 있기에 가능했습니다. 그 판결함을 들은 이스라엘 사람들은 솔로몬이 여호와 하나님과 함께했다는 것을 믿어, 이후 그를 두려워했다는 설명이 나옵니다.

솔로몬의 혼합정책이 초래한 비극

솔로몬이 이렇게 "듣는 마음"에서 오는 지혜를 끝까지 유지했다면 얼마나 좋았을까요. 솔로몬은 이스라엘의 그 어떤 왕보다도 부귀영화를 누렸던 왕이고, 이스라엘 역사를 통틀어 가장 큰 왕국을 이루었습니다. 그러나 그의 생애는 하나님 보시기에 결과적으로 좋지만은 않았습니다. 무엇이 걸림돌이었을까요? 솔로몬은 자국의 정치적 세력을 확장하기 위해서 이집트의 공주와 혼인을 맺습니다. 저는 이것이 정말 큰 실수였다고 생각해요. 당대 최고의 제국을 '장인의 나라'로 둔다는 것은 비록 정치적으로는 막강한 세력을 형성하게 될지라도, 신앙적인 측면에서 보면 너무나 큰 것을 잃게 될 것이기 때문입니다. 파라오의 딸이 가져온 문화와 신앙이 이스라엘 공동체 안으로 흘러 들어올 것은 너무나 자명했습니다. 일반 백성도 아니고 왕비가 가져온 이집트적 생활양식이라니. 어찌 궁궐만 그 영향력 아래 있었겠습니까? 더구나 아내가 그러한데 솔로몬인들 영향을 받지 않았을 턱이 없습니다.

결국 솔로몬은 자신에게 임했던 '여호와의 지혜'를 잃고 마는 결과를 낳지요. 성경은 계속해서 '인간—왕의 지혜'와 '여호와의 지혜'를 대조시켜 증언하고 있습니다. 이 둘 사이에 교집합은 없습니다. 이집트 왕은 '인간—왕의 규례'를 잘 아는 사람이었습니다. 그랬기에 사위에게 인간—왕의 전략과 삶의 방식을 계속해서 전수했겠지요.

정치적으로는 권력을 독점하고 경제적으로는 소유를 쌓아가며 자신의 세력을 계속 확장하는 것이 바로 '인간ー왕의 지혜'인 셈입니다. 성경에 보면 솔로몬이 왕궁에서 소모한 하루 음식이 어느 정도의 규모였는지 표현하는 구절이 있습니다. 열왕기상 4장입니다.

솔로몬의 하루의 음식물은 가는 밀가루가 삼십 고르요 굵은 밀가루가 육십 고르요 살진 소가 열 마리요 초장의 소가 스무 마리요 양이 백 마리이며 그 외에 수사슴과 노루와 암사슴과 살진 새들이었더라(열왕기상 4:22-23).

1고르는 대략 227리터 정도입니다. 대단한 양이지요. 물론 하루에 솔로몬 혼자 먹은 음식이라는 말은 아닙니다. 왕궁에 살던 모든 사람이 먹었던 음식이 이렇게나 많았다는 이야기이니 그를 시중드는 사람들의 규모나 왕궁 생활의 씀씀이를 파악할 수 있는 수치입니다. 솔로몬 시대의 이스라엘이 막강한 세력을 가지고 있었고 풍요로운 시절이었으니 그랬나 보다, 그냥 이렇게 생각하고 지나갈 수도 있겠습니다. 하지만 이스라엘 공동체의 처음을 기억한다면 불편함이 생깁니다. 어느 나라나 그렇습니다만 왕궁에서 이만큼의 호사를 누리기 위해서 일반 백성들은 허리띠를 졸라매야 하기 때문입니다. 우리나라 표현에 "진상이네~"라는 말이 있죠. 미운 짓을 하는 모습을 비하하며 조롱하는 표현인데, 그 유래가 각 지방에서 임금에게 '진상'하는 진상품목을 지칭하는 데서 왔다고 합니다. 최상의, 그리고 왕궁에서 충분히 소비할 만큼의 지역 특산품을 만들어내고 올리느라 일반 백성들은 허리가 휘고 배를 곯았기 때문에 나온 표현이겠죠. 솔로몬의 궁전도 마찬가지가 아니었을까요? 밀가루와 살진 고기들로 넘쳐나는 동안 일반 백성들의 삶은 점점 피폐해져 갔을 겁니다. 이 구절을 읽는 내내 '사회적 약자'인 히브리 사람들이 만든 공동체의 이상이 남아 있지 않은 모습에 마음이 우울해졌습니다.

> 그 지방 관장들은 각각 자기가 맡은 달에 솔로몬 왕과 왕의 상에 참여하는 모든 자를 위하여 먹을 것을 공급하여 부족함이 없게 하였으며(열왕기상 4:27).

혹시 이 구절을 보며 떠오르는 것이 없으신가요? 왕을 요구하는 이스라엘 앞에 사무엘은 여호와의 경고를 전한 바 있지요. "인간—왕이 등장하면 너희들은 그의 종이 될 것이다." 실망과 분노로 외치던 사무엘의 경고가 실제로 이루어진 것입니다. 왕궁을 화려하게 짓고 자신을 보필하는 자들의 규모를 늘리며 왕으로서 가진 세력을 드러내는 것, 이것이 '인간—왕의 규례'였던 거예요. 물론 우리가 알고 있듯이 솔로몬이 자신의 부귀영화만을 누리며 살았던 왕은 아니었습니다. 솔로몬의 가장 큰 업적은 성전 건축이었습니다. 성전을 건축할 때 그가 했던 기도를 보면 분명 신앙이 있는 인물임에 틀림없습니다.

신앙, 그 순례의 여정

한 사람이나 혹 주의 온 백성 이스라엘이 다 각각 자기의 마음에 재앙을 깨닫고 이 성전을 향하여 손을 펴고 무슨 기도나 무슨 간구를 하거든 주는 계신 곳 하늘에서 들으시고 사하시며 각 사람의 마음을 아시오니 그들의 모든 행위대로 행하사 갚으시옵소서 주만 홀로 사람의 마음을 다 아심이니이다(열왕기상 8:38-39).

참으로 아름다운 기도 내용입니다. 솔로몬은 성전이 '기도하고 간구하는 집'이라는 것을 분명하게 알고 있었습니다. 성전을 향해 기도하는 이들의 간구를 여호와께 들어달라고 소원했습니다. 우리 연약한 인간들의 마음이 성전 안에서 더욱 온전히 여호와를 향할 수 있게 임해 달라고 기도했습니다. 분명 기도하는 집으로서 성전을 건축한 솔로몬의 신앙은 귀히 여겨야 할 일입니다. 그러나 솔로몬은 성전보다 왕궁을 더욱 크고 화려하게 지었습니다. 인간적인 왕의 풍요로움을 탐하고 더욱 욕심을 냈습니다. 어디서 그쳐야 하는지를 몰랐습니다.

솔로몬에게 일을 감독하는 우두머리 오백오십 명이 있어 일하는 백성을 다스렸더라 바로의 딸이 다윗 성에서부터 올라와 솔로몬이 그를 위하여 건축한 궁에 이를 때에 솔로몬이 밀로를 건축하였더라(열왕기상 9:23-24).

솔로몬이 자신의 왕비를 위하여 커다란 성을 지어주었다는 이야기입니다. 그런데 놀라운 것은 이 일을 감독하는 우두머리의 숫자예요. 오백오십 명이었다고 기록하고 있습니다. 일꾼의 숫자가 아닙니다. 감독관의 숫자입니다. 이렇게 많은 감독을 상상하자니 이집트 공사장에서 노예살이를 하던 히브리인들이 생각납니다. 물론 그때처럼 심한 감독은 아니었겠지요. 설마 동족 간에 채찍질과 같은 폭력이 난무하지는 않았다고 믿고 싶습니다. 하지만 왕의 집을 짓기위해 힘들어했을 백성들의 수고로운 노역이 눈앞에 아른거립니다. 솔로몬은 후궁이 칠백 명, 첩이 삼백 명이었다고 합니다. 이 모든 사람이 궁전에 거주한다면 얼마나 큰 성채들을 지어야 했을까요. 백성들의 한탄 어린 숨결이 성경 본문 밖으로까지 흘러나오는 듯합니다.

사실 그 화려함만으로 보자면 솔로몬은 성공한 왕입니다. 우리가 여호와의 축복을 세속적인 성취를 기준으로 평가한다면 솔로몬만큼 축복을 받은 왕도 없을 겁니다. 하지만 히브리 공동체의 시선으로 보면, 타인의 노동력을 강제로 동원하여 자기를 위해 높은 건물을 건축하는 것은 일종의 '죄'입니다. 바벨탑 건축이 보여주는 지배자들의 자기 확장의 욕망을 이야기한 바 있습니다만, 이스라엘 공동체는 이렇게 성벽을 쌓고 왕궁을 짓는 행위에 대해 여호와께서 경고하셨음을 잊고 있는 듯합니다. '인간─왕의 규례'와 '여호와의 규례', 이는 서로 양립할 수 없는 질서입니다. 그럼에도 이 둘을 양 손에 쥐고 어쩔 줄 모르던 솔로몬은 어느새 세상의 질서를 따라 살게 된 것이겠죠. 솔로몬은 계속해서 이집트적인 질서에 끌려 다니는 모습을 보여줍니다.

이웃 나라의 여왕인 스바라는 인물이 이스라엘을 방문했을 때의 일화를 보면, 솔로몬은 당시 고대 근동의 여느 왕들과 같은 세속적인 과시욕을 보여줍니다. 그녀가 여러 선물을 들고 이스라엘을 방문하자, 솔로몬은 '왕의 규례'대로 스바 여왕을 맞이하며 더 큰 선물을 그녀에게 전합니다. 화려한 재물들이었을 것이고 우아한 방식으로 주고받았겠지만, 생각해보면 웃기는 일입니다. 오늘날에도 소위 '의전'이라는 것이 있지요. 높고 귀한 초대일수록 의례 절차가 매우 복잡하고 주고받는 것도 많습니다. 하지만 이런 것은 예수님의 말씀마따나 '외식하는' 행위입니다. 상어는 공격하기 전에 자신의 목표물 곁으로 다가가 상대의 크기를 재어보고 자기 몸집보다 더 크면 슬쩍 도망을 간다는데, 결국 사람들이 하는 이런 의례적인 주고받음도 어찌 보면 상어의 마음과 그다지 달라 보이지 않습니다. 서로 내 왕국이 더 부요하고 크고 강하다는 것을 보여주려 경쟁하니 말입니다. 누가 누구에게 복종해야 할지를 재는 행위입니다. 비록 외교적 우아함으로 포장했지만 결국은 정치적 유세죠.

여호와의 규례 VS 왕의 규례

이와 같이 솔로몬의 인생 가운데는 '왕의 규례'와 '여호와의 규례'가 공존하고 있었습니다. 그리고 날이 가면 갈수록 솔로몬에게 여호와의 규례는 점차 잊혔습니다. 점점 더 '인간-왕의 규례'가 그의 중심 속에 자리 잡아갑니다. '왕의 규례'와 '여호와의 규례'는 결코 함께할 수 없는데도 말입니다. 왕의 규례는 수직적 질서를, 여호와의 규례는 수평적 질서를 강조합니다. 이스라엘 공동체는 인간—왕을 뽑는 순간까지도 왕과 더불어 여호와 앞에서 모두가 그의 백성으로 살겠다고, 여호와의 규례에 따라 수평적 질서를 따르겠다고 고백했던 민족입니다. 그러나 그들의 대안은 희미해지고 그 공동체는 점점 수직적인 질서를 갖게 된 겁니다. 하나님께선 이 모든 사실을 알고 계셨나 봅니다. 이스라엘이 왕을 요구할 거라는 사실도, 왕이 생기게 되면 이스라엘이 어떤 사회로 변하게 될지도 말이에요. 그러니 신명기에서 이미 이스라엘을 향해 간절하게 당부하신 것이겠죠.(물론 학자들은 이 선후를 바꾸어 생각합니다. 군주제의 진행과 결과를 아는 후대 사가들의 삽입 구절로요.)

네가 네 하나님 여호와께서 네게 주시는 땅에 이르러 그 땅을 차지하고 거주할 때에 만일 우리도 우리 주위의 모든 민족들 같이 우리 위에 왕을 세워야겠다는 생각이 나거든 반드시 네 하나님 여호와께서 택하신 자를 네 위에 왕으로 세울 것이며 네 위에 왕을 세우려면 네 형제 중에서 한 사람을 할 것이요 네 형제 아닌 타국인을 네 위에 세우지 말 것이며 그는 병마를 많이 두지 말 것이요 병마를 많이 얻으려고 그 백성을 애굽으로 돌아가게 하지 말 것이니 이는 여호와께서 너희에게 이르시기를 너희가 이 후에는 그 길로 다시 돌아가지 말 것이라 하셨음이며 그에게 아내를 많이 두어 그의 마음이 미혹되게 하지 말 것이며 자기를 위하여 은금을 많이 쌓지 말 것이니라(신명기 17:14-17).

신앙, 그 순례의 여정

땅이 주어지고 정착하게 된 이스라엘 공동체가 더 안정적인 삶을 원하고 결국에는 왕을 세우려는 마음이 생기게 될 것을 하나님께선 알고 계셨습니다. 그렇기에 하나님께서는 설령 왕을 뽑을지언정, 이웃 나라의 왕들과 같은 모습으로는 살지 못하게 하라고 당부하신 것이죠. 고대 근동의 왕들은 세력 확장을 위해 이방의 상류층 여인들과 결혼하는 것을 정치적 전략으로 여겼습니다. 그런 목적으로 아내를 두는 것이라면 당연히 다다익선인 것이고요. 하지만 그리 되면 비록 정치적으로는 견고한 왕권을 유지할 수 있다 해도, 문화적으로는 이방 문화의 혼합으로 이스라엘 공동체의 정체성이 위협을 받게 됩니다. 하여, 이를 미리 아셨던 여호와께서 이웃 나라의 왕처럼 아내를 많이 두지 말라고 경고하신 겁니다. 또한 왕 자신을 위해 은과 금을 쌓아서도 안 된다고 당부하셨습니다. 하지만 솔로몬 왕은 어땠나요? 신명기 17장이 분명한 어조로 전달하는 두 가지 경고를 모두 어겼던 거예요. 어쩌면 솔로몬이 자기 교만에 빠져 있었기 때문일지도 모릅니다. 자신에게는 여호와의 지혜가 있으니 많은 아내나 금은보화에도 불구하고 여호와의 규례를 따라 지혜롭게 통치할 자신이 있다고요. 그러나 그 교만함이 옳지 않았다는 것이 열왕기상 마지막 부분에서 밝혀집니다. 솔로몬의 삶을 지켜보시던 하나님께서는 결국 솔로몬을 버리기로 결심하십니다.

이스라엘 왕권의 정당성이 어디에 있는지는 누누이 말씀 드렸지요. 여호와의 영이 함께 하지 않는다면, 즉 여호와께서 그 왕을 '버리신다면' 현 왕의 지배정당성은 사라지게 됩니다. 여호와의 규례는 잊고 인간—왕의 길을 따른 솔로몬을 지켜보면서 결국 여호와께서 는 다른 지도자감을 찾으십니다. 바로 여로보암인데요, 그는 솔로몬 의 신하 중 한 사람이었습니다. 여호와께서는 선지자 아히야를 통해 서 여로보암에게 이스라엘 열 지파의 통치를 약속하시죠. 물론 솔로 몬에게는 그의 악함 때문에 나라가 분열되고 자신의 신하에게 나라 를 빼앗길 것을 알리셨고요.

저는 이 부분이 참으로 안타깝습니다. 만약 여로보암에게 하나님 의 계시가 임했을 때 솔로몬이 하나님의 통치 질서를 기억했더라면 어떤 일이 벌어졌을까요? 자신이 했던 잘못을 인정하고 여호와께서 함께 하신다고 약속하셨다는 여로보암에게 순순히 왕권을 양도할 수 있었을지도 모릅니다. 너무 이상적이라고요? 네. 맞습니다. 이스 라엘은 비록 계속 실패했지만, 그럼에도 포기하지 않고 이상적인 지 도자를 그려왔습니다. 마치 엘리가 살아 있을 때에 사무엘이 이스라 엘의 사사가 된 것처럼, 또한 엘리가 이를 인정했던 것처럼, '여호와 의 영'이 인도하시는 통치권은 인간이 욕심을 내어 유지하고자 도모 해서는 안 된다고 믿었습니다. 그래서 하는 말입니다. 만약 솔로몬 이 자신과 여로보암에게 임한 계시를 전해 듣고 뒤늦게나마 자신의 과오를 깨달았다면, 그래서 여로보암에게 이후의 이스라엘을 맡겼 더라면, 솔로몬은 신앙적인 사람으로 기억되었겠지요. 하지만 솔로 몬은 선한 선택을 하지 않았습니다. 여느 인간—왕이 그러하듯 솔로 몬은 정적인 여로보암을 죽이려 합니다. 듣는 마음이 없어지고 귀는 닫혀버린 것이지요. 정적을 제거하려는 선택은 살리는 선택이 아니

신앙, 그 순례의 여정

라 죽이는 선택입니다. 이러한 인간—왕의 통치 원리는 하나님께서 기뻐하시는 이스라엘 공동체의 삶의 원리와는 너무나 상반되는 것이었죠.

우리들의 삶도 그러할 겁니다. 정말 남들이 부러워할 만한 상황이 삶의 기회로 주어진다면 오히려 그 순간 더 경각심을 가지고 스스로를 돌아보아야 하지 않을까요? 우리가 과연 양립할 수 없는 두 질서를 함께 붙잡고 있으면서도, 이게 가능하다 우기고 있는 것은 아닌지. 은금과 여호와의 규례가 함께 갈 수 없다는 것, 이스라엘 공동체의 그 오랜 신념을 기억해야 하겠습니다. 무엇보다 듣는 마음을 가지는 것이 중요하겠죠. 이 마음을 가지지 않으면 솔로몬의 모든 영광도 소용없는 저주가 될 수 있으니까요.

저는 솔로몬의 지혜가 과녁을 빗나간 화살로 느껴집니다. 만약 그가 '여호와의 규례가 실행되는 나라'라는 과녁을 향해 활시위를 당겼다면 여호와께서 기뻐하시는 일을 많이 이루었겠지요. 그러나 그의 활시위는 자신의 왕권을 보다 강하고 부유하게 만들고자 하는 욕망을 향해 당겨졌습니다. 때문에 그 화살이 아무리 강하고 화려할지라도 목표가 인간—왕의 나라인 이상 그것은 하나님의 나라라는 과녁에는 꽂힐 수가 없습니다. 이 묵상은 우리에게 큰 깨달음을 줍니다. 우리 화살이 크고 강하고 화려하지 않다고 실망할 필요는 없습니다. 우리 삶의 목표가 '여호와의 규례'를 향한다면, 각자의 화살이 아무리 약하고 미미할지라도, 우리의 삶은 언제나 옳은 과녁을 향하고 있는 것이니까요. 사랑이 많으신 하나님의 시선에서 우리의 활이 얼마나 크고 화려한지, 우리의 화살이 얼마나 강한지는 중요하지 않습니다. 나는 제대로 된 과녁을 바라보고 있는가? 이것이 더 중요합니다. 솔로몬이라는 사람은 정말 화려하고 큰 화살이었습니다. 그러나 그 화살은 올바른 과녁을 향해 날아가지 않았습니다. 조공을 바치던 왕국이 이제 이웃 나라로부터 조공을 받는 강대국이 되었다고 해서, 이를 쉽게 여호와의 축복이라고 여길 수는 없다고 봅니다. 솔로몬의 왕국의 경우는 오히려 그 반대, 즉 여호와의 규례라는 과녁을 빗나간 삶의 결과로 주어진 번영이었습니다. 약자를 수탈하여 얻은 풍요로움이었으니까요. 이는 결코 정당화될 수 없는 사회 질서입니다.

그러니 조금은 여유로워도 될 것 같습니다. 천천히 걸어도 괜찮을 것 같습니다. 승자가 되라고 목소리를 높이고 1등으로 달리라고 재촉하는 21세기 무한경쟁의 사회를 살고 있지만, 수천 년 전 솔로몬의 모습을 비추어보니 그런 생각이 듭니다. 중요한 것은 여호와의 규례를 향하는 삶입니다. 크든 작든 화려하든 수수하든, 우리가 여호와로부터 받은 존재의 모습은 있는 그대로 소중합니다. 그저 담담히 우리가 가진 만큼의 힘을 십분 발휘하여 삶을 살아내는 동안 적어도 과녁만큼은 어긋나지 않았으면 합니다. 우리의 활시위를 '여호와의 규례'라는 홍심을 향해 당깁시다. 때론 홍심을 못 뚫고 주변부에 겨우 꽂히는 인생일 수도 있습니다. 그러나 우리 삶의 방향이, 우리 인생의 걸음이 여호와를 향해 있다면, 사랑 많으신 그분은 넉넉한 품으로 우리를 맞으실 겁니다. 성실히 잘 살았다고, 착하고 충성된 종이라고 칭찬하실 것입니다.

기도

　사랑의 하나님, 오늘은 그 어떤 왕보다도 부귀와 영화를 누렸던 솔로몬 왕에 대해 묵상했습니다. 그가 처음에 하나님께 간구했던 마음, 가난한 사람들과 억울한 사람들의 송사를 의롭게 분별할 수 있는 "듣는 마음"을 끝까지 유지했더라면 얼마나 좋았을까. 실로 안타까운 마음이 듭니다. 하나님께서 저희들을 얼마나 크고 귀하게 쓰실지 다 알지 못하지만, 항상 최선을 다해 '여호와의 규례'라는 과녁을 바라보게 하여 주시옵소서. 우리 인생의 활시위를 그 과녁을 향해 당기는 삶을 살게 하여 주시옵소서. 과녁에 빗나가지 않기 위하여, 늘 여호와의 말씀과 이웃의 요청에 진심으로 귀 기울이는 "듣는 마음"을 잃지 않게 하옵소서. 예수님의 이름으로 기도합니다. 아멘.

부요함과 힘의 크기는 중요하지 않습니다. 언제나 지혜로이 "듣는 마음"으로 여호와의 규례라는 과녁을 향해 우리 삶의 활시위를 당기며 삽시다.

서른여덟 번째 만남

르호보암의 선택, 전통을 버리다
열왕기상 12, 14장
·······································

솔로몬은 하나님으로부터 '지혜'라는 큰 선물을 받고도 그 재능을 자신의 왕권을 키우는 데 사용했습니다. 그의 재주로 보나 사회적 위치로 보나 마치 큰 활과 튼튼한 화살을 가진 인생임에도, 그 활시위의 방향은 '여호와의 규례'라는 올바른 과녁을 겨냥하지 못했었죠. 여느 왕국의 이야기라면 솔로몬은 성공적인 왕으로 기억되었을 겁니다. 그 어느 때보다도 영토가 넓었고 세력 또한 막강했으니까요. '왕의 규례'를 잘 지켰기에 나라가 부흥하고 잘 먹고 잘 살았다, 이렇게 칭송받았겠죠. 그러나 여호와의 통치 질서에 어긋난 삶을 살고 왕으로서의 부귀영화에만 집중하던 솔로몬을, 이스라엘의 역사가들은 "여호와에게 버림받은 왕"으로 기록하고 있습니다. 예전 유학시절에 한 은사님께서 그런 말씀을 하셨습니다. "작아도 곧은 못

신앙, 그 순례의 여정

은 쓰일 데가 있다. 그러나 아무리 크고 단단해도 구부러진 못은 아무 짝에도 쓸모가 없어 버리는 법이다." 여호와께서 솔로몬을 버리기로 결심하신 까닭이 이와 같았겠지요. 굽은 화살이요 방향이 잘못된 활시위였으니까요. 그런 까닭에 솔로몬은 말년에 여호와께서 그를 버리셨으며 그의 신하에게 이스라엘의 열 지파를 떼어주시겠다는 말씀을 듣게 됩니다.

백성이 번창하는 이름, 르호보암

그러나 저는 성경이 전하는 메시지는 결코 운명론이 아니라고 생각해요. 비록 솔로몬에게 예언하실 때에 이스라엘 공동체의 결속이 무너지고 많은 지파들을 잃게 될 것을 경고하셨지만, 이것은 솔로몬과 그의 자손들이 어떤 삶을 선택하느냐에 따라 충분히 달라질 여지가 있었습니다. 하지만 솔로몬은 자신의 삶을 돌이켜보고 반성하는 대신에, 자신의 왕권을 위협할 소지가 있는 여로보암을 죽이려 했습니다. 여호와의 선택을 입은 인물임에도 말이에요. 마치 사울이 다윗을 제거하려 애썼던 것과 같이 인간적인 제제를 가한 것이죠. 참으로 안타까운 일입니다.

그럼, 솔로몬의 아들 르호보암은 어땠을까요? 어차피 아버지가 받은 계시이고 왕국은 두 쪽 나게 되어 있으니 여호와의 뜻이려니 하고 순종했을까요? 설마요. 태어나 보니 할아버지는 다윗이고 아버지는 솔로몬입니다. 그야말로 "금수저" 아니 "다이아몬드 수저"를 물고 태어난 르호보암이었죠. 사실 태어나는 것은 우리의 선택이 아닙니다. 그걸 감안한다면 르호보암은 모든 아가들이 하는 '태어나는 수고' 하나로 그야말로 기가 막힌 환경을 거저 얻었습니다. 힘들여 얻지 않은 것은 귀한 줄 모르는 법이죠. 할아버지가 확립하고 아버지가 확장한 통일왕국을 그냥 날로 받은 르호보암이 자신에게 주어진 기득권을 나누고 싶었을 리가 있나요.

물론 르호보암이 여호와의 규례를 잘 배우며 살았다면 상황은 달라졌을 수도 있습니다. 성경은 그의 어머니가 암몬 족속의 여인이었다고 기록합니다. 솔로몬은 외교 정책의 한 부분으로 많은 이방 여인들과 결혼을 했습니다. 그중 한 여인입니다. 아들 교육의 그 모든 책임이 엄마에게 있는 것은 아닙니다. 하지만 어려서부터 어머니 무릎에서 신앙교육을 제대로 받았다면 르호보암은 여호와를 기쁘시게 하는 삶의 방식이 무엇인지를 제대로 습득하고 체화했겠지요. 하지만 암몬 족속의 여인인 어머니 아래에서라면 르호보암의 가치관이나 세계관이 어떤 방식으로 형성되었을지, 대략 짐작이 갑니다. 비록 환경은 유복했을지라도 여호와의 규례를 배우며 자라기는 어려웠을 겁니다. 밧세바와 솔로몬의 관계를 살펴보면서 안타까운 마음을 나누었습니다만, 이후 르호보암에 대해 전하는 성경 본문을 읽다 보면 그보다 더 안타까운 마음이 듭니다. 결과적으로 르호보암은 후대의 역사가들이 "조상들이 행했던 모든 일보다 더 뛰어나게 악을 행했다"고 표현할 정도로 나쁜 평가를 받는 왕이 되었죠.

르호보암이 '여호와의 규례'에 익숙하지 못했다는 것을 어찌 아느냐고요? 이를 밝히 드러내주는 사례가 나옵니다. 아버지 솔로몬이

신앙, 그 순례의 여정

죽고 나서 르호보암이 왕위를 잇기 위해 북쪽 지파들의 호의를 사고자 세겜으로 갔을 때의 일입니다. 세겜, 익숙한 지명이지요? 세겜은 여호수아가 죽기 전에 이스라엘의 모든 회중을 불러놓고 살리시는 하나님의 역사를 기억하고 여호와의 규례대로 살 것을 선택하라고 호소했던 장소입니다. 온 이스라엘이 그에 화답하였던 의미 있는 곳이고요. 하여 이스라엘에게 세겜은 여호와의 선택을 받은 왕을 백성들이 받아들이는 형태의 합의가 이루어지는 장소로 여겨지고 있었습니다. 여호와 하나님, 그리고 왕과 백성이 한 마음이 되는 상징적 공간인 셈입니다.

여로보암은 르호보암이 세겜에 갔다는 소문을 듣습니다. 그는 솔로몬의 악행을 보신 여호와께서 이스라엘 열 지파를 주겠다고 약속했던 인물이었습니다. 사사 전통의 신앙이라면 솔로몬도, 그의 아들 르호보암도 이런 예언을 받은 여로보암을 인정하고 여호와께서 함께 하시기를 축복하는 것이 옳은 결정일 겁니다. 사울의 아들이었고 다윗의 친구였던 요나단의 선택이 그러했던 것처럼 말입니다. 그러나 솔로몬은 여호와의 규례가 아닌 왕의 규례를 따랐던 왕이었기에 자신의 권력을 위협하는 여로보암을 죽이려 했고 결국 여로보암은 외국으로 도망하게 되었죠. 그랬던 그가 솔로몬이 죽었다는 소문을 듣고 돌아왔을 때에 르호보암이 세겜에 가고 있다는 소식을 듣게 된 것이죠. 이에 여로보암은 이스라엘 회중을 모아 세겜으로 향합니다.

좀 헷갈리시죠? 르호보암, 여로보암. 이들은 형제도 아닌데 이름이 왜 이리 비슷한 건지. 그 이름 뜻을 새겨보죠. 먼저 '암'은 히브리어로 '백성'이라는 뜻을 가지고 있습니다. '르호보'와 '여로보'는 의외로 그 뜻의 차이가 크지는 않습니다. '르호보'는 히브리어로 '확산하다, 팽창하다'라는 뜻을 가지고 있습니다. 그러니까 르호보암은 "백성이 많아진다, 풍성해진다"라는 의미겠지요. '여로보' 역시 "많아지다, 커지다"라는 뜻을 가지고 있습니다. 그러니 뜻으로 보면 두 이름의 의미가 크게 달라보이지는 않지요. 그러나 문법적으로는 약간의 차이가 있습니다. 히브리어 문법으로 보면 '여로보암'은 미완료형을 사용했습니다. 그게 뭐요? 그 차이에 대해서 제가 묵상한 부분을 다음 시간에 자세히 살펴보도록 하겠습니다. 오늘은 르호보암이 주인공이니까요. 중요한 것은 르호보암이나 여로보암, 두 이름 모두가 "백성이 풍성해진다"는 의미를 갖고 있다는 점입니다. 비록 이스라엘 공동체는 둘로 나누어지겠지만, 두 지도자 모두 선한 통치를 한다면 여호와께서는 이들을 축복하셔서 두 왕국 모두 백성이 많아지게 하시겠다는 의미를 담은 이름이 아닐까요? '여호와의 규례' 대로 산다면 비록 '솔로몬의 죄'로 인해 백성이 나눠질지라도, 누가 다스리든 여전히 여호와의 백성은 많아지고 풍성해질 것이다, 이러한 축복을 담은 이름들이었다고 생각합니다.

르호보암이 선택한 인간-왕 시스템

여로보암은 르호보암에 비해 여호와 신앙 전통을 잘 알고 있던 인물이었던 것 같아요. 사실 그의 입장에서는 이미 예언을 받아 자신이 이스라엘 열 지파의 지도자가 될 것을 알고 있었죠. 그러니 왕좌

신앙, 그 순례의 여정

에 욕심이 났다면 곧바로 자신을 따르는 많은 무리들의 힘을 빌려 르호보암을 칠 수도 있었을 겁니다. 세겜에서 왕이 되기 위해서는 여호와의 선택과 회중의 동의를 얻으면 되는 것인데, 여호와의 예언을 들었던 그에게 권력욕이 있었다면 충분히 여론몰이를 통해 그 자리에서 왕이 될 수 있었을지도 몰라요. 그러나 여로보암은 그렇게 하지 않았습니다. 신앙적 선택의 공간 '세겜'에서 르호보암에게 한 번 더 기회를 주죠. 백성들과 함께 르호보암에게 나아간 여로보암은 먼저 간곡히 부탁을 합니다.

> 왕의 아버지가 우리의 멍에를 무겁게 하였으나 왕은 이제 왕의 아버지가 우리에게 시킨 고역과 메운 무거운 멍에를 가볍게 하소서 그리하시면 우리가 왕을 섬기겠나이다(열왕기상 12:4).

아버지 솔로몬의 모습을 닮지 말고 이스라엘의 옛 전통으로 돌아올 것을 부탁하는 것이죠. 만약 르호보암이 옛 전통을 조금이라도 되찾아 백성들의 멍에를 가볍게 해준다면 그를 왕으로 인정하겠다는 것입니다. 르호보암이 여호와의 전통을 알고 있었다면 여로보암의 제의가 무엇을 뜻하는지 파악했을 것이고, 이에 동의했을 겁니다. 여호와의 공동체에서 왕위는 군림하는 자리가 아니라 '살리는' 자리임을 알았을 테니까요. 그러나 그는 여호와를 아는 지식이 부족했습니다. 그러니 당황할 수밖에요. 으응? 왕의 권한을 줄이라고? 인간적인 왕권을 보아온 그로서는 말이 되지 않았습니다. 하지만 그렇다고 확신에 찬 것도 아니었죠. 귀동냥으로라도 들어온 이스라엘 전통의 통치 원리에 대해 완전히 백지상태는 아니었을 테니까요. 얼른 대답하지 못한 르호보암은 삼 일의 말미를 얻고 일단 후퇴를 합니다. 곧이어 두 그룹의 신하들에게 의견을 구하죠. 한 그룹은 이스라엘의 전통을 잘 알고 있는 노인들이었습니다. 그들의 조언은 이러했습니다.

> 대답하여 이르되 왕이 만일 오늘 이 백성을 섬기는 자가 되어 그들을 섬기고 좋은 말로 대답하여 이르시면 그들이 영원히 왕의 종이 되리이다 하나(열왕기상 12:7).

"왕은 백성을 섬기는 지도자가 되어야 합니다." 노인들의 조언이었죠. '노인'은 이스라엘의 전통을 잘 아는 사람들을 의미합니다. 사사 엘리의 이야기로부터 그동안은 '늙음'에 대해서 부정적인 부분들을 살펴보았지만, 누가 뭐래도 한 공동체에서 '노인'이란 그 공동체의 전통과 유산을 잘 기억하는 이름이기도 합니다. 그러나 그들은 고대 이스라엘의 전통에 낯선 르호보암의 눈높이에 맞추어 그를 설득했던 것 같아요. "왕이 백성을 섬긴다"라는 개념은 르호보암에게는 굉장히 어색했던 표현이었을 테니까요. "전략적으로라도 그리 해보세요. 왕께서 섬기는 모습을 보이시면 백성들은 진심이 우러나와 당신에게 충성할 겁니다. 그러면 결과적으로 그들이 당신의 종이 되는 것, 아니겠습니까?" '노인'들은 이미 알고 있었을 겁니다. 이스라엘에게 "백성이 왕의 종이 된다"는 전통은 없다는 것을요. 이스라엘 백성은 모두 "여호와 하나님의 종"이기 때문이지요. 왕도 다른 백성들과 마찬가지로 여호와의 종입니다. 오직 여호와 한 분만이 주인이시고, 사사나 왕은 모두 그분의 뜻을 따라 공동체를 섬기는 자들이었습니다. 그것이 이스라엘이 생각하는 이상적인 지도자의 모습이었던 겁니다. 그러나 노인들이 보기에 르호보암에겐 그런 개념이 없어 보였습니다. 그렇기에 그의 눈높이에서 설득하려 했던 것이지요.

노인들의 이야기를 듣고 난 르호보암은 그와 함께 지냈던 또래 집단에게도 조언을 구했습니다. 그러고 보면 나름 신중한 인물이기는 하죠. 한쪽 이야기만 듣고 섣불리 결정하지 않았으니까요.

함께 자라난 소년들이 왕께 아뢰어 이르되 이 백성들이 왕께 아뢰기를 왕의 부친이 우리의 멍에를 무겁게 하였으나 왕은 우리를 위하여 가볍게 하라 하였은즉 왕은 대답하기를 내 새끼손가락이 내 아버지의 허리보다 굵으니 내 아버지께서 너희에게 무거운 멍에를 메게 하였으나 이제 나는 너희의 멍에를 더욱 무겁게 할지라 내 아버지는 채찍으로 너희를 징계하였으나 나는 전갈 채찍으로 너희를 징계하리라 하소서(열왕기상 12:10-11).

"내 새끼손가락이 내 아버지의 허리보다 굵다." 설마 새끼손가락이 굵기로서니 사람의 허리와 비교할 수 있겠나요? 필시 관용적 표현이었을 겁니다. "내가 아버지보다 더 위대하다" 하는 의미를 전달하는, 더구나 그 '굵음'은 백성의 멍에를 무겁게 하는 데 있어서 그러하다 하니, "내가 너희를 다스리는 힘이 더욱 가혹할 것이다." 이런 의미임이 분명합니다. 이것이 르호보암 또래 집단들의 대답이었습니다. 우리들은 여호와의 전통이 무엇인지 잘 알고 있기에 이 대답이 너무나 어리석은 것임을 압니다. 그러나 르호보암이나 그와 함께 자랐던 젊은 엘리트들은 달랐습니다. 이들이 자라면서 본 것은 솔로몬의 영화로움이 '인간―왕의 규례'로 인해 유지, 확장되는 모습이었습니다. 이 젊은이들이 배운 것은 '인간―왕의 통치 시스템'을 견고히 하기 위한 방법들이었습니다. 그래서 르호보암에게 아버지의 통치권보다 더욱 더 강력한 통치권을 선포하라고 조언한 것이죠. 이웃나라 이집트는 왕이 바뀔 때마다 아버지가 지었던 건물보다 더 큰 건물을 지음으로써 자신의 '위대한' 왕권을 증명했습니다. 물론 그만큼 백성들의 삶은 더욱 고단하고 피폐해졌을 거고요. 르호보암 주변의 젊은 또래 집단들이 멍청했기 때문에 이러한 조언을 한 것이 아닙니다. 더 조이고 더 눌러야 강력한 왕권을 유지할 수 있다고 배워왔기에 그리 조언했을 겁니다. "호의가 반복되면 권리인 줄 안다니까!" 현실의 위계적 부조리를 비꼰 어느 영화의 대사처럼, 나면서부터 위계적 사고방식을 배워온 그들에게는 이것만이 권력을 유지하는 방법이었습니다. 솔로몬의 시대보다 더욱 큰 권력을 위해 '인간―왕의 규례' 안에서 그들이 생각하는 당연한 대답을 했던 것이지요.

'전갈 채찍'은 히브리어 원어에서는 그냥 전갈로 표현되고 있습니다. 따라서 더 정확하게 번역한다면 "아버지가 채찍으로 징계했다면, 나는 전갈로 징계하겠다"라는 말입니다. 채찍은 고통스럽기는 해도 죽음에 이르는 형벌은 아닙니다. 그러나 독이 있는 전갈은 다르죠. 풀어 말하자면, 자기에게 불복종하면 그 대가로 죽음을 맞이할 것이라는 뜻입니다. 공포심을 통한 강제적 복종을 유도한 것이죠. 소위 엘리트로 살아온 그들은 그것이 왕권을 강하게 해줄 유일한 방법이라고 생각했습니다. 그렇게 하면 르호보암의 왕국이 커질 것이라고 기대했지요. 그러나 어리석은 대답입니다. 왜냐하면 여호와께서 기뻐하시는 것은 르호보암의 왕권이 커지는 것이 아니니까요. 르호보암이라는 이름은 '백성이 커져야 하는 이름'이었습니다. 맞습니다. 번성하고 창대해져야 하는 사람들은 백성입니다. 왕이 아니고요. 하나님의 그 뜻을 르호보암과 또래 집단은 읽어내지 못한 것이지요.

왕국의 분열, 북이스라엘과 남유다

만약 이스라엘 백성들이 이집트나 바벨론과 같이 강력한 왕권 밑에서 오래도록 복종해온 사람들이었다면 르호보암의 협박에 긴장하여 바짝 엎드렸을 것입니다. 그러나 이스라엘 백성은 사사 전통을 알고 '여호와—왕 사상'을 갖고 있던 사람들이었습니다. 이스라엘은 사사 시절에 아주 독특한 생활 공동체를 영위했다고 했죠. '야곱의 열 두 아들'은 종족들 간에 신앙과 상호구원의 동맹을 맺은 지파들의 이름이었죠. 왕이 없는 대신에 '여호와의 영'이 내린 사사들이 임시적으로 지도자가 되었을 뿐, 항구적이고 영원한 지배정당성을 가지는 가문은 없었다고(아니 원론적으로는 '없었어야 했다'고) 했습니다. 비록 철기 문명권인 블레셋의 위협 속에서 안보적 긴박함으로 왕을 요구했고, 자신들의 불안감을 없애주고 지켜준 다윗 왕의 치세에 만족했지만, 그 아들들까지 자동으로 섬긴다는 '개념'이 여전히 낯선 사람들이었습니다. 다윗의 아들들을 왕으로 섬긴다면 그것은 오직 '그들이 여호와의 규례를 잘 지키고' '백성들을 돌보아줄 경우'에 해당하는 것이지요. 한마디로 이스라엘은 '인간으로서의 자존감이 센' 공동체였습니다. 사람은 모두 다 평등하게 "하나님의 형상"으로 지음 받은 존재입니다. 자기들이 언제부터 왕 노릇 했다고, 과중한 노동과 전갈 같은 징계를 운운합니까? 비록 그들이 어쩔 수 없는 대안으로 인간―왕을 뽑긴 했지만 이스라엘 사람들은 여전히 여호와의 통치권을 믿었습니다. 여호와만이 그들을 다스릴 수 있는 존재였으며 그 어떤 가문도 일반 백성 위에 군림하지 않는다는 것이 이스라엘 공동체의 공통된 의식이었습니다. 그런 이스라엘 백성들 앞에서 르호보암이 저런 말을 했으니 얼마나 기가 찼을까요. 르호보암의 어이없는 행태를 보며 이스라엘 백성들이 하는 말이 다음과 같습니다.

온 이스라엘이 자기들의 말을 왕이 듣지 아니함을 보고 왕에게 대답하여 이르되 우리가 다윗과 무슨 관계가 있느냐 이새의 아들에게서 받을 유산이 없도다 이스라엘아 너희의 장막으로 돌아가라 다윗이여 이제 너는 네 집이나 돌아보라 하고 이스라엘이 그 장막으로 돌아가니라(열왕기

신앙, 그 순례의 여정

다윗 집안은 이제 너희 일이나 잘해라. 우리는 다윗 가문에 복종할 이유가 없다. 우리가 다윗과 솔로몬에게 복종한 이유는 너희 가문이 특별해서가 아니다. 여호와의 규례를 잊고 그렇게 왕 노릇하고 싶으면 너희 집에서나 해라. 이런 말이죠. 이제 회중들은 르호보암의 왕권을 인정하지 않은 채 각자의 집으로 돌아가 버립니다. 열두 지파 중 열 지파가 르호보암에게서 등을 돌려버렸죠. 르호보암은 많이 당황했습니다. 하여 위협이라도 해볼 양으로 그들에게 힘을 쓸만한 인물인 아도람을 이스라엘 백성들에게 보냅니다. 그동안 부역하는 백성들의 감독이었던 사람이에요. 늘 그에게 복종했을 터이니실제적인 힘을 과시할 수 있다고 여겼겠죠. 그러나 르호보암의 계산이 무색하게도 이스라엘 백성들은 왕의 사신조차 돌로 쳐 죽여 버리고 맙니다. 놀란 르호보암은 결국 급히 수레에 올라 자신의 터전인예루살렘으로 도망했고, 결국 불쌍하게도 자기 지파 사람들인 유다지파만의 추대(그리고 베냐민지파의 지지)로 왕위에 오릅니다.

비록 '작전상 후퇴'는 하였으나 그럼에도 불구하고 르호보암은 자신이 온 이스라엘의 왕이라고, 그래야 한다고 생각했던 것 같습니다. 그래서 그는 왕위 등극 직후에 베냐민 지파와 유다 지파의 군대를 모아 자신에게 등을 돌린 다른 지파들을 치려 합니다. 왕의 군대가 되기 위해서는 백성들이 집결해야겠죠. 르호보암은 남쪽 유다 지파를 중심으로 평소 가까운 접경지에 거주했던 베냐민 지파의 사람들까지 모두 모았습니다. 그런데 설상가상 여호와께서는 하나님의 사람 선지자(스마야)를 보내셔서 르호보암의 도모를 저지하십니다. 스마야는 모여 있는 백성들에게 나타나 르호보암의 뜻과는 다른 하나님의 말씀을 전합니다. 어떤 말씀이었는지 우리 함께 열왕기상 12장 21-24절 말씀을 보겠습니다.

> 르호보암이 예루살렘에 이르러 유다 온 족속과 베냐민 지파를 모으니 택한 용사가 십팔만 명이라 이스라엘 족속과 싸워 나라를 회복하여 솔로몬의 아들 르호보암에게 돌리려 하더니 하나님의 말씀이 하나님의 사람 스마야에게 임하여 이르시되 솔로몬의 아들 유다 왕 르호보암과 유다와 베냐민 온 족속과 또 그 남은 백성에게 말하여 이르기를 여호와의 말씀이 너희는 올라가지 말라 너희 형제 이스라엘 자손과 싸우지 말고 각기 집으로 돌아가라 이 일이 나로 말미암아 난 것이라 하셨다 하라 하신지라 그들이 여호와의 말씀을 듣고 그 말씀을 따라 돌아갔더라(열왕기상 12:21-24).

여호와 공동체의 전통은 전쟁에 나가기 전에 하나님의 뜻을 묻는 것이었습니다. 이것이 '여호와 전쟁'의 핵심이었죠. 싸울까요, 말까요? 그런데 르호보암은 그런 절차 없이 오직 인간적인 생각으로 무조건 군대를 모아 전쟁을 하려고 했던 것이죠. 그러나 그 순간 하나님의 말씀을 전하는 이가 나타나 백성들에게 전쟁에 나가지 말라고 명합니다. "너희는 올라가지 말라, 너희들의 형제인 이스라엘 자손과 싸우지 말라!" 그러게 말입니다. 인간 왕이야 누가 되든 무슨 상관입니까? 도대체 한 가문의 통치권을 지켜주기 위해서 형제들과 서로 죽고 죽인다는 것은 참으로 끔찍한 일이죠. 이에 모였던 사람들은 말씀에 순종하여 집으로 돌아갑니다. 생각해보니 그런 거예요. 백성들이 나뉘었지만, 그렇다고 해서 그 공동체가 끝난 것은 아니었어요. 비록 나뉘어 있을지라도, 여호와의 규례대로 산다면 그들의 지도자 이름처럼 남유다도 북이스라엘도 백성이 많아지고 풍성해질 것입니다. 이것이 생명이 살고 더욱 풍성히 살기를 원하시는 여호와 하나님의 뜻이었습니다. 그 뜻을 알아들은 회중들은 전쟁에 임하지 않았습니다. 각자 자기 집으로 돌아갔죠.

비록 르호보암은 전통을 버렸지만 백성들은 아직까지는 여호와의 말씀을 왕의 명령보다 더 우선순위로 두고 있었나 봅니다. 아직 이 정도로 전통을 기억하고 있는 공동체라면 왕만 잘하면 되는 상황일 텐데, 더욱 안타깝기만 합니다. 이쯤 되면 충분히 반성할 만도 한데, 불행히도 르호보암은 그렇지 못했습니다. 열왕기 사가의 평가에 따르면 르호보암은 그 통치 기간 동안에 "여호와 보시기에 악을 행하되 그의 조상들이 행한 모든 일보다 뛰어나게 하여 그 범한 범죄로 여호와를 노엽게 하였다"(14:22)고 합니다. 참 "뛰어날 것"이 따로 있지. 어찌 범죄를 그리 뛰어나게 하는지요. 과연 악의 면에서는 "아버지의 허리보다 굵은 르호보암의 새끼손가락"이 맞는 것 같네요. 르호보암과 그의 왕권 곁을 지키는 젊은 엘리트들은 여전히 '인간―왕제도'에 대한 욕심을 버리지 않았습니다. 그리하여 르호보암의 시대에는 전쟁이 그치지 않았다고 성경은 전하고 있습니다. 분명히 여호와께서 "형제끼리 싸우지 말라"고 하셨는데, 르호보암은 그가 왕으로 있는 내내 북왕국 이스라엘과 전쟁을 일삼았지요.

"가인과 아벨의 이야기"를 기억하시나요? 최초의 형제 살인 이야기였죠. 성경 편집 역사를 다루는 학자들에 따르면 이 이야기는 '여호와 전승'(J 문서) 저술가들에 의해서 성경 안으로 들어왔는데요, 학자들은 이 이야기가 고백된 시점이 왕국이 분열되고 왕위를 놓고 서로 싸우고 죽이는 이 시기의 상황을 반영한 내러티브라고 합니다. 르호보암의 삶은 계속해서 여호와께 악을 행하여 하나님을 아프게 하는 삶이었습니다. 하나님께서는 분명 르호보암에게 아버지 솔로몬의 죄에도 불구하고 기회를 주셨습니다. 르호보암의 이름처럼 그의 통치 아래에서 백성이 많아질 것이라는 희망과 기대를 담아서 그에게 기회를 허락하셨습니다. 성경 본문에 따르면 여로보암조차 르호보암에게 제안을 함으로써 한 번 더 기회를 준 셈입니다. 백성을 섬기고 그 멍에를 가볍게 하면 그들이 르호보암을 왕으로 여기고 복종할 것이라고 설득하면서요.(물론 이 일화에 대해 편집사를 연구하는 학자들은 사실성을 의심하기는 합니다. 이런 아름다운 광경은 후대에 두 왕국의 분열사를 정리하면서 재구성하는 과정에서 삽입된 것일 거라고. 하지만 아시죠? 우리 성경 사랑방의 원칙, 성경에 쓰인 본문 그대로를 묵상하기!) 그러나 르호보암은 '들을 귀'가 없었습니다. 살리시는 여호와, 그분의 뜻 안에서 선택하지 못했던 지도자 르호보암! 그의 인간적인 죄 때문에 이스라엘에는 전쟁이 끊이지 않았습니다. 그 전쟁에서 얼마나 많은 무고한 피가 흘렀겠어요? 자기에게 주어진 백성만 잘 다스리면 되었을 텐데, 다 가지겠다고 피할 수 있는 죽음을 지속했던 까닭에 그는 그 어느 왕보다도 가장 혹독한 평가를 받게 된 것이죠.

르호보암의 인생과 그가 선택했던 행동들을 성찰하다 보니, '여호와를 아는 지식이 내 안에 가득 차는 것'이 사람에게 가장 중요하겠다는 깨달음이 생깁니다. 여로보암이 르호보암에게 왕으로 섬김 받을 기회를 주었을 때, 만약 르호보암이 여호와에 대한 지식이 가득했다면 삼일 동안 고민할 것도 없이 그 자리에서 여로보암의 제의에 동의했을 테니까요. "내 아버지가 비록 여호와께 범죄하여 우리 공동체의 분열이 예언되었으나, 왕으로서 여호와와 백성들 앞에서 약속합니다. 백성들을 살리는 정치를 하겠습니다. 여러분의 수고로운 짐을 덜겠습니다. 선한 삶으로 여호와께서 내 아버지께 거두셨던 신의를 다시 찾겠습니다." 르호보암이 그렇게 고백했다면 얼마나 좋았을까요. 예수께서 "내가 율법을 폐하러 온 것이 아니라 완성하러 온 것이라" 하신 진의가 여기에 있지 싶습니다. 여호와께 받은 율법 자체는 결코 버려져서는 안 됩니다. 물론 그것이 예수께서 꾸짖으신 "장로들의 유전"과는 구별되어야 하죠. 하지만 이스라엘이 새로운 대안적 공동체를 시작하면서 받은 소중한 율법 정신, 나누고 살리고 함께 사랑하는 평등한 공동체의 비전은 결코 버릴 수 없는 소중한 유산입니다.

그러니 이 공동체적 비전을 주의 뜻으로 고백하는 신앙인들에게는 분명한 소명과 의무가 있습니다. 주변 사람, 아래 세대를 향한 소명과 의무입니다. 여호와를 듣지 못한 주변 사람들은 인간적인 제도나 사회적 틀 밖에서 상상하거나 선택할 수 없거든요. 우리가 사는 세상은 여호와의 규례가 당연하다고 여겨지지 않는 세상입니다. 약육강식, 승자독식이라는 반(反)생명적인 선택이 가득한 시대입니다.

이런 세상 속에서 살아가는 사람들에게 "아버지 세대보다 내 집이 더욱 풍성해질 것"이라는 말은 굉장히 유혹적으로 들립니다. 그러나 그 길은 대부분 다른 사람들의 삶을 짓밟고서야 가능한 법이죠. 당장은 내가 손해 보는 것 같아도 여호와께서 기뻐하시는 선택을 하며 살아야 할 텐데. 우리가 선택의 기로에 있을 때 하나님이 기뻐하시는 선택을 하려면 우리 안에 온전히 여호와를 아는 지식이 가득 차 있어야 할 것입니다. 여호와를 알수록 우리는 선한 선택을 할 수 있을 테니까요. 그렇기에 여호와를 더 알기 위한 노력과 그 여호와를 이웃에 전하려는 노력을 멈추어선 안 되겠죠.

신앙, 그 순례의 여정

기도

뭇 생명을 살리시기 원하시는 여호와 하나님, 저희로 하여금 여호와의 뜻과 규례를 알 수 있는 성경을 이렇게나 가까이 접하게 하시니 감사합니다. 입에서 입으로 전해 들어야했던 이스라엘의 삶을 돌아보니, 언제든 펴보고 읽고 곱씹을 수 있는 성경이 지금 우리에게 책으로 전해진다는 것이 참으로 감격스럽습니다. 우리의 모든 선한 선택이 '앎'과 '들음'에서 나는 줄 믿습니다. 주님, 저희뿐 아니라 저희 후손들도 주님이 기뻐하시는 삶의 선택을 하기 원합니다. 우리의 후손들이 많은 사람들을 살리고 번성하게 하는 선택을 할 수 있도록, 그래서 여호와의 백성이 더욱 풍성해지는 역사에 동참하도록, 우리들로 하여금 그들에게 여호와의 법도를 잘 가르치는 삶을 본보이며 살게 하소서. 예수님의 이름으로 기도합니다. 아멘.

선택의 기로에서 하나님이 기뻐하시는 선택을 하려면 우리 안에 여호와를 아는 지식이 가득해야 합니다. 우리 자녀, 가족, 이웃에게도 늘 신앙의 전통을 전하며 삽시다.

여로보암의 선택, 중심을 잃다

열왕기상 12장~15장

오늘은 여로보암의 북왕국 이야기를 나누어보려 합니다. 선지자 아히야를 통해 여호와의 계시적 예언을 받았던 여로보암은 사사 전통을 알고 있던 인물로 그려집니다. 더구나 성경에 기록된 일화에 따르면, 솔로몬 사후 곧바로 왕권에 욕심을 내지 않고 르호보암에게 기회를 주었던 신앙의 사람이기도 했죠. 이런 모습들로 보건데 여로보암은 나름 기대를 해볼 만한 인물입니다. 사사 전통을 기억하는 열 지파와 함께 여호와께서 기뻐하시는 이스라엘을 만들어가는 선한 왕에 대한 기대 말입니다. 르호보암이야 이미 범죄를 "뛰어나게" 행했음을 보았던 터라 우리의 실망감이 컸었죠. 하지만 '선지자의 예언에 따라 왕이 되었다'는 여로보암의 경우는 조금 다르지 않을까, 희망을 걸게 됩니다. 더구나 여로보암이 회중들과 더불어 르호보암에게 "백성들의 멍에를 가볍게 하기"를 청원한 것을 보면 사사 전통을 잘 이어서 백성들을 "섬기며" 살았을 법도 합니다. 그래서 어찌 되었을까요? 여로보암이 다스리는 북왕국 이스라엘은 여호와의 율법에 조금 더 가까운 공동체를 만들어 갔을까요?

계속 만들어져갈 이름 '이스라엘'

지난 만남에서 말씀드렸듯이 여로보암의 이름 중 '여로보'는 "많아지다, 커지다"라는 뜻을 가지고 있는 동시에 문법적으로는 미완료형의 형태입니다. '이미 시작되었으나 아직 완료되지 않은' 일의 시제를 나타낼 때에 쓰는 문법적 표현이지요. 현재도 진행 중인 구체적 사건이지만 아직 완성되지 않았기에 미래에 대한 열린 가능성이 담긴 이름, 여로보암! 그의 이름에는 이제 막 새로이 시작한 북왕국에 대한 비전과 희망이 고스란히 담겨 있었습니다. 비록 이스라엘이 둘로 나뉘었지만 이는 결코 여호와의 저주가 아니라 일종의 경계로 삼을 기회다. 그러니 나누어짐에 실망하지 말고 열 지파만이라도 여호와께서 기뻐하시는 삶을 살자! 그리고 우리가 번성하는 것이 남유다를 억눌러서 되는 일은 아니다. 그들도 축복하자. 우리는 형제들 아닌가! 두 왕의 이름이 모두 백성들의 풍성함을 위한 축복이 담겨 있으니, 형제 나라로서 서로 싸우지 말고 오히려 이렇게 나뉜 까닭을 되새기며 여호와의 율례대로 살면 좋지 않겠나. 이렇게 생각했다면 얼마나 좋았을까요? 다윗 계보로부터 떨어져 나와 '북이스라엘'이라는 이름으로 새로 시작하는 공동체! 이제 막 출발하지만 충분히 커지고 백성의 수도 많아질 수 있었습니다. 아직 미완료형이니까요. 그러고 보면 '여로보암'이라는 이름은 이스라엘이 계속해서 여호와 신앙을 가지고 살아간다면 번성할 수 있다는, 축복과 미래의 소망이 담긴 이름이었습니다. 그런데 여로보암이 왕이 되고 난 후 가장 먼저 무슨 일을 했는지 아세요?

> 여로보암이 에브라임 산지에 세겜을 건축하고 거기서 살며 또 거기서 나가서 부느엘을 건축하고(열왕기상 12:25).

"건축한다"는 말이 마음에 걸립니다. 이들이 살고 있던 당시는 도시에 성벽을 만들고 그 안에 으리으리한 왕의 집을 짓는 일들이 주변의 도시국가에서 성행하고 있었다고 했습니다. 그러나 여호와께서는 그런 삶의 질서를 '나와서' 새롭게 시작하는 이스라엘을 향해 건축물을 짓는 일에 대해 경고를 하셨죠. "성벽을 짓지 말라"는 것은 여호수아가 무너진 여리고를 들어오던 당시부터 여호와께서 계속해서 강조한 말씀입니다. 더군다나 그들이 왕을 위한 건축물을 세운 세겜은 이스라엘 백성들이 "여호와만이 우리의 성벽입니다"라고 고백한 언약의 장소였습니다. 바로 그곳에다 인간적인 왕 제도와 도시 시스템을 도입했다는 거예요. 견고한 '인간—왕 시스템'을 추구하려고 한 것이죠. 물론 이해할 수 있는 부분이기도 해요. 그동안 다윗과 솔로몬의 크고 화려한 궁궐을 보아왔던 사람인걸요. 여로보암은 솔로몬의 신하였잖아요? 본 것이 있는데 왕이 된 마당에 제 집을 짓고 싶은 욕심이 왜 없겠어요? 어쩌면 저렇게 건물들을 지어놓고도 속으로는 자기합리화를 했을지도 모릅니다. "그래도 내 궁궐은 솔로몬만큼 화려하지는 않잖아? 이건 왕으로서 최소한이야."

그러나 이렇게 왕을 위한 건축물을 지어놓고 자기 권력 기반을 돌아보던 여로보암은 또 다른 걱정을 갖게 되었습니다. 비록 두 나라로 나뉘었으나 유다와 이스라엘의 신앙은 하나였으니까요. 이스라엘 열 지파를 묶어내는 중심인 여호와 신앙은 '하비루'들의 연합인 이스라엘 공동체에게 있어 핵심적이었습니다. 그런데 이렇게 중요한 신앙의 상징인 성전이 남쪽 예루살렘에 있는 겁니다. 실은 이 중요성을 알았기 때문에 다윗과 솔로몬도 성전 건축을 중요시했지요. 성전을 봉헌하며 솔로몬은 이런 기도를 드렸어요. 열왕기상 8장 27-29절 말씀입니다.

하나님이 참으로 땅에 거하시리이까 하늘과 하늘들의 하늘이라도 주를 용납하지 못하겠거든 하물며 내가 건축한 이 성전이오리이까 그러나 내 하나님 여호와여 주의 종의 기도와 간구를 돌아보시며 이 종이 오늘 주 앞에서 부르짖음과 비는 기도를 들으시옵소서 주께서 전에 말씀하시기를 내 이름이 거기 있으리라 하신 곳 이 성전을 향하여 주의 눈이 주야로 보시오며 주의 종이 이곳을 향하여 비는 기도를 들으시옵소서 주의 종과 주의 백성 이스라엘이 이곳을 향하여 기도할 때에 주는 그 간구함을 들으시되 주께서 계신 곳 하늘에서 들으시고 들으시사 사하여 주옵소서(열왕기상 8:27-29).

모든 민족이 그곳을 향해 기도를 드리게 될 센터, 이스라엘의 중심지가 예루살렘인 근거는 성전이 거기 있기 때문이죠. 사람들은 성별된 건축물인 성전에서 반복적인 예배 의식을 통해 여호와 신앙을 기억하고 기념해 왔습니다. 그러나 여로보암은 열 지파를 받았음에도 바로 그 중심의 상징이 없었던 겁니다. 여호와 신앙의 중심지 '예루살렘'이 북이스라엘이 아닌 남유다에 있다는 것은 여로보암을 불안하게 만들었습니다. 비록 남왕국의 르호보암 세력은 숫자 면에서 작았지만 예루살렘 성전이 바로 그곳에 있었으니까요. 여로보암의 '세겜'에는 눈에 보이는 성물이나 성전이 없었습니다. 당연합니다. 세겜은 언약의 장소였으니까요. 공동체의 합의가 있었을 뿐이지요. 반면 예루살렘은 성전과 법궤도 있었고 백성들이 어느 곳에 있든지 그곳을 향하여 기도하는 신앙의 중심지였습니다. 어쩌면 여로보암은 신앙심이 있었기에 이것을 걱정했을지도 모릅니다. 북왕국 열 지파를 모으는 가장 큰 힘은 여호와 신앙이기에 그 신앙의 중심이 북왕국에 있어야 한다는 생각을 가졌을 수도 있습니다. 그의 걱정하는 내용을 함께 보겠습니다. 열왕기상 12장 27절 말씀입니다.

> 만일 이 백성이 예루살렘에 있는 여호와의 성전에 제사를 드리고자 하여 올라가면 이 백성의 마음이 유다 왕 된 그들의 주 르호보암에게로 돌아가서 나를 죽이고 유다의 왕 르호보암에게로 돌아가리로다 하고(열왕기상 12:27).

신앙, 그 순례의 여정

여로보암의 걱정은 타당해 보입니다. 인간 왕권을 유지하려 한다면 당연히 걱정스러운 부분이 맞습니다. 하지만 여로보암은 자신이 가진 왕권의 시작을 잊은 듯합니다. 솔로몬의 신하였을 때 여로보암은 과연 본인이 왕이 될 줄 상상이나 했을까요? 여호와께서 선택하셨기에 열 지파나 되는 많은 무리가 그를 따라왔습니다. 그들은 이스라엘 전통에 따라 여로보암을 왕으로 인정했습니다. 자신의 계획으로 왕이 된 것이 아니라면, 그리고 그것이 여호와께로부터 온 것임을 믿는다면, 여로보암이 두려워할 필요는 전혀 없었습니다. 여호와의 규례에 맞게 통치자의 역할을 성실히 수행한다면 성읍과 성곽이 없을지라도 얼마든지 여호와께서 지켜주실 테니까요. 주신 이도 여호와이시고 거두시는 이도 여호와이신데, 행여 자신에게서 왕권을 거두어가신들, 이스라엘을 위하여 다시 올곧고 능력 있는 지도자를 허락하실 것 아닙니까! 바로 이러한 평등 공동체의 건설을 언약한 장소 '세겜'이 북이스라엘에 있었습니다. 눈에 보이는 종교상징물들과는 차원이 다른, 관계적 혁명의 장소 '세겜'을 가졌는데, 여로보암은 무엇이 그리 불안했을까요? 자신이 여호와의 언약 안에 있기만 하면 그보다 더한 안전이 어디 있을까요?

그러나 여로보암은 이미 인간적인 왕 시스템의 작동원리를 너무나 잘 알고 있었습니다. 그 자신이 솔로몬의 신하였고 현존하는 왕권의 핍박을 피해 이리저리 떠돌던 나라들도 다 인간―왕 시스템이 작동하던 곳이었죠. 그래서 그는 어느 누구보다도 인간―왕 시스템의 작동원리를 파악하고 있었을 겁니다. 그러니 불안했겠죠. 눈에 보이는 종교적 상징을 확보하지 못한다면 자신의 백성들이 르호보암의 백성이 될까 봐요. 물론 이스라엘의 백성이 '자신의 백성'이라고 생각했다는 점이 여로보암의 가장 치명적인 실수입니다. 어찌 그들이 여로보암의 백성일까요? 여호와의 백성이지! 왕은 옛 시절의 사사들처럼 여호와께서 자신의 백성들을 지키시는 도구로 쓰임 받는 임시적인 지도자일 뿐이지, 백성 위에 군림하는 자가 아닌 것을요. 사실 여로보암이 잡았어야 할 중심은 여호와인데, 그는 흔들렸던 거죠. 그러니 자신의 권력이 오고 가는 것을 두려워했겠죠.

여로보암이 망령되이 일컬은 여호와의 이름

과연 우리가 여로보암이었다면 어떤 해결책을 제시했을까요? 세금을 거두고 백성들의 노동력을 총동원하여 예루살렘만큼이나 크고 화려한 새 성전을 건축할 생각을 했을지도 모릅니다. 혹은 법궤를 차지하기 위해 남유다와 전쟁을 벌였을 수도 있죠. 함께 〈성경 사랑방〉에서 성경공부를 했던 인영 자매님은 나라를 더 부유하게 만들어서 백성들이 남유다에 대한 유혹을 갖지 않게 하겠다고 하시더군요, 하하. 이런 저런 상상력을 발휘해봅니다만, 성경은 여로보암의 선택을 명시하여 전합니다. 열왕기상 12장 28-29절 말씀입니다.

이에 계획하고 두 금송아지를 만들고 무리에게 말하기를 너희가 다시는 예루살렘에 올라갈 것이 없도다 이스라엘아 이는 너희를 애굽 땅에서 인도하여 올린 너희의 신들이라 하고 하나는 벧엘에 두고 하나는 단에

신앙, 그 순례의 여정

둔지라(열왕기상 12:28-29).

결국 여로보암은 북왕국의 양 끝, 벧엘(남쪽)과 단(북쪽)에 성소를 마
련하기로 한 것이죠. 백성들이 더 이상 예루살렘에 내려가지 않도록
종교적 상징물을 북왕국 내에 두려 했던 거예요. 화려한 성전이 아
니라 금송아지인 것을 보면 막 시작한 왕권의 빈약한 재정형편을 짐
작하게 하네요. 하지만 참으로 딱한 일입니다. 언약 공동체였던 그
들에게 보이는 상징물이 왜 필요했는지. 하지만 인간적인 약함 때문
에 여로보암은 결국 가나안적인 번영과 풍요의 상징으로 많은 백성
들의 눈에 익은 종교적 상징물인 금송아지를 두 개나 만들어 세웁
니다. 영토의 남쪽과 북쪽에 나누어 놓은 것을 보니 백성들의 접근
성을 위해 편의를 제공하려 한 것이겠지요. 하지만 그 금송아지들
이 여호와라니요! "너희를 애굽 땅에서 인도하여 올린 너희의 신들
이라"니요. 이건 여호와께서 보시기에 크게 분노하실 일이었을 거예
요. 애굽에서 그들을 인도해내신 여호와께선 스스로를 "여호와" 즉,
"스스로 있는 자"라고 말씀하셨고, 자신을 형상화하여 만들지 말라
고 분명하게 명령하셨잖아요. 사건과 말씀 속에서 스스로를 나타내
시는 가운데 이스라엘을 고난과 억압 속에서 이끌어 낸 분이 여호와
이신데, 그래서 여호와라는 이름은 눈에 보이는 어떤 형상으로 나타
나는 것이 아니라, 산 신앙을 가지고 그의 규례대로 살아가는 사람
들의 종교적 실천과 살리는 선택을 통해서 드러나시는 분인데…. 이
런 여호와와 동행하기로 약속하고 여호와와 함께 공동체를 이루어

간 이스라엘인데, 어찌 이런 말도 안 되는 선포를 한다는 말입니까.

무엇보다 여호와 신앙을 알던 여로보암이 이런 실수를 저질렀으니 하나님에겐 더더욱 가슴 아픈 일이셨을 겁니다. 여로보암은 자신의 왕권을 유지하기 위해 여호와께 의지하는 대신에 종교적인 전략을 펼친 것이죠. 차라리 르호보암과 세겜에서 만났을 때에 그에게 기회를 줄 정도로 확신이 있었던 신앙과 여유를 유지했었더라면, 중심을 가지고 자신을 왕 되게 하신 여호와를 믿고 나아갈 수 있었을 텐데 말입니다. "내가 망하든 르호보암이 망하든 그것은 중요하지 않다. 여호와의 백성들이 풍성한 삶을 누리는 것, 그것이 핵심이다. 그러니 내 권력의 유무는 여호와의 뜻이다." 이런 신앙의 마음을 가지고 언약의 장소인 세겜에서 인간-왕 시스템을 최소화하면서 살아갔더라면 얼마나 좋았을까요? 여호와의 통치 원리는 인간-왕 시스템과 공존할 수 없다는 것을 알면서도 저지른 여로보암의 잘못은, 결국 언약의 공간을 우상숭배의 공간으로 만들어버린 것이죠.

그의 실수는 하나 더 있었습니다. 당시 북이스라엘에는 성소만 없는 것이 아니라 제사를 드리는 전문 종교인도 없었습니다. 그럴 일입니다. 성소가 없고 제의가 없는데 전문 제사장이 왜 필요할까요? 그러니 성소를 만들고 난 여로보암으로서는 공식적인 제사장이 필요했을 겁니다. 하여 성경 본문에는 '임의로 보통 사람들을 제사장으로 임명했다'는 이야기가 나옵니다. 사실 '보통 사람들을 제사장으로 삼았다'는 것 자체는 오늘날의 신앙인들이 읽기에 크게 문제가 되지 않을 수 있습니다. "만인은 여호와 앞에 왕 같은 제사장이다"

라고 고백하는 개신교 전통에서는 더욱 그러합니다. 모두가 여호와의 영을 받고 소통할 수 있는데 '보통 사람들'이 제사장적 임무를 수행한다고 하여 여호와께서 설마 그것을 죄라고 여기시겠습니까?

문제는 다른 지점에서 발견이 됩니다. 당시 그 지역에는 지역마다 있는 종교적 장소인 산당들이 있었습니다. 중요한 것은 그곳이 여호와의 제의 공간이 아닌 지역 신을 섬기는 종교적 장소였다는 거예요. 문제는 하나님과 소통하는 보통 사람을 제사장으로 삼은 것이 아니라 산당에서 이미 존재하던 토착 신앙 제의를 수행하던 사람들을 '여호와의 제사장'으로 임명했다는 의미일 겁니다. 그들은 여호와 신앙의 정수가 무엇인지 여호와의 규례가 무엇인지 모르는 사람들이었습니다. 필시 늘 드리던 관습적인 제의에 더해 여호와의 이름만 불렀을 수 있어요. 종교지도자들이 그러했다면 일반 백성들이야 말할 것도 없지요. 결과적으로 북이스라엘 곳곳에서 혼합적인 여호와 신앙이 수행된 겁니다. 당연히 그러한 혼란 속에서 사람들은 무엇이 여호와 신앙의 정수인지에 대한 분별력을 점차 상실하게 되었을 겁니다.

그 모습을 보신 여호와께서 화가 나셨다고, 성경은 기록합니다. 여로보암에게 그 분노를 표하십니다. 여기서 오해하기 쉬운 상황이 등장하는데요. 열왕기상 13장 말씀을 보면 여로보암의 아들이 시름시름 앓는 장면이 나옵니다. 여로보암은 악행을 하고 아들은 아프고. 읽다 보니 익숙한 장면이지요? 행악으로 인해 아들을 잃은 다윗과 밧세바의 이야기와 많이 비슷한 상황입니다. 그렇다면 여로보암의 아들도 아버지의 죄 때문에 그 대가를 받고 있는 것인가요? 충분히 '오해'를 할 수도 있는 맥락입니다. 그러나 이 본문을 조금 더 세심하게 보았으면 좋겠어요. 우리가 너무나 쉽게 '자녀의 불행이나 고통'을 조상의 죄로 해석해버리는 실수를 범하지 않기 위함입니다.

아들 '아비야'가 아픈 것이 속상했던 여로보암은 예전에 자신이 왕이 될 것이라는 예언을 전해준 선지자 아히야를 기억해 냅니다. 답답한 마음에 자신의 아내를 그에게 보냅니다. 아히야에게 자신의 아들이 살 수 있는지를 물어보려는 것이었어요. 그러나 이스라엘의 예언자들은 개인의 길흉화복이 아닌 하나님으로부터 맡은 말씀'만'을 전하는 이들이었습니다. 개인적인 질문을 하러 온 여로보암의 아내에게 아히야는 하나님의 말씀을 전합니다. 열왕기상 14장 7-13절입니다.

가서 여로보암에게 말하라. 이스라엘의 하나님 여호와의 말씀이 내가 너를 백성 중에서 들어 내 백성 이스라엘의 주권자가 되게 하고 나라를 다윗의 집에서 찢어내어 네게 주었거늘 너는 내 종 다윗이 내 명령을 지켜 전심으로 나를 따르며 나 보기에 정직한 일만 행하였음과 같지 아니하고, 네 이전 사람들보다도 더 악을 행하고 가서 너를 위하여 다른 신을 만들며 우상을 부어 만들며 나를 노엽게 하고 나를 네 등 뒤에 버렸도다. 그러므로 내가 여로보암의 집에 재앙을 내려 여로보암에게 속한 사내는 이스라엘 가운데 매인 자나 놓인 자나 다 끊어 버리되 거름더미를 쓸어 버림같이 여로보암의 집을 말갛게 쓸어버릴지라. 여로보암에게 속한 자가 성읍에서 죽은즉 개가 먹고 들에서 죽은즉 공중의 새가 먹으리니 이는 여호와께서 말씀하셨음이니라 하셨나니(열왕기상 14:7-11).

참으로 무서운 예언이죠. 아비야의 생사는 둘째 문제인 거예요. 아비야는 죽을지언정 온 이스라엘의 애통함 속에서 왕자의 예로서 제대로 장례가 치러지고 묘실에 안치될 거라고 합니다. 그게 무슨 말인가요? 그럼 다른 아들들은요? 이어지는 예언에 따르면 여로보암의 후손들은 결코 편안히 죽지 못할 것이라네요. 인용된 말을 차마 반복하기 힘들 만큼 그 주검이 참으로 처참하게 버려질 것을 말씀하십니다. 물론 서슬이 시퍼런 저주의 말씀입니다만, 저는 이 예언의 말씀에서 매우 흥미로운 부분을 발견했습니다. 바로 아들 아비야의 죽음을 이야기하는 부분입니다. 아비야가 그의 병으로 인해 죽을지라도 백성들의 애도 속에서 귀하게 여호와의 품으로 돌아오는 까닭을 설명하는 부분입니다. "그가 이스라엘의 하나님 여호와를 향하여 선한 뜻을 품었음이니라"(13절). 아비야의 삶이나 죽음에 대해 다른 자세한 설명이 성경 본문에 나와 있지 않으니 그가 평소에 어떻게 행동한 자인지 우리는 모릅니다. 그러나 그가 여호와를 향하여 선한 뜻을 품은 신앙의 사람이었다는 성경 기록자의 증언은, 우리로 하여금 '죽음=죄의 대가'라는 획일적인 도식을 피하게 합니다. 나아가 생사는 주께 달려있는 것이니 그 길이를 놓고 우리가 축복이다 저주다 왈가왈부할 일이 아니라는 것도 깨닫게 됩니다. 예수께서도 나면서부터 소경된 자를 향하여 그의 죄도, 그 부모의 죄도 아니라고 하셨죠. 오직 '현재적'인 의미, 즉 '그가 나음으로 하나님께 영광을 돌리게 될' 그 순간에 초점을 맞추셨어요. 마찬가지로 여기서 아히야가 예언한 아비야의 죽음은 일단 메시지의 핵심도 아니었지만, 그것이 여로보암의 죄와는 상관이 없는 '아비야의 천수'로 보아야 하지 않을까 싶어요. 그러니 우리 역시 사는 날 수보다는 어떻게 살 것인가를 놓고 더 치열하게 고민해야 할 듯싶습니다.

잠시 곁길로 간 묵상이었습니다. 다시 본래의 이야기에 집중할게요. 아히야의 예언은 여로보암 가문을 넘어 전 이스라엘을 향해 선포됩니다. 열왕기상 14장 15절 말씀입니다.

> 여호와께서 이스라엘을 쳐서 물에서 흔들리는 갈대 같이 되게 하시고 이스라엘을 그의 조상들에게 주신 이 좋은 땅에서 뽑아 그들을 강 너머로 흩으시리니 그들이 아세라 상을 만들어 여호와를 진노하게 하였음이니라(열왕기상 14:15).

"강 너머"라. 무언가 익숙한 표현이지 않으신가요? 우리가 1권에서 이스라엘 초기 공동체의 구성원들이 어디 출신인지를 살펴보면서 '에베르'라는 단어를 살펴보았죠. 저 강 너머에서 자유와 해방, 평화와 안식을 약속받고 온 이스라엘인데, 다시 저 강 너머로 흩어진다니요. 상실감이란 자고로 무언가 주어졌다가 그것을 빼앗긴 사람들만이 느끼는 슬픔입니다. 아예 누려보지 못한 사람들은 그 가치를 모르니까요.

물론 학자들은 여로보암의 죄가 남유다 왕들의 죄와 비교해서 이만큼까지 저주를 받을 죄인가 의문을 제기하기도 합니다. 사실 구약 성경을 최종적으로 다듬은 사람들이 포로기 이후의 남유다 출신의 제사장들이다보니, 예루살렘 성소에 친화적이지 않았던 왕들에 대해서는 가혹한 평가를 하고 있는 것이 사실입니다. 이것을 감안하고 여로보암에 대한 열왕기 사가의 평가를 읽어야 할 것 같아요. 하지만 적어도 '여호와—왕 사상'이나 사사 전통을 어느 정도 알고 있었고, 그 전통적인 절차에 의해 왕이 되었던 여로보암이고 보면 그의 신앙 중심이 흔들렸던 것은 두고두고 안타깝습니다. 실제로 남유다에서는 다윗 계보의 세습이 쭉 이루어지는 데 비해, 북왕국 이스라엘은 계속 유혈 혁명이 이어지고 왕의 가문도 자주 바뀌거든요. 어떤 의미에서 이는 이스라엘의 전통이 북쪽에서 더 강하게 작동하고 있다는 증거이기도 합니다. '한 왕가의 안정적인 세습'이라는 사고는 이스라엘의 전통이 아니니까요. 다만 실질적으로는 '여호와의 영'을 받은 신실한 지도자가 나서는 것과, 저마다 저 좋을 대로 자신의 욕망을 '여호와의 영'으로 포장하여 그 이름을 망령되이 외치면서 왕권 찬탈을 도모하는 것의 차이를 구분하기는 힘들었겠죠. 그래서 북왕국 이스라엘은 안정될 날이 없는 혁명의 나날들을 맞이하게 됩니다.

이러한 정황을 십분 고려하고라도 여전히 아쉬운 것은 여로보암이 여호와의 말씀을 가까이 했다면 얼마나 좋았을까, 하는 것입니다. 기독교나 유대교 모두 말씀의 종교이지 제의의 종교가 아닙니다. 제의의 성스러움과 거룩함을 '구경'하면서 자신의 종교적 정체성을 확인하는 종교가 아니라, 지금—여기에서 여호와의 살아있는 말씀을 내 마음의 중심에 '맡아' 그 말씀대로 삶을 살아내야 하는 종교라는 말입니다. 그렇기 때문에 우리에게 중요한 것은 성소가 아니라 '말씀'입니다. 그것을 알았던 여로보암이 왜 어리석은 선택을 했을까요? 그가 마음의 중심이었던 여호와를 잊었기 때문이 아닐까요? 그래서 중심을 잃고 주변의 것을 붙잡는 선택을 했던 것이겠죠.

남왕국은 악행을 저질러왔지만 왕권이 안정적으로 진행되었습니다. 그것은 남왕국의 죄가 북왕국에 비해 덜했기 때문이 아닙니다. 다윗 왕가의 기반이 든든했었고 왕위 세습이라는 전통이 예루살렘 주변에서는 오랫동안 문화적 당연으로 자리 잡아온 까닭입니다. 반면 북왕국은 계속해서 불안정한 상태였지요. 북왕국의 중심인 사사 전통은 한 가문에 대한 존경심이 없었으니까요. 하여 왕권은 더욱 중심축 없이 흔들렸습니다. 여호와의 선택을 받으면 가문의 유력함이나 출신과 상관없이 지도자가 될 수 있다는 사상을 가진 곳이 북이스라엘이었습니다. 하지만 생각해 보세요. 누가 여호와의 선택을 받은 사람일까요? 사무엘이나 엘리야처럼 능력 있는 지도자가 점찍어 준다면 모를까, 저마다 바로 자기라고 나선다면 백성들로서는 참으로 혼란스러울 일입니다. 누가 진짜이고 누가 거짓 증언을 하는 자인지 그 구별이 만만치 않습니다. 거짓말은 아닐지언정 착각하는 자들도 있었을 겁니다. 정말로 계시를 받았다고 말이죠. 이와 같이 평등성에 있어서는 참으로 획기적인 '여호와—왕' 전통은 실제로는

신앙, 그 순례의 여정

지도력의 공백이나 혼란을 야기하기 좋은 사상이었죠.

하지만 오늘 여로보암의 일화를 묵상하며 두고두고 안타까움이 큽니다. 북이스라엘이 앞으로 계속 겪게 될 모든 혼란의 첫 단추를 바로 여로보암이 시작하게 된 까닭입니다. 아, 그의 여호와 신앙이 흔들리지 않았더라면, 그가 자신의 왕권보다 여호와 신앙이 이스라엘에 굳건히 뿌리내리는 일에 더 집중했더라면… 씁쓸한 모습을 남긴 여로보암이지만, 누군가의 실패를 통해서도 우리는 타산지석으로 삼아야 하겠습니다. 여로보암의 실패를 보면서 배우고 깨달아 우리 안의 중심에 하나님을 놓치지 않는 신앙인들이 되길 소망합니다.

기도

여호와 하나님, 북왕국 이스라엘의 시작을 살펴보며 큰 교훈을 얻습니다. '이스라엘'은 아직 완성되지 않았지만 여호와의 규례대로 살아간다면 당신의 축복을 받아 번영케 될 공동체임을 알았습니다. 그러나 그 소망의 공동체가 '여호와 신앙'이라는 중심을 잃고 주변을 붙잡음으로 어떻게 무너져갔는지 또한 배웠습니다. 주님, 그들을 반면교사 삼아 저희들의 삶이 그토록 어리석지 않기를 소망합니다. 삶의 불안정성에 떨며 자기만의 성벽을 쌓고 형상화된 우상을 만드는 삶이 되지 않게 하소서. 저희가 어떤 상황에서도 흔들림 없이, 여호와 당신만이 우리의 산성이자 피난처임을 고백하며 살아가게 하여 주시옵소서. 예수님의 이름으로 기도합니다. 아멘.

우리를 인도하신 여호와는 늘 임마누엘 동행하십니다. 앞날을 불안해하며 중심을 잃지 않도록 더 깊이 말씀을 묵상하며 삽시다.

신앙, 그 순례의 여정

마주보는 배필, 아합과 이세벨 이야기
열왕기상 20-21장

오늘은 '짝' 이야기를 해보려고 해요. 뜽딴지같이 급작스레 짝 타령이 웬 말이냐 싶으시죠? 관계가 있어요. 한 번 들어보세요. 이스라엘 왕국이 남북으로 분열되고 그 첫 왕들이 여호와 보시기에 행악했다고 했습니다. 왕국이 양쪽으로 나뉘어져 버렸으니 우리 역시 남과 북 양쪽을 넘나들며 인물을 살펴볼 수밖에 없는데요, 오늘은 북이스라엘의 아합 왕 이야기를 나누어 보려고 해요. 그의 아내가 이세벨인데, 이 부부를 함께 보려는 것이 오늘 제 성경묵상의 의도입니다. 이세벨, 이름은 예쁘죠? 그 뜻도 매우 좋습니다. '고상하고 우아하다'는 의미가 담긴 이름이에요. 한 나라의 왕비가 가져야 할 고상하고 우아한 품위를 가진 여인이었다면 참으로 어울릴 만한 이름입니다. 외모는 얼추 그랬을 것도 같은데, 그녀의 내면은 어땠을까요? 오늘 본문을 공부해보면 확인이 되겠네요. 아합과 이세벨, 이 왕과 왕비는 북왕국 이스라엘의 통치 역사에서 어떤 교훈을 남기고 있는지, 우리의 삶에는 어떤 메시지로 교훈을 주는지, 성경 본문을 통해 살펴보겠습니다.

북이스라엘이 소유한 '여호와-왕' 사상

북왕국은 통치권을 독점하는 유력한 가문이 없는 상태였어요. 남왕국은 다윗의 가문이 독보적으로 지배정당성을 갖고 있었지만 북왕국은 그렇지 못했습니다. 무엇보다 사사 전통이 남아있다 보니까 저마다 부르심을 받았다고 우기며 지도자가 되려는 사람들이 여기저기서 나타나 혼란스러운 정세가 이어지고 있었죠. 그러다 보니 왕권 자체도 혁명에 의해 여러 번 그 자리가 바뀌게 됩니다. 북왕국 이스라엘의 첫 왕 여로보암은 아들 나답에게 왕위를 세습하지만, 나답은 2년 밖에 재위하지 못하고 신하 바아사의 혁명으로 밀려납니다. 바아사 역시 대대손손 왕 노릇하고 싶었을 거예요. 하여 자신의 아들 엘라에게 왕위를 세습하지만 그 역시 2년 밖에 재위하지 못하고 시므리라는 신하의 혁명에 의해 왕위를 빼앗깁니다. 시므리의 통치는 더 부질없었죠. 혁명으로 집권하여 겨우 7일 동안만 왕의 자리를 누렸거든요. 겨우 일주일 만에 오므리라는 자에게 왕의 자리를 빼앗깁니다. 왕좌를 놓고 '자리 빼앗기'를 한다는 것은 컴퓨터 게임처럼 '게임 오버'하고 다시 살아나는 그런 가벼운 사안이 아니죠. 죽고 죽이는 혈투지요. 피라미드식 권력 구조의 가장 대표적 상징인 '왕'은

신앙, 그 순례의 여정

오직 한 사람만 군림할 수 있으니까요. 하여 서로 죽고 죽이는 혈전이 벌어진 겁니다. 여로보암이 북왕국 이스라엘의 왕이 된 때가 기원전 931년이고(왕국 분열은 922년) 오므리의 정권 장악이 885년이니 불과 반세기도 되지 않는 짧은 시간동안 왕의 혈통이 네 번이나 바뀐 겁니다. 북이스라엘에서 살고 있던 백성들은 매우 불안했을 것 같아요. 그래도 오므리의 왕권은 적어도 증손까지는 이어졌습니다. 정치적 수완이 대단했던 탓이겠죠. 오늘 공부할 아합은 바로 그 '대단한' 오므리의 아들입니다. 북이스라엘에서는 아버지로부터 왕위를 이어받아 아들에게 물려줄 수 있었고 이후에도 대를 이어 통치할 수 있었던 첫 왕인 셈입니다.

열왕기를 기록한 역사가는 아합 이전까지의 이스라엘 왕에 대한 평가가 매우 비판적입니다만, 아합의 초기에 대해서는 비교적 우호적으로 적었습니다. 열왕기상 20장 내용을 보면 아합은 적어도 '여호와의 규례'를 어느 정도는 아는 인물로 보입니다.

한 선지자가 이스라엘의 아합 왕에게 나아가서 이르되 여호와의 말씀이 네가 이 큰 무리를 보느냐 내가 오늘 그들을 네 손에 넘기리니 너는 내가 여호와인 줄을 알리라 하셨나이다 아합이 이르되 누구를 통하여 그렇게 하시리이까 대답하되 여호와의 말씀이 각 지방 고관의 청년들로 하리라 하셨나이다 아합이 이르되 누가 싸움을 시작하리이까 대답하되 왕이니이다(열왕기상 20:13-14).

아람 족속과 전쟁할 때에 일어났던 에피소드입니다. 많이 익숙한 장면이죠. 사사 전통에서는 전쟁에 나가기 전에 늘 여호와께 물었다고 했습니다. 이 전쟁을 수행하는 것이 맞는지에 대한 물음이지요. '여호와-전쟁'에서 빼 놓을 수 없는 필수적인 절차입니다. 적어도 이 구절에서 아합 왕은 그에게 나아온 선지자를 통해 여호와의 뜻을 구하고 그 말씀대로 따르려는 모습을 보입니다. 여호와의 말씀을 아예 무시하는 불신앙의 왕은 아니었던 것이지요. 선지자의 예언대로 아합은 아람 족속과의 전쟁에서 대승을 거두었습니다. 하지만 그들을 진멸하라는 여호와의 명령을 어기고 맙니다. 어디 아합만 그리했나요. 여호수아의 가나안 정복 과정에서도 자주 보았던 장면입니다. 금은보화 귀한 재물들과 인적 자산을 '진멸'한다는 것은 보통의 결단이 아니니까요. 그에 대해 여호와께서 아합을 꾸짖는 장면이 나옵니다. 열왕기상 20장 42-43절 말씀입니다.

> 그가 왕께 아뢰되 여호와의 말씀이 내가 멸하기로 작정한 사람을 네 손으로 놓았은즉 네 목숨은 그의 목숨을 대신하고 네 백성은 그의 백성을 대신하리라 하셨나이다 이스라엘 왕이 근심하고 답답하여 그의 왕궁으로 돌아가려고 사마리아에 이르니라(열왕기상 20:42-43).

여호와의 선지자가 아합 왕에게 "당신은 여호와의 말씀을 어겼소"라고 말하며 그에게 경고합니다. 아합 왕에게 신앙심이 없었다면 이러한 경고에 콧방귀를 뀌었겠지요. 그러나 아합 왕은 그 경고를

신앙, 그 순례의 여정

듣고 근심하고 답답해합니다. 이런 행동을 보면 아합은 여호와를 아는 자임에 틀림없습니다. 여호와의 실재하심을 믿으니 자신을 향한 부정적인 예언에 마음의 고통을 가지게 된 것이겠죠. 아니, 여호와를 아는 왕이라면 어찌 행동해야 하는지 너무나 자명한 일인데, 아합은 도대체 왜 이렇게 "근심하고 답답해"할까요? 혹시 성격이 소심해서 그런 것일까요? 우리의 이런 궁금증에 확신을 더해 줄만한 일화가 하나 더 있습니다. 열왕기상 21장이에요.

> 그 후에 이 일이 있으니라 이스르엘 사람 나봇에게 이스르엘에 포도원이 있어 사마리아의 왕 아합의 왕궁에서 가깝더니 아합이 나봇에게 말하여 이르되 네 포도원이 내 왕궁 곁에 가까이 있으니 내게 주어 채소밭을 삼게 하라 내가 그 대신에 그보다 더 아름다운 포도원을 네게 줄 것이요 만일 네가 좋게 여기면 그 값을 돈으로 네게 주리라(열왕기상 21:1-2).

이스르엘은 지명입니다. 언뜻 이스라엘과 혼동이 되시죠? 이스라엘은 산으로 둘러싸인 지역이 많았는데요, 그 사이에 끼어 있는 구릉성 평야지대가 이스르엘입니다. 더구나 그 한 중간으로 강물이 흘러 들어가는 지형이라 예로부터 농사짓기에는 아주 적합한 땅이었죠. 그곳에 살던 나봇이라는 사람에게 포도원이 있었습니다. 하필 그 포도원은 아합의 왕궁 바로 근처였어요. 아합은 나봇의 포도원이 탐이 났습니다. 정말 채소를 심으려고 했는지는 모르겠어요. 지금 현대인의 상상력으로는 매우 '귀여운' 요청입니다. 채소밭 만들고 싶다고 땅을 달라니요. 더구나 왕 치고는 상당히 공손하게 부탁을 합니다. 다른 포도원을 주겠다는 것으로 미루어 아합은 자신의 왕궁에 접해 있는 그 땅을 손에 넣어 왕궁 확장이나 다른 계획이 있었던 것으로 보입니다. 그냥 비옥한 포도원 자체가 탐이 난다면야 굳이 다른 포도원을 약속하면서까지 나봇의 포도원을 탐낼 이유가 없으니까요. 다른 토지가 싫다면 선뜻 금전적인 보상도 가능하다고, 그러니 땅을 넘기라고 부탁을 하죠. 우리가 흔히 아는 왕의 모습은 아닙니다. 까짓것 왕의 권한으로 그냥 빼앗은들 약한 백성 입장에서는 별 도리가 없을 일입니다. 물론 그것이 정당하다는 말은 아닙니다만, 그렇게 왕의 권력을 휘두를 생각은 상상조차 못한 채 그저 소심하고 조심스럽게 부탁하는 아합의 모습을 떠올리자니 풋, 웃음이 나기도 합니다. 이 부탁에 대해 나봇이 어떻게 대답했을까요?

나봇이 아합에게 말하되 내 조상의 유산을 왕에게 주기를 여호와께서 금하실지로다 하니 이스르엘 사람 나봇이 아합에게 대답하여 이르기를 내 조상의 유산을 왕께 줄 수 없다 하므로 아합이 근심하고 답답하여 왕궁으로 돌아와 침상에 누워 얼굴을 돌리고 식사를 아니하니(열왕기상 21:3-4).

하하, 아합의 모습을 보세요. 정말 답이 없죠. 또 "근심하고 답답해했다"네요. 풀이 죽어 돌아가는 아합의 모습이 동영상처럼 생생하게 떠오릅니다. 물론 좋게 보면 순수한 모습일 수도 있어요. 일개 평민이 이런 대답을 했을 때에 왕이라면 화를 낼 수 있잖아요. 그러나 그러지 않고 오히려 "근심하고 답답해했다"는 것은 적어도 왕권을 남용하지 않는 모습이니까요. 하지만 이스라엘 전통을 아는 아합이라면 나봇의 말을 존중할 수밖에 없었을 겁니다. 나봇의 대답은 이스라엘의 전통과 관련된 것이었으니까요. 이전에 레위기 25장에서 배웠던 것처럼 "땅은 하나님의 것이기에 사람들이 영구히 사고팔 수 없다"는 생각은 이스라엘 공동체가 함께 갖고 있던 신앙이었거든요. 정착할 땅 하나 없이 유리방황하던 이스라엘의 조상들이 여호와의 축복으로 가나안 땅을 분깃으로 받게 되었죠. 하지만 이 축복을 개인의 사유재산으로 만들 때 빈익빈 부익부의 불평등한 경제 구조가 만들어지는 것은 시간문제입니다. 그렇게 된다면 자유와 평등, 인격적 존중을 이상으로 하는 이스라엘의 대안적 삶은 또다시 망가지게 되겠죠. 하여 지파마다 할당된 땅은 조상의 유산임으로 영구히 사고팔 수 없다고 선포했고 이 공동체는 이 약속을 공유하며 지켜야 할 신앙적 결단으로 고백했죠. 이 사실을 나봇이 지적한 것입니다. 그러니 왕 앞에서도 그리 당당했겠지요. 실은 아합도 알고 있었기에 왕의 권위를 내세우지 못하고 근심한 것입니다. 이렇게 생각해보면 아합은 그저 개인적인 성격이 소심했던 것만은 아니지 싶습니다. 오히려 결단력이 없는 사람이었나 봅니다. 참 불쌍한 일입니다. 만약 이스라엘의 옛 전통을 온몸과 마음으로 인정했다면 근심할 일이 아니니까요. 왕궁 옆의 땅을 사서 무엇을 하려 했든 자신의 욕심을 그쯤에서 멈추었으면 될 일이죠. 하지만 그는 하나님의 규례와 왕의 규례 사이에서 어느 것 하나 온전히 선택하지 못하고 갈등하는 경계인이었습니다. 갈팡질팡하고 있는 것이지요.

이세벨의 통치 방식, 인간—왕의 '다스림'

이때에 정말 중요한 것이 바로 주변에 함께 하는 사람의 역할입니다. 그것이 악이든 선이든 한 방향을 확고하게 결정하고 나가는 사람에게는 옆 사람의 조언이 그렇게 큰 영향력을 발휘하기 힘든 법입니다. 하지만 아합처럼 갈팡질팡하는 경우라면 이야기가 다르죠. 아합 옆에 있는 이가 어떻게 조언하느냐에 따라 아합의 행동은 그 방향성이 크게 달라질 소지가 있는 인물입니다. 바로 여기서 아내 이세벨이 등장합니다. 일단 아내 입장에서 자기가 원하는 것을 얻지 못해 밥도 안 먹고 침대에 누워서 끙끙대는 남편을 보면 어떤 심정일까요? 여러분은 어떠세요? 필시 답답하기도 하고 걱정되기도 했겠지요. 하지만 이세벨은 여느 평범한 아내가 아닙니다. 왕비였죠. 어쩌면 나봇의 포도원을 탐낸 장본인일 수도 있어요. 제가 너무 나아갔나요? 하지만 성경 본문이 가리고 있지만 숨겨진 정황을 상상하는 것은, 제게는 어린 시절부터의 재미있는 '놀이'인걸요. 이세벨이 자기의 정원을 만들어달라고 했을까? 거기다 별궁을 짓자고 했을까? 아니면 수출해서 화려한 장신구를 사들일 만큼 이윤을 남기는 고가의 농작물을 심자고 했을까? 뭐 이런 상상력 말입니다. 실제 용도가 무엇이었든 아합의 아내 이세벨은 미션을 성공하지 못한 채 끙끙거리는 남편에게 이렇게 말합니다.

그의 아내 이세벨이 그에게 이르되 왕이 지금 이스라엘 나라를 다스리시나이까 일어나 식사를 하시고 마음을 즐겁게 하소서 내가 이스르엘 사람 나봇의 포도원을 왕께 드리리이다 하고(열왕기상 21:7).

"아휴, 내가 못 살아, 정말. 당신 이 나라 왕 맞아요? 당신이 '다스린다'는 것의 의미를 모르는구나! 밥이나 먹어요, 내가 다 해결해줄 테니." 요즘 젊은 부부들의 상황극으로 표현한다면 이렇게 말했을 겁니다. 여기서 핵심 단어는 '다스린다'는 것이에요. 이세벨은 이스라엘 여인이 아니었습니다. 그녀는 시돈이라는 이방 지역 출신이고 엣바알이라는 자의 딸입니다. '엣바알'은 "바알과 함께하는 자"라는 뜻을 가지고 있습니다. 이세벨은 바알 신앙의 열렬한 지지자를 아버지로 둔 것이지요. 바알 신앙이란 기본적으로 물질적 번영을 축복하는 신이죠. 경제적 축적이 하나의 가치가 되는 공간에서는 자연스레 더 많은 것을 얻기 위해 안달하기 마련입니다. 이런 물적 욕심은 사람들 사이의 상호작용에서 경쟁적 관계를 낳게 되는 것이고, 당연히 승자와 패자가 생기는 거고요. 따라서 '바알 신앙'을 고백하는 이들에게 '다스린다'는 것은 부를 획득하여 피라미드의 꼭대기에 올라가 아랫사람들을 짓밟고 억누르고 더욱 많은 것을 빼앗기 위하여 쥐어짜낸다는 것을 의미했던 겁니다. 이세벨이 아버지 엣바알 곁에서 보고 자란 다스림은 그런 것이었음에 틀림없습니다.

《삶, 그 은총의 바다》에서 창세기 1장을 함께 공부하면서 저는 '다스리다'로 번역된 히브리어 '라다radah'를 '갈 바를 모르고 헤매거나 스스로의 삶을 지켜내지 못하는 연약한 생명을 살려내다'의 의미로 풀어내었습니다. 하지만 사실 '라다'의 어원을 따라 올라가면 그 반대적인 다스림을 뜻하기도 합니다. 바로 '엣바알'의 다스림과 같이요. '포도주 틀에서 그 즙을 짜내듯이 억누르고 쥐어짜며 다스리다'라는 의미를 가진 어원적 계보도 있습니다. 아니 그럼, 무엇이 맞나요? 저는 적어도 창세기 안에서 기록자가 사용한 '라다'는 전자의 의미가 맞다고 봅니다. 하나님을 대신해서 수행하는 다스림이라면 당연히 살리는 다스림이죠. 하지만, 고대 근동의 언어들이 계보학적으로 서로 많이 비슷하고 함께 사용하는 단어 표현들이 많은 것을 고려한다면, 바알 신앙을 가진 나라들에서도 같은 단어를 폭력적 '다스림'으로 사용했을 가능성은 충분히 있습니다. 실은 이것이 먼저였겠죠. 이스라엘은 나중에 생긴 공동체니까요. 이렇게 본다면 이세벨이 보고 배운 '엣바알의 다스림'은 필시 쥐어짜고 죽이기까지 해서라도 더 많은 부를 축적하는 그런 통치의 기술이었을 겁니다. 이후 전개되는 이야기는 이스라엘이 말하는 '다스림'과는 너무나 대조적인 '엣바알의 다스림'을 보여줍니다. 이세벨은 왕의 인장을 찍은 편지를 나봇이 사는 동네의 귀족과 장로들에게 보냅니다. 그 편지의 내용은 이러했습니다.

그 편지 사연에 이르기를 금식을 선포하고 나봇을 백성 가운데에 높이 앉힌 후에 불량자 두 사람을 그의 앞에 마주 앉히고 그에게 대하여 증거하기를 네가 하나님과 왕을 저주하였다 하게 하고 곧 그를 끌고 나가서

신앙, 그 순례의 여정

돌로 쳐죽이라 하였더라(열왕기상 21:9-10).

참 무시무시한 명령입니다. 왕의 인장을 찍었다는 것은 왕명을 의미합니다. 왕의 이름으로 이웃에 대해 거짓 증거를 하고 그를 죽이라는 명령을 내리는 것이죠. 십계명에서 금지한 조항입니다. 이세벨은 눈 하나 깜짝하지 않고 거짓 증인을 매수하게끔 합니다. 나봇이 하나님과 왕을 저주하였다고 증언하라는 것이죠. 왕을 모욕한 죄와 신성모독은 죽음으로 죄값을 치러야 하는 것이 당시의 규례였던 것을 십분 이용한 거예요. 여호와 하나님보다 이세벨을 두려워한 장로들은 결국 '왕의 인장'이 찍힌 이세벨의 지시대로 따랐고 나봇을 죽이게 됩니다. 자신들이 꾸민 거짓임을 그 누구보다도 잘 알면서, 너무나 뻔뻔하게 참담한 표정으로 금식을 선포하는 공동체의 지도자들이라니! 그들의 겉모습에 속아 나봇을 돌로 쳐 죽였을 백성들을 떠올리니 큰 두려움이 생깁니다. 정말이지 사람의 마음은 겉모습으로는 판단할 수 없는 일입니다.

이세벨은 그 모든 일이 끝이 나자 의기양양하게 아합 왕을 포도원으로 데려갑니다. "자, 이제 자리를 털고 일어나요. 내가 다 해결했으니!" 그런데 그들이 포도원에 가는 동안 하나님의 사람 엘리야가 나타납니다. 엘리야는 하나님의 말씀을 맡아 아합과 이세벨에게 가던 중이었어요. 여호와의 말씀은 이러했습니다. "네가 [이웃을] 죽이고 또 빼앗았느냐?"(21:19) 서슬 시퍼런 이 질책은 "왕이 지금 이스라엘 나라를 다스리는 것이 맞나요?"라는 이세벨의 물음과는 극명한 대조를 보입니다. 여호와의 이름으로 백성들을 다스리는 것이 무엇이더냐? '라다'란 위에서 짓밟고 억누르는 억압적 통치가 아니다. 어린 양들을 돌보듯 하나님의 마음으로 연약한 생명을 살려내는 살림의 리더십이다. 그런데 어찌 이웃을 죽이고 이웃의 것을 빼앗느냐? 그것이 어찌 '이스라엘 왕의 다스림'이냐? 이런 물음이십니다. '다스림'에 대한 대조적인 두 입장이 여실히 드러나는 대목이죠. 이 둘은 절대로 같이 갈 수 없는 통치방식입니다. 압바냐 맘몬이냐? 우리는 흔히 이런 대조로 알고 있죠. 아합은 이 둘 사이에서 이세벨이 말한 '엣바알의 맘몬적 다스림'을 택했던 것입니다. 아니, 더 비겁하게 자신의 아내로 하여금 그 다스림으로 자신이 원하는 것을 얻었던 것이지요.

에제르 케네그도, "돕는 배필"의 역할

성경 본문에서 드러나는 아합은 참으로 우유부단한 성격으로 보입니다. 엘리야의 예언에 아합은 또 겁을 먹습니다. "옷을 찢고 굵은 베로 몸을 동이고 금식하고 굵은 베에 누우며 또 풀이 죽어 다녔다" (27절)고 하네요. 옷을 만큼 가벼운 일은 아닙니다만, 아합의 행태를 상상하자니 허탈한 웃음이 납니다. 아합은 귀가 얇은 사람임에 틀림이 없습니다. 이럴 때 더욱 안타까운 마음이 드는 이유는, 아합 가까이에 여호와의 규례를 잘 아는 이들이 포진하고 있었다면 이스라엘의 향방이 어떠했을까 하는 생각 때문이죠. 아합의 선택이 늘 '살리는 선택'이 되었을 것은 자명한 일입니다. 아내 이세벨도 마찬가지입니다. 바로 그때에 그를 올바른 방향으로 인도하는 배필의 역할을 했다면 아합과 같은 성격의 남편은 충분히 아내의 조언에 귀 기울였을 겁니다.

물론 중심이 없는 아합을 그저 불쌍하게만 여기고 그 모든 잘못을 '악녀' 이세벨에게로 돌리고자 함은 아닙니다. 그러나 하나님께서 인간을 '짝'으로 창조하신 까닭을 묵상하다보니 배우자의 역할에 대한 깨달음이 크게 다가왔습니다. 하나님께선 "돕는 배필"로서 아담에게 여자를 보내 주셨습니다. "돕는 배필"은 잘못된 번역은 아니지만, 원어의 모든 뜻을 다 전달하지는 못한다고 봅니다. 더구나 우리나라처럼 유교 문화가 여전히 영향을 미치는 사회에서는 더욱 그러합니다. "돕는 배필"이라고 하면 한국 사람들은 대부분 집안에서 그림자처럼 조용히 남편을 내조하고 아이들을 양육하는 여성의 이미지를 떠올리게 되니까요. 상당히 수직적인 관계로 이해될 때가 많고, 그렇지는 않더라도 고착된 성역할로 이해해서 여성의 돕는 영역이 집안일로 한정되기도 하죠.

하지만 "돕는 배필"의 원어인 '에제르 케네그도ezer kenegdo'는 '옆에 서서 마주 보며 도와주는 짝'이라는 의미가 있습니다. 위에서 지시하는 자도 아니고, 아래에서 복종하는 자도 아닙니다. 돕는 배필의 포인트는 동등한 높이에서 서로를 마주 보는 것입니다. 사랑으로 서로를 마주 보며 서로의 부족함을 알고 빈자리를 채워주는 관계입니다. 우리가 잘못된 길을 갈 때 서로를 잡아줄 수 있는 존재가 '배필'입니다. 그 동등한 관계를 나타내기 위해, 성경은 '옆구리의 갈비

뼈'로 여자를 지었다는 아름다운 표현을 한 것이겠죠. 따라서 배필이 주는 '에제르(도움)'는 각 커플마다 다를 수 있습니다. 사람마다 약점이 다르고 상황이 다르니까요. 이것을 특정한 성역할에 고정시킬 이유도, 정당성도 없습니다.

사람은 "하나님의 형상"으로 지음 받았기에 놀라운 창조력과 자유의지를 갖는 구별된 피조물인 것이 맞습니다. 하지만 여전히 '유한한 존재'이기에 서로를 도울 배필을 하나님께서 보내주신 거예요. 인간의 '짝'은 단순히 "생육하고 번성하기" 위해서 창조된 것이 아닙니다. 만약 그것이 이유였다면 다른 동물들처럼 아예 처음부터 암수로 함께 창조하셨겠지요. 창세기 1장을 보면 하나님께서는 모든 동물을 암수로 창조하시고 "생육하고 번성하라"(창조명령)고 축복하시거든요. 오직 인간만이 이에 더하여 '구원명령' 그러니까 '살리고 보살피라'는 의미에서의 "다스림"을 명령으로 받았습니다. 이것이 어찌 가능할까요? 오직 인간에게 허락하신 하나님 닮은 능력 때문이죠. 그래서 인간이 "하나님의 형상"이라고 고백하는 겁니다. 우리는 살려내는 선택을 하고 이를 실천함으로써 비로소 하나님의 형상을 드러낼 수 있는 '사람들'입니다.

그런데 한 번 생각해 보세요. 이런 어마어마한 능력을 가졌으나 유한한 인간이 만약 혼자서 권력을 독점한다면 어떤 일이 벌어질까요? 그의 '다스림'은 약한 생명을 죽이고 빼앗는 폭력적 다스림이 되기 쉬울 겁니다. 마치 옛바알의 다스림처럼요. 하여 인간에게는 같은 '다스림'의 능력을 가졌으나 그 장단점이 달라서 서로를 온전히 채워줄 수 있는 동등한 '짝'이 필요했던 겁니다. 때론 견제하고 때론 말리고 때론 지지하면서 함께 힘을 합하여 '살리는 다스림'을 살아내는 배필, 그것이 성경이 말하는 '돕는 배필'의 이상이라고, 저는 그리 믿습니다. 때문에 '돕는 배필'로서의 여성은 결코 그림자 노동이나 수동적인 보조자의 역할을 하도록 창조된 존재가 아닙니다. 남편을 '주님'처럼 모시고 순종하라고 만들어진 것이 아니라는 말입니다. 서로 마주 보며 상대의 부족함을 채워주고, 서로를 자라게 하는 것이 바로 "돕는 배필"의 진정한 역할입니다. "돕는 배필"에서 '도움ezer'이라는 말은 하나님이 인간에게 제공하셨던 그런 도움을 포함하는 말입니다. 시편에도 있지요. "내가 산을 향하여 눈을 들리라. 나의 도움이 어디서 올까. 나의 도움이 천지를 지으신 여호와에게서로다"(시편 121:1-2). 여기서 '도움'으로 번역된 단어가 바로 '에제르'입니다. 여호와께로부터 오는 거룩한 도움까지 포함하는 단어가 바로 '에제르'인데, 그런 거룩하고 놀라운 능력으로 서로를 살리라고 지음 받은 인간의 짝이 바로 "돕는 배필"입니다. 하나님이 인간을 지으시고 바라셨던 공동체적 삶을 기억했으면 합니다. '성벽'(나의 욕망을 실현하는 아성)을 건설하느라 애쓰지 말고, 사랑하는 상대방을 건설하기 위해 애쓰라는 겁니다. 서로 도우라는 겁니다. 일방적인 관계가 아닌 상호적인 관계입니다.

이런 묵상을 되새겨 볼 때마다 가장 아쉬운 커플이 바로 아합과 이세벨인 것 같아요. 이세벨은 주관이 뚜렷하고 정말 강인한 여성이었음을 알 수 있어요. 요즘 아이들 말로 '걸크러쉬'(주체적이고 능력이 출중한 여성에게 보내지는 여성들의 찬사)를 일으키는 여걸이었죠. 이런 이세벨에게 만약 여호와 신앙이 깊이 뿌리박혀 있었다면, 결단력이 없고 소심한 아합을 훌륭한 왕으로 채워줄 수 있지 않았을까요. 둘이 힘을 합하여 북왕국 이스라엘이 다시 여호와께로 돌아오게 이끄는 아름다운 커플이 되지 않았을까요. 이런 생각을 하다 보니 문득 옆을 돌아보게 되네요. 그동안 왜 나와 같지 않느냐고, 늘 불평과 불만을 늘어놓았던 '짝' 말입니다. 인정해야 할 것 같습니다. 내 짝이 나와 매우 다른 것은 어쩌면 창조질서입니다. 우리는 창조질서에 꼭 맞는 배필을 만난 겁니다. 하하, 그래야 서로의 부족한 점을 채우면서 '살고 살리는' 삶의 명령을 실행할 수 있을 테니까요. 우리 모두가 내 파트너를 올바른 방향으로 건설해주고, 서로를 세워주는 배필이 되기를 기도합니다.

신앙, 그 순례의 여정

기도

사랑의 하나님, 감사드립니다. 사람이 혼자 독처하는 것이 보시기에 좋지 못하여, 저희들에게 돕는 배필을 허락하셨습니다. 오늘, 아합과 이세벨의 부부 사이를 반성적으로 묵상하며 주께서 창조 때부터 계획하셨던 "돕는 배필"의 의미를 새겨보았습니다. 주여, 우리가 서로 마주 보며 살아가는 가운데 하나님 보시기에 옳지 못한 선택을 할 때마다 서로에게 올바른 방향으로 인도하여 주는 배필이 되길 원합니다. 나만 성장하겠다고 독불장군처럼 외치는 삶이 아니라, 서로를 세우고 만들어가며 주님 보시기에 아름다운 신앙 공동체를 이루게 하여 주시옵소서. 그 힘으로 우리도 살고 세상도 살리는 삶을 살아내게 하여 주시옵소서. 예수님의 이름으로 기도합니다. 아멘.

배우자는 '옆에 마주 보고 서서 서로의 부족함을 도와주는 짝'입니다. 여호와 신앙 안에서 서로 도우며 서로를 건설해 갑시다.

남겨진 자의 몫, 사르밧 과부와 오바댜 이야기
열왕기상 17-18장

기가 센 왕비 이세벨의 모습은 지난 시간의 일화로 끝난 것이 아닙니다. '바알과 동행하는(엣바알)' 아버지의 딸 이세벨은 그의 강한 성격과 추진력으로 북이스라엘에 바알과 아세라 신앙을 확립했습니다. 수도 사마리아에 바알과 아세라를 위한 신전을 세우는 것은 물론 여호와의 선지자들을 보는 족족 다 잡아 죽였습니다. 여호와의 영과 늘 동행하면서 기적을 행했던 카리스마적인 선지자 엘리야조차 그릿 시냇가에 숨어 고독하게 지내야만 했던 종교 박해의 시절이었죠. 오늘은 이 암울한 시절에 남겨진 사람들이 어떤 자세로 자신의 삶의 몫을 실천하며 살아갔는지 함께 공부하겠습니다.

가장 낮은 자의 '살리는 선택'

시절이 너무나 악할 때에는 오히려 죽임을 당한 사람들보다 남겨져 있는 사람들의 몫이 더욱 처절한 경우가 많습니다. "아, 차라리 이 꼴 저 꼴 안 보고 죽었으면 좋겠다." 이런 생각이 들 정도로요. 신앙의 사람 엘리야조차 그런 유혹에 시달릴 만큼 어렵던 때였습니다. 그 시절을 버텨낸 사람들이 많이 있었습니다만, 오늘은 엘리야가 만났던 두 사람의 이야기를 통해 '남겨진 자의 몫'을 묵상해보았으면 합니다.

당시 아합과 이세벨의 종교 박해는 도를 넘었습니다. 위대한 선지자였고 카리스마적인 능력을 가지고 있던 엘리야가 3년 동안 숨어지낼 만큼 거세고 위협적이었죠. 물론 여호와께서 힘이 약하셔서 엘리야를 숨기신 것은 아니시겠죠. 엘리야는 그릿 시냇가에 숨기 전에 아합에게 나아가 여호와의 말씀을 전했습니다. "이 나라에 기근이 올 것이다." 생명의 근원이신 여호와를 버리고 세상을 향했던 인간의 사악한 선택이 얼마나 끔찍한 결과를 가져오는지 직접 겪어 보라는 의미에서 내려진 형벌과도 같은 기근이었습니다. 온 나라가 기근으로 고통 받는 동안, 엘리야는 어찌 지냈을까요? 그릿 시냇가이니 적어도 물 걱정은 하지 않았을 겁니다. 성경에는 까마귀가 그에게 먹을 것을 물어다 주었다고 하는데, 그럼 먹을 걱정도 없었겠네요. 하지만 새가 물어다 준 음식이 얼마나 풍족했겠어요? 그저 하루하루를 연명하던 시간이었을 겁니다. 육신의 고달픔이나 배고픔보다는 정신적이고 영적인 괴로움과 외로움이 더 컸을 겁니다. 나라가 어찌 되려고 이 모양인가. 여호와께서는 언제까지 잠잠하실까. 나 홀로 무엇을 할 수 있을까. 그때에 엘리야에게 하나님의 말씀이 임합니다.

> 너는 일어나 시돈에 속한 사르밧으로 가서 거기 머물라 내가 그곳 과부에게 명령하여 네게 음식을 주게 하였느니라(열왕기상 17:9).

뭔가 큰 사명을 주실 줄 알았는데, 기껏 한 과부의 집으로 가보라고 하십니다. 가봐야 뻔한 일입니다. 지금 기근 아닌 지역이 없고 다들 먹거리가 없어 고생이 이만저만하지 않을 테니까요. 더구나 과부요? 당시 사회적 여건에서 과부라는 위치는 돈벌이를 할 수 없었습니다. 그 과부가 어떤 상황일지는 굳이 가보지 않아도 훤히 보이는 일입니다. 더군다나 시돈 땅이라니요. '시돈'은 이세벨의 고향입니다. 바알 신앙이 가득했던 이방 땅이었지요. 그런데 그곳 과부에게 하나님께서 명령을 내리셨다고요? 이 말씀을 받은 엘리야뿐만 아니라 읽는 우리들도 의아한 일입니다. 그러나 저는 이런 의문점이 많은 구절을 읽다가 저만의 깨달음을 발견할 때 일종의 전율을 느껴요. 여호와께선 이스라엘 민족에게만 임하시는 신이 아니시죠. 세상 그 누구에게든 임하시는 분이시잖아요. 시돈 땅이라 할지라도 자신의 존재 근원을 알려고 노력하는 이들에게는 여호와께서 당연히 자신을 계시하시고 그 살리시는 강한 손을 내밀어 주시는 거죠.

사르밧 여인은 삶이 힘들었던 과부였을 겁니다. 오랜 기근에 남편이 있어도 어려운 집안 사정입니다. 그런데 홀로 버텨내야 하는 거죠. 아직 장성하지 않은 아들 하나 뿐인 그녀가 얼마나 막막했을까요. 어느 이름으로 불렸는지는 모르지만 간절한 마음으로 신을 부르며 애타게 살려달라고 청원했을 겁니다. 굶는 자식을 보는 어미의 마음이 어떠할지는 상상조차 어렵습니다. "살려주세요." 네. 더 부자가 되게 해달라는 기도도 아니었고 높은 지위를 얻게 해달라는 기도도 아니었습니다. 바싹 마른 그녀의 입술에서 탄식처럼 흘러나온 기도는 그랬을 겁니다. "살려주세요." 그녀의 기도가 간절하고 간절했을 것은 너무나 당연한 일이지요. "하나님, 이렇게 허무하게 거두어 가실 생명이라면 어찌 이 세상에 보내셨습니까? 저 어린 생명이 스러지는 것을 저보고 어찌 지켜보라 하십니까? 내가 낳았고 내가 기른 자식인걸요." 이런 마음의 소리를 여호와께서 들어주신 것이라고, 저는 믿습니다. 성경에 기록된 것은 오직 "내가 그곳 과부에게 명령하여 네게 음식을 주게 하였느니라." 이 구절뿐입니다. 어떤 방식으로 응답하셨는지는 모르지만 여호와께서는 분명하게 사르밧 과부에게 임하셨던 것입니다. 그릿 시냇가에서 물을 마시고 음식도 먹으며 생존가능했던 엘리야를 굳이 시돈 땅 사르밧 과부를 만나러 떠나라고 명령하신 것은, 어쩌면 그녀에게 구원의 손길을 내밀어 주시기 위함이 아닐까요?

여기서 저의 궁금증은 여지없이 발동됩니다. 여호와께서는 사르밧 과부에게 어디까지 알려주셨을까요? 하나님의 사람이 방문할 터이니 먹을 것을 주어라? 그것을 주고 나면 이 기근이 끝나도록 네 음식이 그치지 아니할 것이다? 만약 여호와께서 내려주실 축복까지도 미리 말씀하셨다면, 사르밧 과부는 아무런 갈등 없이 엘리야를 구하는 선택을 했을 겁니다. 망설일 이유가 없으니까요. 그야말로 로또도 이런 큰 로또가 없잖아요? 달랑 남겨진 마지막 식량으로 선지자를 접대하고 기근 내내 배불리 먹을 수 있는 기회인 걸요. 하지만 그녀가 망설인 것으로 보아 이후의 축복에 대한 말씀은 받지 못했을 가능성이 큽니다. 사르밧 과부의 집에 남은 음식이라고는 가루 한 움큼과 병 바닥에 남아 있는 기름 조금 뿐이었습니다. 그런 그녀에게 엘리야가 찾아와 음식을 달라고 한 것이죠. 생전 처음 보는 사람이 와서 내가 여호와의 사람이니 음식을 달라고 부탁한다면 어떤 반응이 정상일까요. 물론 여호와의 계시조차 없는 상황이었다면 참으로 황당할 일이죠. 어차피 죽을 운명이었던 그녀의 마지막 식량이었지만, 분통이 터져 마구 폭언을 할지도 모릅니다. 그동안 버티고 버티던 마지막 기운을 다해 악에 받쳐 화풀이를 할 수도 있겠죠. 그나마 엘리야가 그런 봉변을 당하지 않은 것은 여호와께서 사르밧 과부를 먼저 만나주셨기 때문이지 않나, 그렇게 생각이 되네요. 그래서였겠지요. 사르밧 과부는 엘리야의 황당하고 뻔뻔한 요청에 먼저 자신이 처한 상황을 솔직하게 고백합니다.

그가 이르되 당신의 하나님 여호와께서 살아 계심을 두고 맹세하노니 나는 떡이 없고 다만 통에 가루 한 움큼과 병에 기름 조금 뿐이라 내가 나뭇가지 둘을 주워다가 나와 내 아들을 위하여 음식을 만들어 먹고 그

후에는 죽으리라(열왕기상 17:12).

떡을 만들어보신 분들은 아실 겁니다. 쌀가루가 보통 들어가는 게 아니죠. 다 만들고 나면 부피가 정말 조그마해집니다. 그래서 음식이 부족할 때에는 떡을 만드는 것은 상상도 못하죠. 보통은 죽을 쑤거나 야채를 많이 넣어 그 부피를 부풀리기 마련입니다. 그녀가 가진 음식이라고는 가루 한 움큼과 병에 기름 조금 뿐입니다. 그걸로 만들어 먹을 수 있는 음식이 얼마나 허접할지는 상상이 됩니다. 그녀는 모든 것을 포기한 채 마지막 음식을 만들어 먹고 죽을 작정이었습니다. 그런 그녀에게 엘리야는 뻔뻔스럽게도 계속해서 음식을 달라고 한 것이죠. 저는 이 과부의 입장에서 묵상하려 노력했습니다. 그녀는 어차피 죽을 운명입니다. 자신에게 있는 것은 마지막 한 끼 뿐이었습니다. 그런 그녀에게 하나님의 사람이 그 마지막 한 끼를 달라고 하고 있습니다. 그가 올 줄은 알고 있었습니다. 여호와께서 알려주셨고 그에게 음식을 주라고 하셨으니까요. 이 사람이 오늘 온 것을 보면 신께서 말씀하신 하나님의 사람인 것 같습니다. 어쩌면 그녀는 지금 자신이 할 수 있는 마지막 선택, 즉 '살리는 선택'을 한 것이 아닐까요? 이미 자신과 자신의 아이가 살 수 있는 방법은 없습니다. 한 끼를 더 먹고 죽으나 지금 죽으나 큰 차이가 없지요. 하지만 적어도 이 마지막 음식으로 자기 앞에서 먹을 것을 구하는 엘리야의 '한 끼'는 채워 줄 수 있었습니다. 사르밧 과부인들 이스라엘 땅에서 벌어지는 종교 박해의 소문을 몰랐을 리 없습니다. "아, 이 사람은 목숨을 부지하며 여기 저기 떠돌고 있구나. 먹을 것, 마실 것도 없이 고생하는 여정이겠구나. 적어도 지금 내가 한 끼를 대접하면, 그래서 그가 살아 도망 다니는 동안에 누군가가 또 한 끼를, 다른 한 끼를, 그렇게 이 사람의 생명을 이어준다면, 누가 아는가? 그는 살아서 훗날에 여호와의 일을 위하여 귀한 쓰임을 받을 수도 있을 텐데." 생각이 여기에 미쳤다면, 그래서 그 마지막 음식을 기꺼이 엘리야에게 건네었다면, 이 결정의 순간에 하나님께서 사르밧 여인에게 심어주신 것은 '사랑'(헤세드)의 마음이었을 겁니다. 그녀는 자신과 아들의 생명의 끝이 보이는 절박한 상황에서조차, 살리는 선택을 했던 것이죠.

고등학교에 다니는 제 아들이 한 번은 수업시간에 '사랑이란 무엇인가'라는 질문을 받았다고 합니다. 기술·가정 시간이었다는데, 진도를 다 나간 터라 한창 청소년기인 아이들에게 선생님께서 흥미로운 질문을 하셨나 봅니다. "3년짜리 호르몬 장난" "종족번식본능의 낭만적 표현" 십대다운 기발하고 재미있는 답들이 나왔다는데, 제 아들은 다소 철학적인 답을 하였다는군요. "사랑이란 존재의 속삭임에 귀 기울이는 것"이라고요. 어떻게 그런 대답을 할 수 있냐는 선생님의 질문에 제 아이의 대답이 그랬답니다. "엄마는 내 말뿐만이 아니라 표정이나 몸짓에도 늘 관심을 가지고 귀 기울여 주시는데요, 그게 사랑이라고 생각했어요." 어째 이야기를 나누고 보니 아들 자랑인지 제 자랑인지 상당히 쑥스러운 상황입니다만, 오늘 사르밧 과부의 이야기를 묵상하며 떠올랐던 일화였기에 적어보았습니다. 어쩌면 아들이 나누어준 이 일화 덕분에 사르밧 과부의 속마음을 상상하게 되었는지도 모르겠습니다.

사르밧 과부도 그 순간 '엘리야'라는 생명의 존재 자체를 집중하여 보았던 것 같아요. "나의 일을 할 사람이다. 이 사람을 살려라~" 하는 여호와의 말씀을 들었을 겁니다. 보나마나 엘리야의 행색은 말이 아니었겠죠. 시냇가에서 얼마나 오래 홀로 버텼는지 모릅니다. 까마귀가 물어다 준 음식이 오죽했을까요. 변변치 못했을 겁니다. 고독과 배고픔, 그리고 무엇보다 여호와의 능력을 아는 자로서 아무 것도 하지 못하고 그리 숨어 지낸 시간들이 얼마나 치욕스러웠겠습니까? 그런 복잡한 상황과 마음이 엘리야의 온 존재로부터 다 느껴졌을 겁니다. 그걸 본 사르밧 과부였기에 기꺼이 그녀의 마지막 음식을 나누어 준 것이 아닐까요?

이 본문을 읽는 많은 신앙인들은 이후 그녀가 받은 복에 더 초점을 둡니다만, 이 일화의 클라이맥스는 오히려 그녀의 '살리는 선택'이 아닐까 싶습니다. 결국 사르밧 과부의 살리는 선택은 엘리야의 생명뿐만 아니라 그녀와 그녀의 아들까지 살게 되는 복을 누릴 수 있게 해주었습니다. 하나님께선 사르밧 여인의 집에 기근이 끝날 때까지 가루통이 항상 가득하고 기름통이 마르지 않는 축복을 주셨습니다. 더구나 하나님께선 병으로 죽은 그녀의 아들도 엘리야를 통해 살리십니다. 사르밧 과부가 결코 상상도 못했던 일들이 엘리야를 살리는 그녀의 선택으로 인해 일어난 것입니다. 이 일화의 마지막 부분에 그녀는 엘리야가 정말로 하나님께서 선택하신 사람임을 고백했습니다. "내가 이제야 당신은 하나님의 사람이시요 당신의 입에 있는 여호와의 말씀이 진실한 줄 아노라."(24절) 어머나, 반전입니다. 그럼 사르밧 과부는 반신반의 하면서도 엘리야를 살렸던 것인가요? 물론 고대 근동에는 손님을 환대하는 오랜 풍습이 있었습니다. 문득 대문을 열고 들어온 사람은 천사이니 잘 대접하라고요. 이렇게 본다면 앞서 제가 혼자서 상상의 나래를 펼쳤던 그 모든 노력이 다소 허무해지네요. 하지만 그녀가 여호와의 계시 없이 그저 지나는 손님에 대한 예의로 음식을 대접했다 하더라도 자신의 생명 보전이 더 이상 가능하지 않은 순간에, 각박한 마음을 먹지 않고 누군가를 살리는 선택을 했다는 점만은 변함이 없습니다.

그래도 그렇지. 텅 비었던 가루통과 기름통이 자꾸 채워지는데, 사르밧 여인은 둔하기도 합니다. 그걸 매일 먹으면서도 여호와 하나님을 고백하지 않았던 거죠. 하지만 필시 그녀에게 사는 이유의 전부였을 아들, 그 아들의 주검 앞에서 삶의 의지를 놓았을 그녀가 여호와의 이름으로 다시 살아난 아들을 보면서 비로소 탄성을 지르며 고백하는 겁니다. "내가 이제야 당신은 하나님의 사람이시요 당신의 입에 있는 여호와의 말씀이 진실한 줄 아노라." 비록 성경에는 그녀의 이후 생애가 기록되어 있지 않지만, 그녀는 더 이상 엘리야에게 "당신의 하나님 여호와"라는 표현을 사용하지 않았을 것이라고, 저는 그리 믿습니다. 그녀는 마침내 "나의 존재의 근원이신 나의 하나님"이라는 표현으로 하나님께 고백할 수 있게 되었을 것입니다.

하지만 이 이야기의 교훈은 계속 채워지는 음식통도, 살아난 아들도 아니라고 생각합니다. 각박한 세상의 상황 속에서도, 내 생명이 경각에 달린 그 순간에도, 내 힘이 닿는 한 살리는 선택을 하는 것, 그것이 이 악한 세상에 여전히 남겨져 있다면 그 남겨진 사람들의 몫이 아닐까요. 엘리야와 사르밧 과부의 이야기에서 저는 이런 교훈을 얻었습니다.

다른 선택, 같은 결과 '살림'!

사르밧 과부가 희미하게 인지하던 하나님의 명령 속에서 묻고 갈등하다 '살리는 선택'을 함으로써 여호와의 역사에 동참했다면, 오늘 배울 두 번째 인물은 온 삶 가운데 시종일관 여호와의 명령을 따르고 지켜온 사람입니다. 이 사람의 이름은 오바댜입니다. '오바댜'는 "하나님을 경외하는 자"라는 뜻입니다. 이름과 같이 그는 어려서부터 여호와를 믿고 따르던 인물입니다. 아합과 이세벨이 여호와의 사람들을 죽이고 있던 당시에 그는 어떤 방식으로 자신의 신앙의 몫을 해냈을까요? 열왕기상 18장을 통해 확인해 봅니다.

아합이 왕궁 맡은 자 오바댜를 불렀으니 이 오바댜는 여호와를 지극히 경외하는 자라 이세벨이 여호와의 선지자들을 멸할 때에 오바댜가 선지자 백 명을 가지고 오십 명씩 굴에 숨기고 떡과 물을 먹였더라(열왕기상 18:3-4).

오바댜는 "왕궁 맡은 자"로 표현되어 있는데요, 아합 왕이 기근 가운데 물의 근원을 함께 찾는 길에 동행을 할 정도였다면 대단한 신뢰를 받는 측근임에 틀림없습니다. 그게 무슨 신뢰의 근거냐고요? 기근 가운데 물의 근원을 찾는 가장 효과적인 방법은 대대적으로 군사를 동원해서 찾는 것이 아닐까요? 그런데 왜 은밀히 왕과 왕궁 맡은 자가 그걸 찾아다니나요? 보통은 자신들이 예배하는 신의 이름으로 물의 근원을 찾았노라, 이렇게 순진한 백성들을 현혹해야 자신의 왕권이 유지될 것 아닙니까. 그러니 미리 찾아두어야 했을 것이고, 그건 정말 신뢰할 만한 소수와 도모했을 일이죠. 그럴 듯한 추론인가요? 중요한 것은 저의 추론이 맞느냐가 아닙니다. 이와 같이 왕의 신뢰를 받던 그가 여호와의 선지자들을 숨기고 떡과 물로 보살피고 있었다는 사실이죠. 그야말로 반전입니다.

참, 오바댜는 하루하루가 얼마나 아슬아슬하고 불안했을까요? 그가 섬기는 왕과 왕비는 여호와의 사람들을 '죽이는' 정책을 펼치고 있습니다. 그런 상황에서는 차라리 자신도 숨어 지낼 수 있는 상황이면 나을 텐데, 여호와의 사람들을 숨겨주고 먹여주면서도 매일 아무렇지도 않은 얼굴로 등청하여 왕과 왕비를 대해야 하는 겁니다. 보통 사람들은 이런 결단을 하기도 어렵지만 들키지 않을 만큼 표정 연기를 하는 것도 불가능했을 겁니다. 아합과 이세벨은 여전히 여호와의 선지자들을 잡아다가 매일 죽였을 텐데, 이 끔찍한 장면을 면전에서 보면서도 겉으로는 눈 하나 깜짝하지 않고, 심지어 왕의 결정을 지지하는 듯 연기해야 했을 테니⋯ 괴로웠겠지만 그로서는 어쩔 수 없었을 겁니다. 이미 잡혀온 여호와의 사람들을 구할 만큼의

신앙, 그 순례의 여정

제도적 힘이 그에게는 없었으니까요. 그러나 그는 자신이 가진 힘을 십분 활용하여 남몰래 '살리는 선택'을 하고 있었습니다. 물론 들킨다면 자신의 높은 지위는 물론 목숨마저 빼앗길 상황입니다. 그럼에도 오바댜는 왜 이 위험한 일을 하고 있었던 걸까요?

> 당신의 종은 어려서부터 여호와를 경외하는 자라. 이세벨이 여호와의 선지자들을 죽일 때에 내가 여호와의 선지자 중에 백 명을 오십 명씩 굴에 숨기고 떡과 물로 먹인 일이 내 주에게 들리지 아니하였나이까(열왕기상 18:12-13).

이것은 엘리야를 만났을 때에 오바댜가 했던 말입니다. "저는 어려서부터 여호와를 경외하는 사람입니다." 거기에 답이 있는 것입니다. 여호와를 아는 자가 어찌 죽이는 선택을 하겠습니까? "살려라" 명하시는 여호와를 믿는 오바댜였기에 당연히 살리는 선택을 했지만, 사실 이런 결정을 내릴 때까지 오바댜는 깊이 고민했을 겁니다. 왕의 곁을 떠나 자기 재산을 다 정리하여 여호와의 선지자들과 함께 숨어버리는 방법도 있을 수 있었습니다. 하지만 그는 다른 선택을 했습니다. 오히려 자신이 현 정권에서 가진 힘을 적극 활용하여 가능한 한 많은 선지자들을 살리는 선택 말입니다.

어쩌면 그가 자신의 세속적 지위를 그대로 유지한 채 공식적으로는 아합과 이세벨의 악행을 그냥 용인하는 모습을 보며, '비겁하다'고 비난하실 분도 있을 줄 압니다. 하지만 오바댜가 어디까지 선택하느냐 하는 것은 자유의지를 가지고 자신의 삶을 선택하는 인간으로서 엄연히 그의 몫입니다. 비난할 권한이 우리에게는 없습니다. 그가 '살리는 선택'을 했고 이를 이루기 위해 자신의 힘과 재산을 사용하는 데 있어 망설이지 않았던 것은 분명합니다. 그리고 그것으로 이미 충분합니다. 여호와를 섬기고 그의 뜻대로 살려는 하나님의 사람들이 많았죠. 혹자는 잡혀서 순교를 당하기도 하고 혹자는 숨어서 훗날을 도모하기도 했고요. 오바댜는 그들과 '다른' 선택을 한 것일 뿐입니다. 그는 더 많은 생명을 살릴 수 있었던 자신의 높은 자리를 십분 활용하기로 선택했던 것이죠.

영화 〈쉰들러 리스트〉를 보신 적 있나요? 독일인으로서, 자국의 정권이 유대인들을 '죽이는' 광기를 부리는 모습을 보며, 박애주의자도 아니었던 쉰들러가 '살리는' 선택을 하게 된 실화를 담은 영화였죠. 쉰들러가 '살리는' 결단을 실행한 것은 자기 공장에서 일했던 노동자들, 얼굴을 알고 인격적으로 잘 아는 생명이 그저 유대인이라는 이유만으로 부당하게 스러지게 된 것을 안타까이 여겼기 때문이었죠. 정말 가진 돈을 다 쏟아 부으며 한 사람 한 사람을 살려내는데, 더 살릴 힘이 없었던 것에 대해 죄스러워하고 미안해하잖아요? 돈이 부족하다고. 자기가 가진 돈을 다 쓰고 난 뒤에도, 뒤늦게 후회하면서. 아, 내가 이전에 흥청망청 쓰지만 않았어도. 아, 그렇게 의미 없이 낭비하지만 않았어도. 한 사람을 살리는 값이 곧 한 사람의 생명의 가치는 아니지만, 그렇게 돈과 생명을 맞바꾸어야만 살릴 수 있는 상황에서 자산가였던 쉰들러는 펑펑 웁니다. 그동안 자신이 생

신앙, 그 순례의 여정

각 없이 썼던 돈의 숫자들이 사랑하는 사람들의 얼굴과 겹쳐 보였으니 그랬겠지요.

어쩌면 오바댜는 이런 까닭에 힘(권력)을 방법으로 선택했는지도 모릅니다. 기근이 오래도록 지속되는 시절에 물과 떡을, 그것도 백명분의 음식을 준비하고, 그것을 또 왕이 모르게 일사분란하게 노동력을 동원하여 움직일 수 있는 힘은 아무나 가진 것이 아니니까요. 그러자니, 왕 몰래는 '살려도' 왕이나 왕비가 백주대낮에 공식적으로 죽이는 사람들은 살려내지 못했을 거예요. 그걸 왕의 곁에 서서 낯빛조차 변하지 않으며 지켜보자니 얼마나 신앙적 갈등이 컸겠어요? 그렇다고 오바댜의 신앙적 선택을 변호하는 저의 입장이, 모든 신자들에게 세상적 힘을 가지라는 조언을 하고자 함은 아닙니다. 오바댜의 선택은 '틀린' 선택이 아니라 '다른' 선택이라는 것이죠. 그의 선택이 '살리는' 선택일진대, 그의 선택 역시 우리가 귀히 볼 신앙이 아닐까 싶습니다. 그런 의미에서 오바댜는 악한 시대에 남겨진 자의 몫을 최선을 다해 수행한 사람이라고 생각합니다. 어느 자리, 어느 시간이든 최선을 다해 '살리라'는 하나님의 명령을 따르며 사는 삶, 그것이면 여호와께서 '족하다' 하시고 '어여삐' 보시지 않겠어요?

세상이 악하다면, 그래서 순진하고 정의로운 생명들이 죽어 나간다면, 그런데 우리가 이 악한 세상에 '여전히' 남겨져 있다면, 여호와께서 남겨진 우리에게 바라시는 것은 단 하나입니다. 살려라! 살리는 선택을 하며 살아라. 우리가 사는 이 세상이 구조적으로 악하다고 하여 우리가 할 수 있는 일이 정말 없을까요? 난 돈도 없고 권력도 없는데 내가 무얼 할 수 있어? 이렇게 자포자기하기 쉽습니다. 그러나 오늘의 이야기는 우리가 그 어떤 처지에 있든지 내 자리에서 내가 최선을 다해 살리는 선택을 하는 것이 가능함을 보여줍니다. 사르밧 과부의 선택과 오바댜의 선택이 우리에게 주는 교훈은 그것입니다. 우리가 어떤 처지에 있든, 그것이 나 살아남기도 불가능한 가장 낮은 자의 위치이든, 아니면 왕의 신뢰를 한 몸에 받는 높은 자의 위치이든, 결국 우리가 악한 세계에 남겨진 자라면, 우리는 각자의 자리에서 최선을 다해 살리는 선택을 해야 합니다.

이야기를 마치려고 보니 문득 세월호 참사가 떠오릅니다. 그 긴박한 순간에 '살리는 선택'을 했던 사람들과 외면함으로써, 왜곡함으로써 '죽이는 선택'을 했던 사람들이 모두 기억나네요. 우리에게 언제 그런 선택의 순간이 올지 모릅니다. 천천히 올 수도, 긴박하게 올 수도 있겠지요. 물리적 상황으로 올 수도, 혹은 사회제도적 상황에서의 살리고 죽이는 문제로 올 수도 있습니다. 그러니 늘 생명의 근원이신 여호와에 잇대어 살며 기도로 준비해야겠습니다. 그런 상황에 맞닥뜨렸을 때에 우리의 선택이 누군가의 생명을 살려내는 선택이 되도록이요.

기도

하나님, 너무 강하고, 크고, 조직적인 악의 세력 앞에서 저희는 참으로 무기력해집니다. 약한 한 개인으로서 할 수 있는 일이 없다고 쉽게 포기하고 좌절할 때가 많습니다. 그러나 주님, 저희가 오늘 이 시간을 통해 깨달음을 얻습니다. 아무리 작고 미미한 자라도 자기 자리에서 할 수 있는 '살리는' 선택이 있음을 배웠습니다. 주님, 저희가 오늘 이 테러와 전쟁의 땅에서 생명을 보존하고 있다면, 저희들로 하여금 남겨진 자의 몫을 충실하게 감당하게 하여 주시옵소서. 어떤 상황이든 저희를 향해 "살려 달라"고 존재의 신호를 보내는 이웃을 향해, 늘 최선을 다해 '살리는 선택'을 하는 신앙인이 되게 하여 주시옵소서. 예수님의 이름으로 기도합니다. 아멘.

세상이 악하다 하여 우리가 할 수 있는 일이 없을까요? 소망을 버리지 않고 자기 자리에서 늘 '살리는 선택'을 하는 것, 이것이 바로 남겨진 우리의 몫입니다.

남겨진 자의 몫, 사르밧 과부와 오바댜 이야기

마흔두 번째 만남

엘리야의 '예'와 미가야의 '아니요'

열왕기상 18장, 22장

우리는 지난 시간, 죽임이 일상이던 어려운 시절에 '남겨진 자'의 몫을 치열하게 감당했던 두 사람을 살펴보았습니다. 사르밧 과부와 왕궁의 고위관리 오바댜였죠. 어떤 자리에 있든 '살리는 선택'을 할 수 있고, 또 그러기 위해서 우리는 '남겨져 있음'을 깨닫고 살아가자고 결심했었습니다. 세상이 악하고 상황이 열악함에도 꿋꿋하게 '살리는 선택'을 한다는 것은 참으로 어려운 일입니다. 그런데 오늘 우리가 살펴볼 두 사람은 더 어려운 삶의 조건에 놓여 있었습니다. 그나마 사르밧 과부나 오바댜는 자신의 의지로 선택한 신앙이었죠. 오늘 성경 본문의 주인공들은 자신이 선택하지 않은 메시지를 전하러 자신이 원치 않는 자리에 나아가야 하는 과제가 주어진 사람들입니다. 바로 선지자의 몫이죠. 가장 어두운 시절 그 사명을 감당했던 두 사

신앙, 그 순례의 여정

람, 엘리야와 미가야의 이야기를 시작해 봅니다.

여호와의 부르심에 응답하는 "예"

아합 왕이나 오바댜의 이야기를 하면서 간간히 등장했습니다만, 오늘의 주인공은 엘리야입니다. 성경에서 참으로 큰 인물이죠. 온 나라가 공권력을 동원하여 바알과 아세라 신앙을 장려하고 여호와의 선지자들을 핍박하던 시절에 여호와의 말씀을 전한 대표적인 인물이니까요. 그런 엘리야였지만 하나님께서는 처음부터 그를 이세벨과 싸우도록 내보내시지는 않았어요. 오히려 그릿 시냇가에서 까마귀가 물어다 주는 음식을 먹고 사르밧 과부에게 얹혀사는 삶을 통해 숨겨 두셨죠. 한두 해가 아니었습니다. 그 기간이 약 삼 년쯤 되었다고 합니다. 내일 일을 모른 채 숨어 지내려니 그 마음이 오죽이나 답답하였을까요. 언제나 소명을 주실까 기다리던 마음도 날수가 가고 햇수가 가면서 점차 스러졌을 수도 있었을 겁니다. 어쩌면 그냥 이렇게 초야에 묻혀 내 목숨이나 보존하자, 그리 자포자기하고 타협하는 마음이 들었을지도 모르죠. 그 즈음이었어요. 여호와께서 엘리야를 부르셨습니다.

> 많은 날이 지나고 제 삼년에 여호와의 말씀이 엘리야에게 임하여 이르시되 너는 가서 아합에게 보이라 내가 비를 지면에 내리리라 엘리야가 아합에게 보이려고 가니 그때에 사마리아에 기근이 심하였더라(열왕기상 18:1-2).

기근과 가뭄은 이미 엘리야가 숨기 전에 아합에게 했던 경고였죠. 여호와가 보시기에 행하는 악 때문에 여러 해 동안 비가 내리지 않을 것이라고요. 무려 삼년입니다. 요즘처럼 과학기술이 발달한 시절에도 때맞춰 비가 오지 않으면 쩍쩍 갈라지는 땅에서 죽어가는 곡식과 나무들이 안타까워 발을 동동 구르게 되는데, 그 시절이야 오죽했을까요. 동東이나 서西나 왕들은 '치수治水' 즉 물을 다스리는 것이 왕권 유지에 매우 중요했습니다. 아합 왕도 답답하여 물의 근원을 찾아다니고 있었습니다. 바로 그때에 엘리야에게 여호와의 계시가 임합니다. 비를 내리실 때가 왔으니 아합에게 가서 '맡은 말씀'을 전하라고요. 여러분이라면 심정이 어떠하셨을 것 같나요? 앗싸, 드디어 때가 왔구나! 그렇게 용기백배하여 당당히 나아가기는 어려웠을 겁니다. 바깥세상은 여호와의 선지자들이 죽임을 당하는 무서운 곳이었으니까요. 삼년 동안 숨어 있던 관성도 얼른 떨치기 어려웠을 겁니다. 두려움이 컸겠지요. 비록 예언자로 나서지만 시대적인 상황으로 인한 두려움이 그의 마음 가운데 가득했을 겁니다. 더욱이 그가 공적으로 나아가는 장소는 무려 아합의 앞입니다. 예언자이므로 맡은 말씀을 붙들고 나아가지만 사실 인간적인 생각으로는 혼자 죽으러 가는 것이 자명해 보였습니다.

그가 들었던 명령은 명료했습니다. 이제 여호와의 힘으로 이 땅에 비를 내리시겠다는 것이죠. 다만 그 방식이 매우 극적입니다. 그가 아합 왕에게 나아가서 전하는 내용을 자세히 보겠습니다. 눈앞에 나타난 엘리야를 향해 아합은 "이스라엘을 괴롭게 하는 자여"라고 호

신앙, 그 순례의 여정

칭합니다. 그야말로 적반하장이요 사돈 남 말 하고 있죠. 도대체 누가 이스라엘을 괴롭게 하고 있다는 겁니까? 자기 잘못은 추호도 깨닫지 못한 채 적대적인 왕 앞에서 엘리야가 전하는 메시지입니다.

그가 대답하되 내가 이스라엘을 괴롭게 한 것이 아니라 당신과 당신의 아버지의 집이 괴롭게 하였으니 이는 여호와의 명령을 버렸고 당신이 바알들을 따랐음이라. 그런즉 사람을 보내 온 이스라엘과 이세벨의 상에서 먹는 바알의 선지자 사백오십 명과 아세라의 선지자 사백 명을 갈멜 산으로 모아 내게로 나아오게 하소서 아합이 이에 이스라엘의 모든 자손에게로 사람을 보내 선지자들을 갈멜 산으로 모으니라(열왕기상 18:18-20).

엘리야가 여호와로부터 받은 말씀은 이스라엘 땅에 비를 내려주시겠다는 것이었습니다. 그런데 엘리야가 아합에게 전하는 메시지에는 비에 대한 이야기는 언급조차 없습니다. 오히려 진검승부를 청하죠. 바알의 선지자 사백 오십 명과 아세라의 선지자 사백 명까지 모두 갈멜산으로 집결시키라! 합이 얼마인가요? 총 850명입니다. 1대 850! 사람의 눈으로 보면 게임이 안 되는 대결입니다. 이뿐만이 아닙니다. 이스라엘 백성들도 그곳에 모입니다. 구름처럼 모인 이스라엘 회중은 엘리야의 편이었을까요? 예나 지금이나 대중은 굳은 신념으로 움직이지 않습니다. 힘 있어 보이는 쪽을 따라 움직이고 자신들을 살려주는 권력을 지지하죠. 어디 해 봐라. 엘리야가 하는 것을 보고서 마음을 결정할 사람들입니다. 당연히 의심과 호기심이 섞인 눈빛으로 엘리야를 응시했겠죠. 어쩌면 엘리야가 고독과 절망 사이에서 끊임없이 자기 자신과 싸웠던 3년의 시간은 이 날을 위해 필요했었는지도 모릅니다. 바알과 아세라의 선지자 수백과 이스라엘 회중, 그들의 적대적인 시선을 담담히 버텨내기 위해서는 신앙의 내공이 필요하니까요.

'오늘' 역사하시는 여호와 하나님

이스라엘 민족은 함께 모여서 논의하고 선택하는 회중(카할)의 전통을 가진 민족이었지요. 엘리야는 혼자였고, 그의 앞에는 어마어마한 숫자의 이방신 선지자들이 모여들었습니다. 그들 사이에서 누가 섬기는 신이 진정한 신인지를 가려야 할 때였습니다. 이 자리는 누가 더 제의를 잘 수행하여 비를 내리게 하는지에 대한 '테크니컬'한 싸움이 아니었습니다. 주술로 신을 조정해 비를 내리겠다는 것은 바알 선지자들의 마술적 신앙이었지요. 이미 엘리야는 여호와께서 비를 내리실 것이라는 답을 받고 나아갔습니다. 엘리야가 해야 할 일은 '효험이 좋은' 제의가 아니라, 하나님의 말씀을 믿음으로 들고 나아가는 것뿐이었습니다. 엘리야는 여호와의 임재를 입증하는 싸움을 시작하기 이전에 거기 모인 이스라엘 회중을 향해 "여호와를 선택하라"고 초청합니다. 마치 세겜 땅에서 여호수아가 이스라엘 백성들에게 여호와를 선택하라고 했던 것처럼 말이지요. 백성들의 반응은 어떠했을까요?

신앙, 그 순례의 여정

엘리야가 모든 백성에게 가까이 나아가 이르되 너희가 어느 때까지 둘 사이에서 머뭇머뭇 하려느냐 여호와가 만일 하나님이면 그를 따르고 바알이 만일 하나님이면 그를 따를지니라 하니 백성이 말 한마디도 대답하지 아니하는지라(열왕기상 18:21).

"백성들이 말 한마디도 대답하지 아니하는지라." 오늘 이야기를 풀어가기 위해서는 이 반응에 주목해야 합니다. 그들은 왜 아무도 대답하지 않았을까요? 그들을 주저하게끔 한 첫 번째 감정은 두려움일 겁니다. 아합과 이세벨의 시절에 여호와를 선택하는 것은 죽음을 불사하는 일이었으니까요. 그러나 저는 이 말씀을 묵상하며 그들의 주저함 이면에 '헷갈림'이 있었다고 보았습니다. 북이스라엘은 여로보암의 잘못된 선택 이래로 아무 산당에서나 아무 제사장에 의해 여호와의 제의를 드리고 있었습니다. 물론 바알이나 아세라 제의도 섞여 있었겠죠. 여로보암 이래로 신앙의 정체성이 희박해져 있던 이스라엘 백성들은 무엇이 옳은지 그른지 분명하게 선택할 만큼 여호와를 알지 못했습니다. 어떤 것이 바알 신앙이고 어떤 것이 여호와 신앙인지 명료하게 구분하기 어려웠을 겁니다. 성경고고학을 연구하는 학자들의 발견에 의하면 어느 지방에서는 '여호와의 짝 아세라'를 섬긴 흔적도 있다고 합니다. 아세라는 소위 최고신의 아내 위치를 확고히 한 여신이었기 때문에 그 지역 사람들에게는 매우 친근한 이미지였거든요. 신앙 정체성이 확고하지 않은 백성들로서는 아세라의 짝이 바알인지 여호와인지 그저 무자격의 제사장들이 행하는 대로 따랐겠지요. 누가 되었든 자신들의 삶이 안전하고 풍요롭다면 장땡이지 하면서요.

조금 머리가 큰 뒤에 저는 한때, 엘리야가 수행한 갈멜산에서의 행동이 '유치'하고 '폭력적'이라고 생각했던 시절이 있었어요. 나름 그렇게 생각해 볼 근거는 있는데요, 한 번 볼까요? 일단 엘리야는 바알과 아세라 제사장들을 놀리며 야유하기까지 합니다. 물론 비를 주십사고 바알의 선지자들이 행한 제의적 몸짓이 우습기는 했습니다. 부르짖고, 춤을 추고, 제단 주위에서 뛰놀기까지 했으니까요. 마지막에는 자해를 하기도 했습니다. 머리로 상상하여 그려보니 심각한 상황인데도 웃음이 납니다. 꼭 하는 짓이 어린아이와 같습니다. 아이들이 장난감 가게에서 가지고 싶어 하는 장난감을 보며 조르는 모습과 비슷하지요. 처음에는 귀엽게, 그러다가 칭얼칭얼, 그것도 안 되면 바닥에 구르고 자해를 하는 협박까지. 바알 선지자들의 제의 방식은 지극히 유아적인 모습을 보여주고 있습니다. 어처구니가 없죠. 그야말로 요란하게 제의를 드렸지만 비는 오지 않았습니다.

바알의 효험 없음을 보며 엘리야는 그들을 놀립니다. "큰 소리로 부르라. 그는 신인즉 묵상하고 있는지 혹은 그가 잠깐 나갔는지 혹은 그가 길을 행하는지 혹은 그가 잠이 들어서 깨워야 할 것인지"(18:27). 정오가 되도록 아무 일이 없자 바알 선지자들은 포기합니다. 이제 엘리야 차례입니다. 엘리야는 강하고 담대하게 이스라엘 백성들을 그에게 오도록 부른 후, 무너진 여호와의 제단을 다시 수축합니다. 그리고 자신 있게 "물을 네 통에 채워 번제물과 나무 위에 부으라"고 말합니다. 물이 제단에서 흘러넘치고 도랑이 일어날 때까지 세 번이나 물을 붓습니다. 사람들이 보기엔 번제물이 도저히 탈 것처럼 보이지 않는 상황이었습니다. 이런 장면들이 어린 시절의 저에게는 걸림이 되었습니다. 무슨 마술쇼를 하는 것도 아니고 이렇게까지 할 필요가 있을까? 그래서 '유치하다'는 생각을 했던 거였죠.

하지만 후에 생각하니 문득 깨달음이 있습니다. 엘리야 당시의 이스라엘 백성들은 이미 신앙의 기억이 없는 자들입니다. 여호와의 임재를 목전에서 보았던 선조들과는 달랐습니다. 하여 엘리야는 그들에게 기억할 만한 사건을 만들어 주는 것이 중요하다고 생각했을 수 있습니다. 이제 엘리야의 차례입니다. 난리를 부리던 바알의 사제들과 달리 엘리야는 조용히 기도합니다. 고요하게 기도하는 그의 기도에는 세 가지 포인트가 있었습니다. "주님, 당신만이 하나님이심을 알게 하소서, 제가 당신이 보낸 자임을 알게 하소서, 이 일을 통하여 저들이 하나님께 돌아올 수 있게 하소서"(36절). "비를 많이 내려 주세요~"와 같은 차원 낮은 기도가 아니었습니다. 그저 세 마디를 했으나 행위의 주체는 여호와께 돌리는 기도였습니다. 비를 내리시거나 말거나 그것은 여호와의 선택입니다. 무엇을 행하시든지 1. 여호와만이 신이시라는 것을 알게 하시고 2. 엘리야가 여호와께서 보낸 사람임을 알게 하고 3. 여기 모인 모든 사람이 이 사건을 통해 진정한 신이신 여호와에게로 돌아올 수 있게 해달라는 청원입니다. 사실 '엘리야'라는 이름의 의미가 이미 '여호와가 신이시다'라는 뜻이죠. 온 존재로 그 이름값을 하기 위해 엘리야는 불안함을 넘어 생명이 위협받는 두려운 그 자리에 홀로 선 것이죠.

이렇게 엘리야의 마음을 헤아리려고 애쓰다 보니 그가 물을 넘치게 부은 행위가 이해되는 듯했습니다. 드디어 기도에 응답하여 하늘에서 여호와의 불이 내려옵니다. 참으로 강력한 불이었습니다. 번제물과 나무와 돌과 흙을 모두 태우고, 심지어 도랑의 물을 핥았다고 합니다. 그 모든 기적을 지켜본 백성들은 놀라서 여호와의 현존을 뵙듯 모두 엎드립니다. 그리고 비로소 외칩니다. "여호와 그는 하나님이시로다. 여호와 그는 하나님이시로다"(40절). 강력한 왕권의 강압에 의해 마지못해 엎드린 것이 아닙니다. 으레 관례처럼 행하던 제의적 엎드림도 아닙니다. 번제는 물론 물까지 다 핥아가는 여호와의 불을 직접 목격하며 스스로, 아니 미처 깨닫지도 못하고 몸이 자동적으로 반응한 경외심이었습니다. 그래서 확실하게 외치게 된 것이죠. 아, 여호와께서는 진정 살아계신 하나님이시구나!

이어서 백성들은 엘리야의 명령에 따라 바알 선지자들을 공격합니다. 제가 '폭력적'이라고 생각했던 부분입니다. 물론 "아, 속았구나!" "괘씸하다" 이런 마음의 군중심리에서 그런 반응을 보일 수는 있습니다. 그러나 이 행위는 엘리야의 명령에 따른 것이었다고 성경은 기록하고 있습니다. '살리시는' 여호와를 믿는 선지자가 이를 말리기는커녕 오히려 부추기다니요. "바알의 선지자를 잡되 그들 중 하나도 도망하지 못하게 하라"(40절). 잡힌 바알 선지자들은 그날 엘리야에 의해 기손 시내에서 죽임을 당했습니다. 물론 당시의 문화라고 설명할 수도 있습니다. 승자가 패자를 향해 수행했던 관습적인

신앙, 그 순례의 여정

행동이라고요. 혹은 어쩔 수 없는 선택이었다고 볼 수도 있겠죠. 바알 신앙을 뿌리 뽑는 일이 너무나 긴박하여 그 주된 전달자인 제사장들을 제거해야 했다고. 혹은 그동안 자신이 알고 지내던 여호와의 선지자들이 그들에 의해 잔인하게 죽어나가던 장면들이 떠올라 순간 욱하는 복수심이 일었을지도 모르죠. 그도 아니면 또 다른 해석도 가능합니다. 선지자라 해도 완전할 수 없는 인간이니 승리의 도취감에 여호와의 메시지를 넘어서는 과한 행동을 했을 가능성도 있습니다. 그러나 그 어떤 상황이든 오늘날 우리 삶의 콘텍스트에서는 받아들이기 힘든 장면입니다. 나를 지키고 내 신앙을 지키는 가장 근본적인 선택은 내 중심에 여호와를 모시는 것이니, 이 놀라운 사건을 가슴에 새기고 머리에 새겨 살아계신 여호와를 선택하고 살아가면 되는 것 아닙니까. 굳이 '대적'을 죽일 까닭은 없어 보입니다.

　사실 마지막 살육에 대한 부분은 여전히 제 마음을 불편하게 합니다. 엘리야가 너무 흥분해서 여호와의 뜻을 잘못 알았던 것 아닐까? 이런 의심마저 들 정도로요. 그러나 한 인간 엘리야의 기나긴 인생 여정을 전체적으로 돌아 볼 때, 저는 그가 보여준 인내와 용기에는 감탄을 하게 됩니다. 이 멋진 승리를 이루고도 엘리야는 이후 편안한 삶을 살 수가 없었거든요. 사실 갈멜산의 승리가 있기 전까지 그가 숨어서 인내한 세월이 얼마였나요. 더구나 자신과 같은 여호와의 선지자들이 무자비하게 죽임을 당하는 어려운 상황에서 여호와의 부르심에 "예" 하고 나아가는 것은 보통의 용기가 아니면 어려울 일입니다. 인내와 용기로, 무엇보다 여호와 신앙에 흔들림 없이 그 수많은 적들 앞에 홀로 당당히 섰던 엘리야, 바로 그의 흔들림 없는 신앙은 갈멜산 승리 이후에 또다시 시작된 도망자의 삶 속에서도 여호와 신앙을 전수할 후학들을 길러내고 주의 일을 감당함에 있어 큰 원동력이 되었습니다. 우리의 삶도 이와 같기를 소망합니다. 수많은 대적 앞에서도 여호와의 부르심에 담담히 "예" 하고 응답할 수 있는 인생이기를.

그럼에도 불구하고, "아니요."

또 다른 하나님의 사람이 있습니다. 그는 모두가 "예"라고 하는 상황에서 하나님의 뜻을 따라 "아니요"라고 외친 사람이었습니다. 같은 아합 시절의 이야기입니다. 성경본문으로는 열왕기상 22장의 내용이에요. 아합 왕이 북왕국 이스라엘을 다스리던 시절에 남왕국의 지도자는 여호사밧이라는 왕이었습니다. 서로 물고 뜯고 싸우던 이전 왕들과는 달리, 이 시기 남북은 나름대로 평화로웠습니다. 서로의 정치 시스템을 인정해주고 형제 나라로서의 연대를 돈독히 했던 시절이라고나 할까요? 더구나 이들은 혼맥으로 연결되어 있었죠. 이런 시기에 남유다의 여호사밧이 아합에게 군사연합작전을 제의합니다. 둘이 힘을 합쳐 그들을 괴롭히는 아람 족속과 길르앗 라못을 공격하자는 겁니다. 우리나라에도 삼국 시대의 역사를 보면 그런 일들이 종종 있었죠? 고구려와 백제가 연합하여 신라와 싸우기도 하고, 또 때론 신라와 백제가 연합하여 고구려를 견제하기도 하고. 그게 정치겠죠. 국익에 따라 싸우기도 하고 손을 잡기도 하는. 아합은 이

신앙, 그 순례의 여정

제의를 긍정적으로 받아들였습니다. 영토를 확장할 수 있는 좋은 기회니까요. 하지만 이스라엘의 전통은 전쟁을 수행하기 전에 이 전쟁을 할지 말지 여호와께 묻는 절차가 항상 있었죠. 하여 아합이 주변 선지자들에게 이 전쟁에 승산이 있는지를 묻습니다. 그랬더니 사백 명의 선지자들이 모두 한결같은 대답을 합니다. "하나님이 당신 편에 있습니다."

그런데 이 광경을 곁에서 보자 하니 남유다 왕 여호사밧은 심히 미덥지가 못한 겁니다. 여호사밧은 열왕기 사가에 의해 정의로운 인물로 평가되는 지도자입니다. 열왕기 저술가의 선악 판단 기준은 이제 다 아시죠? 여호와의 규례를 얼마나 잘 따르는 왕인가에 기준이 있습니다. 그런 여호사밧이 볼 때 왕궁에 모여든 사백 명 선지자들의 신앙적 정체성이 영 애매한 겁니다. 저들은 누구지? 여호와의 선지자들이야? 그런데 왜 저 모양이야? 하여 여호사밧은 아합에게 아예 단도직입적으로 묻습니다. "이곳에 여호와의 선지자는 없습니까?" 이 질문에 응하는 아합의 답이 가관입니다.

이스라엘의 왕이 여호사밧 왕에게 이르되 아직도 이믈라의 아들 미가야 한 사람이 있으니 그로 말미암아 여호와께 물을 수 있으나 그는 내게 대하여 길한 일은 예언하지 아니하고 흉한 일만 예언하기로 내가 그를 미워하나이다 여호사밧이 이르되 왕은 그런 말씀을 마소서(열왕기상 22:8).

일단 '아직도'라는 말이 흥미롭습니다. 요즘 대세는 바알과 아세라인데 누가 '여호와'의 이름으로 선지자 노릇을 하겠습니까. 너도 나도 바알과 아세라의 이름으로 선지자 노릇을 하는 시절입니다. 그런데 이러한 때에 '아직도' 여호와의 선지자로서 이름을 걸고 공적 활동하는 이가 하나 있다는 겁니다. 아합이 이름을 알고 있을 정도의 인물입니다. 그는 미가야라는 선지자인데 아합이 미가야에 대해 설명하는 대목이 기가 막힙니다. 그는 여호와께 받은 답만을 전하는지라 아합이 매우 싫어한다는군요. 세상에, 왕이 원하는 답만을 전달하는 이가 어찌 '선지자'요 '예언자'일 수 있겠습니까? 현재 저지르는 잘못이 미래에 어떤 비극을 초래할지를 신의 이름으로 전달해야 하는 것이 예언자의 소명인데요. 그러니 그 내용에 있어 경고와 경계의 메시지가 많은 것은 뻔한 일이죠. 더구나 선하고 옳은 행동을 하지 않았던 아합에게 전하는 여호와의 대답이라면 항상 부정적일 수밖에 없었습니다. 이쯤 되면 전문용어(?)로 '견적이 나온 것'이죠. 여호사밧이 보기엔 미가야가 옳은 답을 내려줄 것 같았습니다. 그래서 그는 미가야를 불러 답을 얻어 보자고 합니다. 신하들이 미가야를 데리러 간 그 사이에도 400명의 선지자들은 그들이 했던 답이 옳다며 계속해서 아합에게 아부합니다. 그중 압도적인 존재감으로 어필한 이는 시드기야였습니다.

그나아나의 아들 시드기야는 자기를 위하여 철로 뿔들을 만들어 가지고 말하되 여호와의 말씀이 왕이 이것들로 아람 사람을 찔러 진멸하리라

신앙, 그 순례의 여정

하셨다 하고(열왕기상 22:11).

참 눈물겨운 노력입니다. 그냥 말로만 하는 것보다 눈에 보이는 인상적인 물건을 만들어 시각 효과를 더하니 더욱 호소력이 있습니다. 그가 이런 행동을 한 것은 여호와를 위한 것도, 백성들을 위한 것도 아니라, 바로 자기 자신을 위한 일이었다고 성경은 기록합니다. 그럼에도 감히 여호와의 이름을 망령되이 일컫습니다. 정치적으로 자신의 입지를 굳히고 세력을 확장하려는 마음에서 이런 일을 행했던 것이지요. 왕의 눈에 들기 위해 철 뿔을 만들어가며 연기를 하고 있다니, 여호와께서 보시기에 "참 가지가지 한다." 하실 일입니다.

왕궁에서 벌어지는 이런 황당한 상황을 알고 있던 아합의 신하들은 미가야를 데리러 가서 그에게 진심 어린 조언을 하죠. 괜히 상황에도 안 맞는 말을 전해서 고역을 치르지 말고 분위기 맞춰서 길한 말을 하라고요. 한 마디로 "대세에 묻어가시오"라는 조언이죠. 모든 사람들이 이길 것이라 말하는데 혼자만 다른 소리를 하면 어찌 될지는 불을 보듯 뻔한 일이 아닙니까? 하지만 여호와께서 살아계신데 어찌 임의로 말을 할 수 있겠어요? '직진남'(요즘 아이들 표현입니다.)인 미가야는 "여호와께서 내게 말씀하시는 것" 그것만을 말하겠다고 선언합니다(열왕기상 22:14).

정말 멋진 대답이지요. 그런데 이후 전개되는 상황이 매우 재미있습니다. 웃어야 할지 울어야 할지 모를 만큼이요. 미가야는 궁에 도착하여 태연한 모습으로 왕에게 말을 전합니다. "네, 맞습니다. 전하.

이번 전쟁에서 왕께서는 대승을 거두시게 될 겁니다." 놀란 아합 왕이 계속해서 되묻습니다. "어? 정말? 에이, 솔직하게 말해 보라. 그거 아닐 텐데?" "아니, 사람 말을 왜 못 믿으세요? 이기신다니까요." 말에는 뉘앙스라는 것이 있지요. 미가야가 비꼬듯 전하는 그 어투를 아합 왕이 모를 리 없습니다. 내심 불편했던 아합 왕은 진심으로 이야기해 줄 것을 청합니다. "아, 여호와께서 말씀하신 그대로 말해보라니까." "정말요? 정말 진정한 여호와의 메시지를 듣고 싶으세요?" 이제야 비로소 미가야는 여호와의 말씀을 전합니다.

> 그가 이르되 내가 보니 온 이스라엘이 목자 없는 양 같이 산에 흩어졌는데 여호와의 말씀이 이 무리에게 주인이 없으니 각각 평안히 자기의 집으로 돌아갈 것이니라 하셨나이다. … 내가 보니 여호와께서 그의 보좌에 앉으셨고 하늘의 만군이 그의 좌우편에 모시고 서 있는데 여호와께서 말씀하시기를 누가 아합을 꾀어 그를 길르앗 라못에 올라가서 죽게 할꼬 하시니 하나는 이렇게 하겠다 하고 또 하나는 저렇게 하겠다 하였는데 한 영이 나아와 여호와 앞에 서서 말하되 내가 그를 꾀겠나이다. 여호와께서 그에게 이르시되 어떻게 하겠느냐 이르되 내가 나가서 거짓말 하는 영이 되어 그의 모든 선지자들의 입에 있겠나이다. 여호와께서 이르시되 너는 꾀겠고 또 이루리라 나가서 그리하라(열왕기상 22:17, 20-22).

한 마디로 지금 400명의 선지자가 하는 말은 거짓말이라는 것이지요. '거짓말하는 영'에 사로잡힌 까닭이라고요. 참 예언을 하자면,

신앙, 그 순례의 여정

이 전쟁에서 아합은 죽임을 당할 것이라는 겁니다. 이 말을 들으며 아합이 여호사밧에게 이르듯 하는 말이 참으로 가엾습니다. "저 사람이 내게 대하여 길한 것을 예언하지 아니하고 흉한 것을 예언하겠다고 당신에게 말씀하지 아니하였나이까"(18절). 이런 상황 속에서 시드기야는 뻔뻔하게 대응합니다. "언제 나에게 있던 여호와의 영이 너에게 갔느냐?" 사실 시대적 한계이기도 하고 인간적인 한계이기도 합니다. 어찌 여호와의 영이 한 사람에게만 제한되어 머무는 영이겠습니까? 하지만 시대의 상상력은 여호와의 영을 인지하고 설명하는 데에도 영향을 미칩니다. 구약시절 내내 사람들은 여호와의 영이 특정 종교지도자나 정치지도자에게만 임한다고 믿었으니까요. 시드기야의 이 반박은 이러한 전제를 반영합니다. 여호와의 영과 함께 하는 선지자는 나다. 이런 선언이지요. 더구나 예언의 내용이 상반되는 상황이라면 어느 한 사람의 예언이 '거짓'임은 너무나 자명한 일이니까요. 심지어 미가야의 따귀까지 때리며 연극의 정점을 연출합니다.

이러한 물음에 미가야가 잠잠히 답합니다. "이 모든 일이 벌어지는 그날에 너는 골방에 들어가서 숨을 것이다" 누가 맞는지 여기서 티격태격할 이유가 없다는 것이지요. 여호와께서 이미 답을 주셨으니까요. 한편 이런 모습을 지켜보던 아합 왕은 화가 나 미가야를 옥에 가두고 그들이 전쟁에 임하는 동안 미가야에게 "고생의 떡과 고생의 물"을 먹이라 명합니다. "고생의 떡과 고생의 물"은 무엇일까요? 맛이 없게 만든 떡과 쓴 물인가요? 뭐하러 일부러 맛없게 만들고 쓴 약을 타가며 번거롭게 음식을 준비하겠습니까? 필시 최소한의 물과 음식으로 제대로 먹지도 마시지도 못하게 하라는 말일 겁니다. 옥에 끌려가는 미가야는 그 순간에도 아합 왕에게 말합니다. 당신들이 평안히 승리할 것이었다면 여호와 하나님께서 나를 이곳에 부르셨겠습니까? 정말 '직진남'이죠. 뭘 끌려가면서까지 듣지도 않을 이야기를 그리 애써 전한답니까. 하지만 마지막 순간까지 '아닌 것은 아니다'라고 말할 수 있었던 미가야의 솔직한 선포는 오직 여호와의 영 안에 거함으로 가능했습니다.

그 이후 이야기는 참으로 뻔합니다. 미가야의 예언을 비난했으니 전쟁에 임하는 것일 텐데, 그럼에도 아합은 내심 찜찜하고 불안해합니다. 하긴 그의 캐릭터가 쭉 그랬죠. 여호와의 말씀을 무시하는 것도 아니고 그렇다고 전적으로 믿는 것도 아니고. 미가야가 이 전쟁에서 자신이 죽을 것이라고 예언했는데, 이것 참 애매합니다. 안 나가기도 그렇고, 나가자니 불안하고. 하여 아합은 여호사밧에게 제안을 합니다. "당신만 왕의 옷을 입으면 어떨까요?" 그리고 자신은 일반 병사의 옷을 입고 전쟁에 임하려 합니다. 정말 속 보이는 술수죠. 왕의 옷은 일반 병사들의 옷과 구별되니 당연히 전장에서 선제공격과 집중공격의 목표물이 될 것입니다. 설마 여호사밧이 아합의 꿈수를 눈치 채지 못했을까요. 그럼에도 여호사밧은 쿨하게 그리하겠노라고 답합니다. 필시 삶과 죽음이 여호와께 있음을 믿고 아합의 잔꾀를 그대로 내버려 둔 것이겠죠. 예상대로 여호사밧을 집중 공격하라는 적국의 전략이 펼쳐졌습니다. 그런데 아이러니하게도 일반 병

신앙, 그 순례의 여정

사처럼 몸을 숨겼던 아합이 그만 "한 사람이 무심코 당긴 활"에 맞아 죽게 된 겁니다.

물론 성경의 구성에서 이 이야기의 정점은 아합의 최후입니다. 자신의 탐욕을 위해 무고한 나봇의 피를 흘렸던 아합은 여호와의 말씀대로 더 참혹한 최후를 맞이하게 되었다는 교훈이 담겨 있으니까요. 아합은 자신이 죽을 때 흘렸던 피를 개가 핥는, 그야말로 비참한 최후를 맞이하게 되었습니다. "죽이고 빼앗는" 리더십의 말로죠. 그러나 이 본문에서 저는 오늘 아합의 죽음보다 미가야의 신앙에 더 초점을 두었습니다. 모두가 "예"라고 하는 상황에서 홀로 "아니요"라고 할 수 있는 그 용감하고 단순한 신앙에 말입니다. 정세를 판단하고 자신의 입지를 계산하고 몸을 사리거나 거짓을 말하는 '전략'을 선택하지 않았던 미가야. 모두가 숨는 마당에 당당하게 자신의 자리를 지키면서, 아합으로부터 "아직도" 남아있는 여호와의 선지자라는 칭함을 받았던 미가야. 여호와에 대한 굳건한 신앙과 순종하는 마음이 아니었다면 불가능했을 삶의 선택이지요.

요즘 세상은 웬만하면 묻어가는 것이 하나의 덕목처럼 받아들여지고 있습니다. "모난 돌이 정을 맞는 것"은 예나 지금이나 한결같지만 요즘은 더욱 그러합니다. 업무 능력이나 성실함과는 별개로 한 공동체나 조직의 '대세'를 거스르는 사람은 여지없이 축출당하고 핍박을 받기 마련입니다. 옳은 소리, 정직한 행동이어도 말입니다. 그곳이 직장이라면 자리를 잃는 것을 예상해야 하고 학교라면 왕따 당할 것을 감수해야 하지요. 그렇지만 우리가 홀로 남은 단 한 사람일지라도, 홀로 "아니오"를 외쳤을 때 무슨 일이 벌어질지 뻔히 안다 할지라도, 그래서 어려울지라도, 우리가 신앙인이라면 미가야와 같은 용기를 내야하는 것이 아닐까요. 이 땅에서 우리의 고생은 잠깐입니다. 그러니 담대합시다. 행여 그것이 우리의 생애 안에 이루어지지 않더라도 궁극적으로 어떤 일이 벌어질지는 우리 모두 알고, 믿고 있잖아요. 그러니 우리 단순 용감하게 "예" 할 것은 "예" 하고 "아니요" 할 것은 "아니요" 하는 정직한 삶을 삽시다. 예수께서도 당부하신 말씀입니다. 맹세하지 말라고요. 인간의 나약함과 유한함을 아는데, 어찌 완벽한 답이 있고 영원한 선택이 있겠느냐고요. 다만 "예 할 것은 예하고 아니요 할 것은 아니요"(마태복음 5:37) 하는 인생이 되길 원합니다. 아무리 압도적인 다수가 "자기를 위하여" 거짓을 말해도, 신앙인들은 여호와의 말씀과 규례에 근거하여 담담히 "예"와 "아니요"를 분명히 해야 할 것입니다.

신앙, 그 순례의 여정

기도

　사랑의 하나님, 늘 임마누엘 우리와 동행하여 주심에 감사드립니다. 불편하고, 위험하고, 옥에 갇힐 것이 뻔했던 그 자리에 불려나갔던 엘리야와 미가야의 삶을 묵상했습니다. 저희들의 삶 가운데 이만큼이나 위험한 상황은 아닐지언정 이렇게 세상 가운데 불려나가는 순간이 있음을 압니다. 그런 순간이 오기까지 하나님의 말씀 안에서 연단하게 하시고 그로 인해 신앙의 내공과 영의 민감성을 가지기 원합니다. 하여 여호와께서 지금 말하라 하실 때에 "예"할 것은 "예"하고 "아니요"할 것은 "아니요"라고 말할 수 있는 용감한 크리스천이 되게 하소서. 예수님의 이름으로 기도합니다. 아멘.

여호와의 영 안에 거하는 신앙인은 오직 여호와의 말씀에만 '예'해야 합니다. 담대한 순종과 결단을 위해 매일 기도와 말씀으로 준비하고 신앙의 내공을 기릅시다.

마흔세 번째 만남

'참'의 바통 터치, 엘리야와 엘리사
열왕기상 19장, 열왕기하 2장

지난 만남에서는 불편한 자리, 위험한 자리에 불려나갔을지라도 하나님 안에서 "예" 할 것은 "예" 하고 "아니요" 할 것은 "아니요"라고 말했던 엘리야와 미가야 이야기를 묵상해 보았습니다. 오늘은 그 힘든 시대에 대를 이어서 부르심에 응답한 사람들의 이야기를 살펴보려 합니다. 영광의 자리를 잇는 것이 아니라, 여호와를 따르는 선대의 고통과 고난을 잇기로 결심한 자들의 이야기라서 더욱 귀한 말씀이라고 생각합니다.

오늘 만남의 제목과 관련하여 재미있는 일화가 있습니다. '함석헌'이라고, 젊은이들에게는 낯선 이름이겠지만 20세기 실천하는 기독 지성인이었던 분이 계십니다. 그분이 내셨던 잡지 이름이 〈씨알의 소리〉인데, 언젠가 "누가 이 '참'의 바통을 이을 것인가?" 라는 제목의 글을 쓰신 적이 있으시죠. 죽음이 일상인 시대에 신앙인으로서 어떻게 살아가야 할지에 대해 쓰면서 자신의 시대가 가더라도 젊은 이들이 계속 이어서 '참의 싸움'을 싸워줄 것을 촉구하는 글이었죠. 그러고는 한참을 잊고 지내시던 중에 시골에서 한 청년이 그를 찾아 왔답니다. 청년은 넙죽 절을 하고 꿇어앉더니 진지한 얼굴로 말하더래요. "저에게 주십시오~" 당연히 함 선생님은 당황하셨죠. 하여 무엇을 달라는 건지 물어보니 "그 참의 바통을 저에게 주십시오~"라고 대답했다고 하네요. 읽고 나서 한참을 웃은 일화였습니다. 함 선생님은 '진리, 참의 이어짐'을 상징적으로 말씀하신 것이었는데, 순진한 시골 청년은 운동회의 릴레이 달리기처럼 진짜로 '바통'을 건네주시려는 줄 알고 그걸 자기에게 달라고 했던 것이죠. 하지만 저는 그 청년이 어리석기보다는 순수한 열정이 가득했다고 봐요. 얼마나 '참의 바통'을 사모했으면 그 먼 길을 마다않고 달려왔겠어요?

청년 엘리사의 소망

오늘 우리가 만날 한 청년도 열정에 있어서만큼은 그 청년과 다르지 않습니다. 바로 청년 엘리사의 이야기입니다. 엘리야의 사명을 이어받은 선지자이죠. 암흑의 시대에 선지자의 사명을 이어 주고 이어받은 엘리야와 엘리사, 이 훈훈한 사제의 이야기를 이제 시작해 볼까요? 우선 성경본문을 보겠습니다.

엘리야가 거기서 떠나 사밧의 아들 엘리사를 만나니 그가 열두 겨릿소를 앞세우고 밭을 가는데 자기는 열두째 겨릿소와 함께 있더라 엘리야가 그리로 건너가서 겉옷을 그의 위에 던졌더니 그가 소를 버리고 엘리야에 게로 달려가서 이르되 청하건대 나를 내 부모와 입맞추게 하소서 그리한 후에 내가 당신을 따르리이다(열왕기상 19:19-20).

이 성경본문은 엘리야의 떠남으로 이야기가 시작되는데요, 일단 "거기"는 어디일까요? 엘리야의 행적을 먼저 살펴볼게요. 지난 시간 의 성경 묵상을 통해 우리는 그가 바알 선지자 850명을 상대로 대 승을 거두었음을 알고 있습니다. 그 일이 이세벨이 있던 왕궁에 전 해졌고, 당연히 그녀는 분노합니다. 얼마나 화가 났던지 "내일 이맘 때까지 엘리야도 내 선지자들이 당한 그대로 만들어주겠다."라고 선 언을 하죠. 이 소식을 들은 엘리야는 전전긍긍하다가 도망을 쳤어 요. 여기저기 도망자의 삶을 떠돌다가 시내산(호렙산)까지 이르렀고 한동안 거기서 지내게 됩니다. 시내산, 매우 익숙한 이름이지요? 네, 모세가 십계명을 받은 바로 그 거룩한 산입니다. 그곳에 거하는 동 안 엘리야는 여호와께 많은 말씀을 받습니다. 그 말씀 중 하나가 바 로 엘리사를 찾아가 그를 후계자로 삼으라는 것이었습니다.

그런데 조금 이상하지 않으신가요? 사사나 예언자 중에서 여호와 께서 누군가를 콕 집어 후계자로 삼으라고 지목하시는 이야기는 지 금까지의 성경 본문 안에서는 굉장히 드물었거든요. 물론 이전에 있 던 사사가 영적 민감성이 약해져서 자신의 아들에게 역할을 위임했 던 적은 있지만 그건 여호와께서 말씀하신 것은 아니었지요. 엘리의

신앙, 그 순례의 여정

리더십이 사무엘로 넘어갈 때도, 여호와께서는 미리 엘리에게 그것을 말씀하시지 않고 그냥 바로 사무엘에게 나타나셨지요. 그런데 엘리야에게 임하신 하나님의 말씀은 조금 다르네요. 직접 엘리사를 찾아가라 명하시지요. 왕들의 경우는 이와 비슷한 전례가 있었습니다. 사울이나 다윗의 경우에는 직접 계시가 아니라 사무엘이 매개가 되어 그들의 정치적 리더십을 인정하게 되니까요. 그러나 엘리사의 경우는 왕을 삼는 문제가 아닙니다. 선지자라면 당연히 여호와와의 직접적인 만남이 있어야 가능한 일인데, 이를 굳이 '계승'의 형태로 전달할 필연성은 없어 보입니다.

사실 그동안 배운 인물 중에 현재의 리더십을 가진 사람이 후계자를 지목하고 양육한 비슷한 사례가 있기는 합니다. 혹시 기억나시나요? 바로 모세와 여호수아이지요. 성경의 기록을 보면 여호수아는 굉장히 오랫동안 모세를 쫓아다녔어요. 왜 하필 모세는 자신의 아들들이 아닌 여호수아를 후계자로 선택했는지 물으면서 공부했던 기억(《삶, 그 은총의 바다》, 열여덟 번째 만남)이 납니다. 일단은 여호수아가 여호와 신앙에 입각한 용기와 성실성을 겸비하고 있었기에 그랬지 않나 생각했었죠. 하지만 아무리 여호수아가 적합한 재목이라도, 사실 여호와의 살아계심을 믿고 고백하는 지도자라면 자신의 후계자 문제를 그렇게 고민할 필요가 없었을 겁니다. 자기가 가고 나면 '여호와의 영'이 누구에게든지 적합한 사람에게 임하여 백성들을 이끌 테니까요. 그러나 모세는 굳이 여호수아를 다음 지도자로 지목했지요. 여전히 궁금하긴 합니다. 신앙이 부족한 모세가 아니었을 텐데. 한 가지 인간적인 생각은 모세와 여호수아의 경우에는 광야 생활의 한 중간이었기 때문이라는 것입니다. 가나안 땅을 향해 가고 있던, 그러니까 아직 정착하지 않은 긴박하고 불안정한 예외적인 상황이었기에 후계자를 지목하여 훈련한 것이 아닌가 하는 점이었습니다. 모세가 그냥 죽고 만다면 혼란이 야기될 수 있었겠지요. 리더십이 바뀌는 시절의 혼란은 어느 공동체나 마찬가지입니다. 하지만 출애굽이라는 긴박한 상황이라면 그 혼란이 그저 동요를 넘어 공동체의 전멸까지 초래할 수 있으니까요. 그래서 예외적인 리더십의 계승을 시도했던 것이 아닐까요?(물론 학자적 접근으로는 다른 이야기들을 할 수 있습니다만, 늘 말씀드리듯이 성경 사랑방에서는 우리가 손에 든 성경본문 그대로의 이야기를 가지고 질문하고 기도하고 묵상하며 풀어가려고 해요.)

저는 엘리야와 엘리사의 이야기가 펼쳐지는 상황도 영적인 면에서 모세와 여호수아 시절에 준하는 아주 긴박한 위기 상황이었다고 봐요. 여호와를 섬기는 많은 선지자들이 죽고 흩어져 숨어 지내고 있습니다. 여호와 신앙의 존속이 경각에 달린 위기 상황입니다. 그래서 하나님께선 엘리야를 엘리사에게 인도하신 것이 아닐까요? 만약 엘리야가 그 신앙을 누구에게 이어주지 않은 채로 그냥 사라진다면 여호와 신앙 전승을 이어가기가 매우 어려운 시기였기에. 그래서 더욱 카리스마적인 인물이 필요했던 것은 아닌지.

엘리야는 하나님의 말씀을 듣고 엘리사에게 나아갑니다. 이게 바로 엘리야가 "거기를 떠나서 사밧의 아들 엘리사를 만나는" 장면입니다. 엘리야가 엘리사를 만났을 때 엘리사는 열두 겨릿소를 앞세워

밭을 갈고 있었습니다. 그는 그 소들 중 열두째 겨릿소와 함께 있었고요. 저는 이 부분에서 엘리사의 품성을 유추해보았어요. 농사짓는 일상을 모르는 저는 '겨릿소'가 무엇인지 낯설었어요. 알아보니 겨릿소는 멍에를 함께 끌고 가는 두 마리의 소를 지칭한다고 하네요. 이 두 소들 중에서 경험 많은 소('안소'라고 부른답니다.)가 오른쪽에서 멍에를 맵니다. 농부가 경험 많은 안소를 이끌어 가면 왼쪽의 경험이 부족한 소('마랏소')는 그 인도를 따라오지요. 선배가 하는 것을 힐끔힐끔 보면서요. 엘리사가 열두 겨릿소를 데리고 있었다는 것은 소가 총 스물네 마리였다는 이야기입니다. 이 정도면 제법 사는 집안 아닌가요? 물론 저의 관심은 엘리사의 집안 배경이 아니라 그가 겨릿소들을 이끄는 방식입니다. 그 겨릿소들을 쟁기질 하는 중에 엘리사는 제일 마지막 겨릿소와 함께 하고 있었습니다. 엘리사가 어떤 리더가 될지 추측이 되는 부분입니다.

　지도자의 유형은 매우 다양하겠습니다만 크게 셋으로 나누어 생각해 볼 수 있습니다. 우선 맨 앞에 앞장서 가면서 '나를 따르라' 하고 이끄는 사람들이 있겠죠. '선동형' 혹은 '솔선수범형'이라고 해야 하나요? 극한 전장에서 겁에 질린 병사들과 함께 하는 상황에서 이런 장수라면 용기를 줄 수 있겠죠. 둘째로, 무리의 중간에 서서 '함께 가자'며 발걸음을 맞추는 유형이 있습니다. '친구(동료)형'이라고 부르고 싶네요. 서로 의지가 되겠죠. 마지막으로 맨 뒤에 서서 "힘내, 할 수 있어!" 이렇게 격려하며 마지막에 뒤쳐진 구성원까지 챙기는 지도자들이 있습니다. '격려형'이라고 이름 붙이면 적합하겠네요. 양을 치는 목자들에게서도 이 세 유형이 다 발견된다는 말을 들은 적이 있어요. 사실 '성과'의 측면에서 보면 맨 마지막 유형은 속도가 더딜 겁니다. 맨 마지막 소의 보조를 맞추며 가야 하니까요. 속도를 조절하는 힘이 지도자에게 주어져 있지 않잖아요. 오히려 포기하려 하고 느릿느릿 주저주저하는 소들을 다독거리며 진도를 나가자니 정말 힘이 배로 들어가는 리더십입니다.

저는 겨릿소를 이끌고 밭을 가는 엘리사를 묘사한 그 모습에서 '격려'의 리더십을 발견했습니다. 열두 겨릿소는 열두 지파를 상징한다고도 합니다. 남과 북으로, 그리고 지파마다 삶의 공간이 따로 떨어져 있었던 이스라엘의 특성상, 게다가 공식적으로는 여호와 신앙을 탄압하는 마당에, 만약 '나를 따르라'라고 외치며 성큼성큼 나아가는 여호와 신앙의 지도자였다면 그 뒤를 따를 수 있는 자들이 얼마 없었을 것 같아요. 엘리야와 엘리사가 처한 상황은 여호와 신앙을 가진 사람들의 사기가 땅에 떨어졌던 시절이니, 상한 영혼들을 하나하나 보듬고 가야했겠죠. 이런 위기 상황에서는 선동형 지도자보다는 '힘내~ 할 수 있어.' 하며 다독거리는 리더십이 절실했을 거라고 봐요. 엘리사는 평소에 밭을 가는 순간에도 이런 성품이 드러났던 것 같습니다. 이런 엘리사의 성품을 하나님께서 보신 것이 아닐까요.

엘리야는 엘리사를 만나자마자 아무런 설명도 없이 겉옷을 그의 위에 던집니다. 겉옷을 받은 엘리사의 행동 또한 의문스럽습니다. 겉옷을 받자마자 엘리사는 부모님께 작별인사를 하고 엘리야를 따

신앙, 그 순례의 여정

르겠다고 말합니다. 역사적 정황과 문화적 의미를 모른다면 뜬금없는 행동입니다. 여기서 "겉옷을 던진다"는 것은 무엇을 상징할까요? 바로 도입부에서 말씀드린 '바통'입니다. '겉옷'이라는 것은 그 사람의 지위, 권위를 상징합니다. 그 옷을 벗어서 건네주는 것은 한 사람이 다른 사람에게 자신이 맡아온 역할을 이어서 수행하라는 뜻을 담고 있지요. 그 상징을 알았던 엘리사는 바로 부모님과 작별인사를 하고 엘리야를 따라갑니다. 이걸 왜 저에게 주시나요? 저보고 어쩌라고요? 그 어떤 질문도 없이 즉각적으로 말입니다. 어찌 이것이 가능했을까요?

엘리사도 이스라엘 청년입니다. 그 유명한 갈멜산 이야기를 소문으로 들어 알았을 겁니다. 그런데 바로 그 엘리야가 자신의 리더십을 인수인계하겠다고 합니다. 영광이지요. 하지만 선뜻 받기 어려운 임무입니다. 그를 따라가면 어떤 삶이 기다리고 있는지 너무나 뻔히 아니까요. 이세벨에게 쫓겨 다니며 살게 될 것입니다. 끼니와 누울 곳을 매일 염려해야 할 겁니다. 열두 겨릿소를 끌고 여유롭게 밭 가는 삶은 이제 영원히 안녕입니다. 이 모든 것을 예상하고 있는데 엘리야가 겉옷을 던진다면, 여러분은 받을 수 있으신가요? 솔직하게 저는 자신이 없습니다.

어쩌면 청년 엘리사는 평소 엘리야를 사모하는 마음을 가지고 있었을 겁니다. 여호와 신앙을 가진 것이 분명했고, 여호와의 사람으로서 엘리야와 같은 삶을 살길 소망하고 있었던 것 같습니다. 스승이 제자 삼을 이를 찾아온 것도 대단한 일이지만, 바로 따라나선 제자의 모습도 놀랍습니다. 그물 깁던 것을 다 던지고 예수를 따랐던 제자들의 삶이 유복하지 않았기에 쉬웠다고 말할 수는 없겠습니다만, 그 삶이 풍요로운 사람이라면 이렇게 빠르게 결단하는 것이 더욱 어려운 일임을 우리는 잘 압니다. 예수의 말씀에 공감했고 그 말씀을 사모했으나 가진 것이 많기에 근심하고 집으로 돌아간 부자 청년이 그러했죠. 하지만 엘리사는 두 번의 망설임도 없이 엘리야를 따라 나섰습니다. 그때부터 엘리사는 엘리야를 따라서 숨어 다니는 인생을 살게 된 것이죠. 아마 엘리야가 아합을 향해 또 악행을 저지른다고 외쳤던 그때에도 엘리사는 함께 있었을 것 같아요. 이세벨이 작정하고 이를 갈며 벼르고 있는 동안에 엘리야는 정말 정처 없이 돌아다녔을 것이고, 엘리사는 그를 따라다니며 계속해서 함께 고난을 겪고 신앙의 훈련을 받았을 것입니다.

고난도 두 배로

엘리야와 엘리사의 이야기가 진행되면서 성경은 열왕기하로 넘어갑니다. 열왕기하 초반을 보면 엘리야가 하나님의 모든 임무를 마치고 마지막을 고하며 비로소 전적으로 엘리사에게 자신의 임무를 양도하는 장면이 나옵니다. '겉옷'은 지위, 권위를 의미한다고 했죠. 이 장면에서는 엘리야의 겉옷이 가진 또 다른 의미를 알 수 있습니다. 열왕기하 2장 8절 말씀입니다.

엘리야가 겉옷을 가지고 말아 물을 치매 물이 이리 저리 갈라지고 두

신앙, 그 순례의 여정

사람이 마른 땅 위로 건너더라(열왕기하 2:8).

오, 보통 겉옷이 아닙니다. 마치 모세의 지팡이처럼 여호와의 임재하심을 나타내는 성스런 물건입니다. 여호와 하나님의 영적 권능을 상징하는 것이죠. 엘리야는 바로 이 겉옷을 엘리사에게 전해줍니다. 그들이 처음 만났을 때에는 스승이었던 엘리야가 엘리사를 적극적으로 찾아오지만, 이 장면에서는 엘리사가 적극적으로 그의 뒤를 이어받으려 합니다. 엘리야가 자신의 소명을 거의 마칠 때에 주변에선 이미 이런 저런 소문이 돌고 있었습니다. 엘리야는 너무나 위대한 인물이라 하나님께서 직접 그를 데리고 하늘로 올라가실 것이다. 디데이가 언제라더라. 그 소문이 지목하던 그날, 엘리야 앞에 모인 선지자들을 만류하며 엘리야는 혼자 떠나려 합니다. 하지만 엘리사는 굳이 그를 따라 나섭니다. 마치 안소를 힐끔힐끔 곁눈질하며 따라가는 마랏소처럼 끝까지 그와 함께하려 합니다.

엘리야 입장에서는 그런 엘리사가 얼마나 기특했을까요? 고난의 가시밭길임을 뻔히 알면서도 선뜻 따라나섰던 제자, 자신의 일거수일투족을 눈여겨보면서 눈에 익히고 마음에 새겨온 신통한 제자. 곧 하늘로 올라가는 엘리야는 진심과 사랑을 담아 자신의 '영적 아들'인 엘리사를 축복하길 원했습니다. "무엇을 원하느냐?" "제가 당신보다 두 배의 권능이 있기를 원합니다." 이 이야기를 들은 스승의 마음은 어떠했을까요? 엄청난 성령의 역사를 보여주었던 엘리야를 상대로 두 배의 권능을 달라니. 어라? 이 녀석 욕심 좀 봐라? 괘씸했을까요? 아니, 나보다 더 커지려 하다니! 섭섭했을까요? 그러나 저는 엘리사의 이 요청이 욕심으로 들리지 않았습니다. 이 당시 상황에서 성령의 권능을 두 배로 받는다는 것은 두 배로 위험하고 고달픈 삶을 살아가게 될 것임을 뜻하니까요. 엘리야도 그것을 알고 있지 않았을까요? 850명의 바알 선지자 앞에도 서야 했고, 목숨을 부지하기 위해 정처 없이 돌아다니는 삶을 살았던 엘리야였으니… 이 모든 것을 마랏소가 안소를 곁눈질하듯 성실하게 지켜 본 엘리사의 요청이었던 겁니다. 스승님께서 가지셨던 은사보다 두 배의 권능을 원한다고요. 엘리사가 그러한 삶을 감당할 수 있을지에 대한 걱정이 엘리야에게 들었을 것 같습니다. "내가 하늘로 올라가는 것을 네가 본다면, 그것은 하나님께서 너의 소원을 들어주시겠다는 것이다." 그리고 실제로 엘리사는 하늘로 들려 올라가는 엘리야의 모습을 봅니다. "너의 시대는 훨씬 더 어렵겠지만 내가 두 배의 역사로 함께 할 테니 견디거라." 하는 여호와 하나님의 메시지였겠죠. 엘리사는 엘리야가 올라가면서 떨어진 겉옷을 들고 돌아옵니다. 이제 스승은 곁에 없습니다. 그의 겉옷만 자신에게 남겨져 있습니다. 엘리사의 마음은 어땠을까요?

엘리야의 몸에서 떨어진 겉옷을 주워 가지고 돌아와 요단 언덕에 서서 엘리야의 몸에서 떨어진 그의 겉옷을 가지고 물을 치며 이르되 엘리야의 하나님 여호와는 어디 계시니이까 하고 그도 물을 치매 물이 이리 저리 갈라지고 엘리사가 건너니라(열왕기하 2:13-14).

신앙, 그 순례의 여정

그전까지 엘리사는 '여호와의 영'으로 기적을 일으키지는 못했던 것 같아요. 그러나 겉옷을 받은 그는 믿음으로 기적을 행합니다. "엘리야의 하나님 어디 계시나이까?"라는 물음은 "하나님 저와 함께하소서"라는 믿음의 요청이었습니다. 이제 저의 하나님이 되어 주소서. 엘리야라는 이름의 뜻은 "여호와께서 신이시다"라는 의미라고 했습니다. 엘리사는 "하나님은 구원이시다"라는 의미죠. 바알과 아세라 신앙에 대적하며 엘리야가 오직 진실하신 신이신 여호와를 드러낸 삶을 살아내면서 그 이름값을 감당했다면, 이제 엘리사는 신이신 여호와께서 이스라엘을 구원하시는 역사를 만들어가게 될 현장의 증인이 될 만한 이름이었습니다. 그의 믿음에 물이 갈라지는 기적이 일어나지요. 갈라진 물 사이를 건너는 엘리사는 여호와와 엘리야가 그와 함께하고 있음을 느꼈을 것 같아요. 여호와여, 그리고 스승님, 저를 지켜보아 주세요. 구원의 하나님을 증거하는 삶을 이제 시작합니다.

그것을 먼 곳에서 지켜보았던 사람들은 성령이 엘리사에게 임했음을 보고 난리가 납니다. 제자들 중 어떤 이들은 하늘로 들려 올라간 엘리야를 찾아보자고 말하기도 합니다. 사람이 하늘로 들려 올라간다는 것이 인간의 상상력으로 믿기 힘든 일이니까요. 엘리사는 가지 말라고 하지만 기어이 우긴 제자들은 인근 사방을 열심히 찾아 나섭니다. 행여 스승님이 하늘로 올라가시다가 떨어지셨으면 어쩌느냐고 걱정이 이만저만이 아닙니다. 물론 엘리야를 찾지는 못했죠. 스토리를 다 알고 있는 우리의 눈에는 어리석게 보일 일입니다만,

어찌 생각하면 이 제자들의 심정도 헤아려집니다. 그것도 사랑이었을 거예요. 스승이 행여 곤란한 상황에 처해 있으시면 어쩌나 걱정을 담은 사랑.

다음 시간에는 엘리사와 함께한 성령의 역사를 함께 볼 것입니다. 정말 성령의 역사가 두 배로 일어났는지, 그 시대는 얼마나 또 암울했었는지도 함께 살펴보기로 하고요. 오늘은 스승 엘리야와 제자 엘리사가 '참의 바통'을 건네주고 건네받은 그 마음을 묵상하는 것으로 마치겠습니다. 엘리야는 "여호와는 신이시다"라는 뜻을 가지고 있다고 했지요. 이 당시 사람들은 누가 진정한 하나님인지 헷갈려 하고 있었습니다. '엘'은 일반명사로 그냥 '신(하나님)'이라는 뜻입니다. 우리나라 말로도 '신'이라고 하면 그 단어는 특정한 신을 가리키는 말이 아니잖아요. 물론 이 단어는 가나안적 신 중에서 최고신을 부를 때 사용한 이름입니다. 세상을 창조하고 이 우주만물의 원리를 돌아가게 하고 고통 받는 인간들의 친구가 되어 주는 최고신 '엘.' 고대 근동 지역에서 사는 사람들이 공유했던 이 이름이 이미 팔레스타인 지역에 뿌리 깊게 정착되어 있었기에, 여호수아의 공동체가 여호와 신앙을 가지고 들어왔을 때에도 많은 사람들은 '엘'과 '여호와'의 이름을 혼용하여 사용했죠. 더구나 북왕국의 여로보암 이래로 지역 산당들에서 행한 여호와 제의는 토착적 종교의례와 습합하여 여호와 신앙에 대한 혼동을 초래했다고 했습니다. 이러한 때에 엘리야는 그 전 생애를 통해 "여호와께서 하나님이시다"라는 이름값에 걸맞게 여호와의 이름을 밝히 드러내는 삶을 살았죠. 엘리사는 "구원하시는 하나님"에 대한 신앙고백이 담긴 이름입니다. 여기서 저는 재미있는 릴레이가 떠올랐어요. 엘리야와 엘리사, 그 둘의 이름을 합하니 온전한 하나의 뜻이 전달됩니다. "여호와께서 하나님이시고, 바로 그 하나님께서 구원을 이루신다"는 것이지요. 다른 신들의 이름은 인간이 붙인 이름이었습니다. 그러나 '여호와'라는 이름은 특정한 고유 명사가 아닙니다. 우리 존재의 기반이요 우리와 동행하시는 신성이요 우리의 행위를 통해 그 형상을 드러내시는 분입니다. 그래서 자신을 '스스로 있는 자'라는 서술적 표현으로 설명하신 것이죠. 바로 그 하나님께서 구원이시라고, 엘리야와 엘리사의 이름이 함께 외치고 있는 것입니다. 설득력이 있는 연결인지 모르겠습니다. 그러나 우리도 사는 동안 이런 만남을 가질 수 있다면 그것은 큰 축복일 겁니다. 시대가 어려워도, 꿋꿋하게 여호와께서 진정한 신이심을 전하는 스승을 만나고, 시절이 험악해도 "너는 나보다 두 배 세 배 놀라운 결실로 여호와를 찬양하라"고 믿고 맡기며 떠날 수 있는 제자를 만난다면, 우리 생애는 얼마나 행복할까요? 우리의 삶이 엘리야와 엘리사처럼 참의 바통을 잇는 생애가 되기를 기도합니다.

기도

여호와 하나님, 영화로운 때에, 평안한 때에, 부와 행복을 누릴 때에, 우리가 당신을 신앙한다고 인정하는 것은 쉬운 일이라는 것을 압니다. 그러나 어려울 때에, 삶이 위협받을 때에, 절망 가운데 있을 때에, 여호와 하나님을 인정하고 따른다는 것이 얼마나 어려운지요. 오늘, 대를 이어가며 스승을 따르려 했던 귀한 엘리사의 믿음을 돌아봅니다. 그것이 고난의 자리라 할지라도 당신만이 우리 삶의 기반이요 구원이심을 전하는 자리라면 주저 없이 담담히 서게 하소서. 스승과 제자, 선배와 후배가 '참'의 바통을 이어주고 이어받으며 여호와 하나님의 거룩한 형상을 이 땅에 드러내는 신앙인이 되게 하여 주시옵소서. 예수님의 이름으로 기도합니다. 아멘.

여호와의 공의를 이어가는 고난의 바통은 선뜻 받겠다고 나서는 이가 적습니다. 이 귀한 선배들의 바통을 기꺼이 받아 성실히 달린 후에 신앙의 후배들에게 잘 건네줍시다. 떨어뜨리지 말고요.

신앙, 그 순례의 여정

눈 먼 신앙, 게하시 이야기
열왕기하 5-6장

지난 시간에는 아름답게 신앙의 바통을 건네주고 이어받은 엘리야와 엘리사 이야기를 공부했습니다. 스승님께 임한 성령의 역사하심보다도 두 배나 더 큰 역사하심을 원했던 엘리사의 모습을 기억하시죠. 여전히 암울한 시기에 더욱 강하게 신앙의 바통을 기꺼이 받았던 엘리사, 그것은 욕심이 아니라 어려운 결단이었습니다. 고난의 짐을, 책임의 부담을 더 감당하겠다는 각오니까요. 엘리야와 엘리사의 이름도 참으로 귀한 연관성을 가지고 있다고 했습니다. "여호와가 하나님이시다"라는 엘리야의 이름과 "하나님은 구원이시다"라는 엘리사의 이름을 합하여 "하나님 여호와께서 우리를 구원하신다."라고 풀어 보았죠. 저는 이것을 '바통'을 이어가며 사제 간에 삶으로 보여주었던 메시지라고 해석했습니다. 그렇게 풀고 나니 저 역시 기대와 함께 욕심이 났습니다. 만약 엘리사의 제자가 "구원은 OOO 이다!"라고 선포하고 그 역할을 수행하는 삶을 살았더라면, 그야말로 아름다운 릴레이였을 텐데. 하지만 아쉽게도 엘리사의 제자는 바통을 제대로 이어받지 못했습니다. 그래서 오늘의 제목은 좀 슬픕니다. "눈 먼 신앙, 게하시 이야기."

나아만이 경험한 여호와의 임재

엘리사의 수제자 이름은 '게하시'였습니다. 그는 엘리사와 가장 가까이에서 함께하는 사환이었죠. 사환이라고 하니 마치 허드렛일을 하는 잔심부름꾼처럼 느껴지실지도 모르겠습니다. 하지만 실제로는 스승 곁에서 배우고 익히는 수석 제자와 같은 역할을 했던 것으로 보입니다. 엘리사를 지칭할 때도 성경의 표현을 보면 "전에 엘리야의 손에 물을 붓던 사밧의 아들 엘리사"(열왕기하 3:11)라고 되어 있거든요. 엘리사 역시 스승 가장 가까이에서 일종의 수행비서 역할을 했음을 알 수 있지요. 그렇다면 '사환' 게하시는 엘리사가 자신의 가장 가까이에 두고 하나님의 놀라운 구원 역사를 보고 듣고 배우게 했던 수제자라고 볼 수 있습니다. '안소' 엘리사의 '겨릿소' 게하시라고 할까요.

게하시를 향한 엘리사의 신뢰는 매우 깊었습니다. 더 뒷이야기입니다만 열왕기하 8장에 보면 이스라엘 왕이 직접 엘리사가 한 일을 게하시에게 묻기도 하고 그의 설명을 듣고 이를 신뢰하여 왕의 판결을 내리기도 합니다. 엘리사가 행했던 수많은 기적 중에는 게하시가 참여했던 일들도 많았습니다. 열왕기하 4장에서 수넴 부자여인의 아들을 살리던 일화가 대표적인 사례이죠. 엘리사는 게하시에게 자신의 지팡이를 대신 들고 먼저 그곳에 가도록 조처합니다. 엘리사의 지팡이는 여호와의 기적을 보이는 권위의 상징인데, 그걸 홀로 맡길 정도라면 대단한 일이지요. 그만큼 게하시에 대한 믿음과 신뢰가 있었습니다. 엘리사는 스승에게 밝혔던 자신의 바람처럼, 사는 날들 동안 성령의 역사가 크게 나타났던 사람입니다. 스승이 그러했던 것처럼 죽은 아이를 살리기도 했고, 그가 가루를 던지면 솥의 독기운이 없어졌으며, 보리떡 이십 개와 채소 한 자루로 백 명이 먹고 남는 기적도 보였습니다. 쇠도끼를 물에서 떠오르게도 했었죠. 그뿐인가요. 엘리사가 고친 병자들도 많았습니다. 이 과정을 항상 가까이에서 지켜보았던 제자가 바로 게하시였습니다.

그랬는데 안타깝게도 게하시는 그 귀한 역사를 직접 목격하고도, 여호와의 메시지를 제대로 배우지 못한 것 같습니다. 엘리야에서 엘리사로 이어진 바통을 게하시가 떨어뜨린 셈인가요? 그가 '바통을 떨어뜨린' 계기가 되었던 사건은 엘리사가 나아만 장군의 나병을 치유하는 이야기 속에 등장합니다. 매우 유명한 일화죠. 그 역사의 현장에서 게하시는 어떤 모습을 보여주었기에 '참의 바통'을 떨어뜨린 것일까요? 먼저 사건의 발단이 되었던 본문을 보겠습니다.

나아만이 이에 말들과 병거들을 거느리고 이르러 엘리사의 집 문에 서니 엘리사가 사자를 그에게 보내 이르되 너는 가서 요단강에 몸을 일곱 번 씻으라 네 살이 회복되어 깨끗하리라 하는지라 나아만이 노하여 물러 가며 이르되 내 생각에는 그가 내게로 나와 서서 그의 하나님 여호와의 이름을 부르고 그의 손을 그 부위 위에 흔들어 나병을 고칠까 하였도다 (열왕기하 5:9-11).

나아만은 아람 족속의 군대 장관이었습니다. 아람 족속은 이스라엘 북쪽에 위치한 부족으로 이스라엘과는 주로 적대적인 관계에 있었죠. 특히나 아합 왕 시절에는 아람 족속의 왕이 이스라엘을 자주 위협했던지라 두 나라 사이가 매우 좋지 않았어요. "내 것도 내 것이고 네 것도 내 것"이라고 생떼를 쓰면서 이스라엘의 땅을 꽤나 빼앗았습니다. 아합 왕이 죽음을 맞이한 것도 바로 아람과의 전투에서였잖아요? 그러니 아람 족속은 이스라엘이 결코 무시할 수 없는 강한 적국이었습니다. 바로 그 국가의 군대장관이 나아만입니다. 나아만이 나병에 걸려 그것을 고치기 위해 이스라엘로 왔습니다. 혼자 온다고 해도 무서울 아람의 군대장관이 무려 병거와 말과 군대를 이끌고 말입니다. 이쯤 되면 꼭 필요한 것이 의전이지요. 국가 대 국가의 문제는 아니었지만 나아만은 사회적 지위와 군사력을 가진 소위 지도층 인사였으니까요. 적어도 나아만의 기대대로라면 엘리사가 직접 '버선발로 뛰어나와 머리를 조아리며' 맞이해도 시원찮을 상황이었죠.

그런데 엘리사는 직접 나오지도 않고 사환(게하시)을 시켜 요단강에서 일곱 번 몸을 씻으라고 전하기만 합니다. 요즘 상황으로 비유하여 보면, 대한민국 정세에 큰 영향력을 행사하는 강력한 국가의 고위 관리가 우리나라의 유명한 의사를 찾아왔는데, 국빈대접은커녕 직접 나오지도 않고 인턴을 시켜 처방전만 주는 상황이죠. 더구나 그 '처방전'이라는 것이 듣기에 매우 허접합니다. 강물에 목욕을 하라니요. 나아만의 고향엔 강물이 없어서 여기까지 그 먼 길을 수고하며 왔답니까? 나아만의 입장에선 충분히 화가 날 수도 있는 상황이었습니다. "코빼기도 안 보이더니 저 별 것도 아닌 듯 보이는 강물에 몸을 씻으라고?" 홧김에 그가 거느리고 온 군대로 이스라엘을 쓸어버릴지도 모를 일이죠. 충분히 나아만의 심기를 건드림으로 인해 외교적인 충돌도 일으킬 수 있는 일이었습니다. 그런데도 엘리사는 쿨~하기가 이루 말할 수 없습니다. 엘리사가 기적을 많이 행하더니 교만해진 것일까요? 이런 궁금증에 대한 제 묵상의 답은 이렇습니다. 엘리사는 본인의 능력이 아니라 하나님의 성령으로 역사를 일으키기 때문에 나아만 장군에게 굽히고 들어가야 할 이유가 없다고 판단했던 것 같아요. "낫고 싶어서 온 자라면 겸손히 여호와의 말씀에 순종해라", 이것이 엘리사의 입장이었지요.

물론 나아만은 화가 나서 "내가 고작 요단강에 들어가려고 이곳까지 온 것이냐?"라고 묻습니다. 그런데 다행히도 그의 주변 사람들이 지혜로웠습니다. 나아만의 측근들은 병을 고치기 위해 엘리사의 말을 따르라 조언합니다. 사실 같은 말도 이렇게 해석하느냐에 따라 반응이 전혀 달라지는 법이죠. "그 쉬운 걸 여기 이 멀리까지 와서 하라고?" 이렇게 화가 날 수도 있지만, 한편으로 "그 쉬운 걸 여기까지 와서 못할 게 뭐야?" 이렇게 받아들일 수도 있는 거니까요. 결국 나아만은 엘리사가 시킨 대로 요단강에서 일곱 번 몸을 씻습니다. 그리고 그의 몸이 어린 아이의 살같이 회복되어 깨끗하게 된 걸 보았죠.

완전히 병이 낫자 나아만은 급변합니다. 거만했던 그는 여호와의 영광을 보고 아주 저자세로 엘리사에게 달려갑니다. "당신의 종이 예물을 드립니다."라고 말하며 하사품을 전달하려고 하죠. 그런데 그 하사품이 그야말로 어마어마합니다. 은 열 달란트, 금 육천 개, 화려한 의복도 있었습니다. 이 하사품, 받는 것이 옳을까요? 어떻게 생각하세요? 병을 고쳐주고 받는 것이니 받을 만도 하지요. 탐나는 물건들이고요. 그러나 엘리사는 그것을 거부합니다. 구구절절 사연도 없이 그저 받지 않겠다는 대답만을 전합니다. 그러나 나아만은 이를 지혜롭게 이해합니다. "아, 내가 감사함을 돌려야 할 존재는 엘리사가 아니라 여호와시구나." 이 사실을 깨닫죠. 하여 그는 앞으로 사는 날 동안 여호와께만 예배드릴 것을 맹세합니다. 나아만은 매우 정직한 인물인 듯합니다. "제가 제 나라의 공직에 있어 그 나라의 신에게 절해야 할 경우가 있습니다. 그러니 피치 못할 경우 제 마음은 담지 않고 몸으로만 절을 해도 될까요?" 진심으로 여호와께 충성을 맹세하며 이런 세세한 질문까지도 답을 얻고자 하는 모습이 '귀엽기'까지 합니다. 그만큼 정직하고 충실한 사람이라는 뜻이겠지요. 병이 나은 감격을 가지고 이제 나아만은 떠나갑니다.

게하시가 보지 못한 것

이 모든 상황을 엘리사의 사환 게하시가 지켜보고 있었습니다. 그런데 게하시의 반응이 심상치 않습니다.

하나님의 사람 엘리사의 사환 게하시가 스스로 이르되 내 주인이 이 아람 사람 나아만에게 면하여 주고 그가 가지고 온 것을 그의 손에서 받지 아니하였도다 여호와께서 살아 계심을 두고 맹세하노니 내가 그를 쫓아가서 무엇이든지 그에게서 받으리라 하고 나아만의 뒤를 쫓아가니 나아만이 자기 뒤에 달려옴을 보고 수레에서 내려 맞이하여 이르되 평안이냐 하니 그가 이르되 평안하나이다 우리 주인께서 나를 보내시며 말씀하시기를 지금 선지자의 제자 중에 두 청년이 에브라임 산지에서부터 내게로 왔으니 청하건대 당신은 그들에게 은 한 달란트와 옷 두 벌을 주라 하시더이다 나아만이 이르되 바라건대 두 달란트를 받으라 하고 그를 강권하여 은 두 달란트를 두 전대에 넣어 매고 옷 두 벌을 아울러 두 사환에게 지우매 그들이 게하시 앞에서 지고 가니라 언덕에 이르러서는 게하시가 그 물건을 두 사환의 손에서 받아 집에 감추고 그들을 보내 가게 한 후(열왕기하 5:20-24).

나아만의 예물을 받지 않는 스승 엘리사와 여호와께 감사하며 예물을 거두고 돌아가는 나아만의 모습을 보고 게하시는 이 상황을 억울해 한 것이죠. 하여 나아만의 뒤를 쫓아 예물을 달라고 합니다. 하지만 방금 자신의 스승이 거절한 예물을 스승의 이름을 팔아 요구하는 것은 게하시가 생각해도 눈치 보이는 일이었지요. 그래서 그는 거짓말을 합니다. 미처 예상치 못한 상황이 발생한 것처럼 슬쩍 거짓으로 꾸미죠. 에브라임 산지에서 고생하는 하나님의 선지자 두 사람이 왔다. 그들에게 무언가 들려 보내야 하는지라 스승님께서 마음을 바꾸셨다. 그렇게 거짓말을 꾸며서 예물을 달라고 합니다. 나아만의 입장에서는 준비해온 예물을 모두 주어도 아까울 것이 없는 상황인지라 거절할 이유가 없었습니다.

그러나 게하시는 그에게 은 한 달란트와 겉옷 두 벌 만을 요구합니다. 양심적이었던 걸까요? 늘 없이 살다 보니 그만큼도 큰돈이라고 생각했기 때문일까요? 게하시의 부탁에 나아만은 선뜻 은 두 달란트를 줍니다. 사람이 둘이 왔다잖아요? 큰 나라 장군이라서 그런지 나아만의 배포가 큽니다. 게하시는 그것을 받아 숨기고는 스승에게는 시치미를 뗍니다. 게하시는 왜 이런 행동을 하였을까요? 저는 왠지 개인적인 욕심은 아니었을 거라는 생각이 듭니다. 스승의 행동에 너무나 분노하는 게하시의 모습에서 힌트를 얻었죠. 엘리사가 그동안 행한 기적이 한둘이겠습니까? 여호와의 역사이므로 보상을 받지 않겠다는 엘리사의 입장도 평소 보아온 것이겠죠. 늘 그 모습을 보며, "아니, 주겠다는 걸 왜 안 받지?" 답답했던 마음이 쌓였다가 폭발한 것일 수도 있습니다. 혹은 자신도 발로 뛰고 말을 전하며 엘리사를 도와 함께 기적을 일으켰다고 생각하여 정당한 대가를 원했을 수도 있겠죠. 하지만 게하시는 은 한 달란트만을 요구했습니다. 단순한 금전욕은 아닌 것으로 보입니다. 힘들게 살아온 게하시에게 나아만 장군의 예물은 충분히 욕심이 날만한 보물이었지요. 그럼에도 게하시는 이것저것을 탐욕스럽게 구하지 않았습니다.

'수석 사환' 게하시! 저는 엘리사 공동체 안에서 게하시가 가졌던 위치에서 제 추측의 실마리를 찾았습니다. 열왕기하 4장을 보면 이 공동체가 굉장히 궁핍했다는 것을 알 수 있습니다. 제자들은 먹을 것이 없어서 여기저기서 먹을 것을 주워 모아서 큰 솥에 몽땅 넣어 대충 끓여 먹는 일이 다반사였습니다. 그러다 보니 어떤 때에는 독이 들어있는 풀로 국을 끓여 다 죽게 될 뻔한 사건도 있었죠. 한번은 누군가 헌금으로 바친 보리떡 스무 개를 백 명이 넘는 사람들이 함께 먹고 남기는 기적이 일어나기도 했었습니다만, 그야말로 연명하기 위한 기적이었습니다. 엘리사가 가진 능력은 금은보화를 얻고 풍요로운 삶을 위해 쓰인 적은 없습니다. 이런 상황에서 수석 사환인 게하시의 주된 역할은 무엇이었을까요? 저는 게하시가 엘리사 공동체의 총무 혹은 회계 역할을 수행했을 거라고 봅니다. 그 공동체를 먹여 살리기 위해 이리저리 가진 것들을 분배하는 역할을 했을 겁니다. 그런데 물정 모르는 스승님은 '여호와께서 하신 일' 운운하며 계속 혼자 청렴하기만 합니다. 아, 먹고 살아야 하는데… 그런 안타까움이 게하시의 분노를 유발하고 자처하여 예물을 챙기도록 한 것은 아닐까요?

이렇게 보자면 게하시를 그리 나쁘게만 평가할 일은 아닙니다. 그럼에도 저는 게하시의 신앙이 '눈 먼 신앙'이었다고 봅니다. 공동체를 먹여 살리겠다고 궁여지책으로 나아만의 은을 받은 게하시를 어째서 눈 먼 신앙인이라고 표현했냐고요? 게하시는 그들이 힘든 상황이었기에 기회가 있을 때 금전을 얻어 '비축한다'는 생각을 했겠지만, 그는 이전에 이미 보리떡 스무 개로 백여 명이 먹는 '여호와의 기적'을 보았던 사람입니다. 그가 진정한 신앙인이었다면 스승 엘리사와 함께 하는 동안에는 굶어 죽을 일은 없다는 것을 믿어야 했겠죠. 그의 '축적'(받아와서 스승 몰래 숨겨두었던) 행위는 인간적으로 이해할 만한 행동이긴 했어도 신앙적인 모습은 아니었습니다. 백 명을 먹여 살리는 기적을 보았던 그가, 엘리사의 뜻을 헤아리려 했다면 어땠을까요. 엘리사에게 갚는 대신에, 나아만이 여호와께 예배하도록 하기 위해 아무 것도 받지 않고 보낸 더 큰 뜻을 헤아렸다면요. "아, 역시 여호와를 섬기는 사람은 다르구나. 돈이나 지위가 중요한 것이 아니었어!" 나아만에게 이런 깨달음을 주고자 함을 알았더라면 발빠르게 달려가서 거짓으로 예물을 챙기는 행위는 하지 않았을 겁니다. 행여 다음 날 만나가 내리지 않을까 봐 불안해서 이틀치 이상을 거두어들였던 옛 조상들처럼, 게하시는 눈 먼 신앙을 가지고 의심하고 불순종했습니다. 하나님이 늘 함께하심에 대해 눈을 뜨지 못했습니다. 그래서 엘리사의 영적 능력을 보고도 그 바통을 잘 받지 못했습니다.

게하시가 엘리사와 함께하며 본 기적들은 정말 어마어마했습니다. 그럼에도 늘 불안해했죠. 한 번은 아람 군대가 쳐들어오자, 게하시는 불안에 휩쓸려 엘리사에게 "이 일을 어찌하면 좋냐"고 물은 적이 있습니다. 병거와 말을 앞세우고 쳐들어온 아람 군대에게 둘러싸

       신앙, 그 순례의 여정

여 두려움에 떨던 게하시에게 엘리사는 기도를 통해 하나님의 보호하심이 얼마나 대단한지를 보여줍니다. 그는 하나님께 기도하여 게하시도 눈을 열어 여호와의 보호하심을 보게 해 달라고 부탁합니다. 그리고 그들 앞에 있는 아람의 군대보다도 그들을 지키는 여호와의 군대가 더 많다는 것을 게하시에게 보여줍니다. 이 에피소드를 담은 본문입니다.

> 하나님의 사람의 사환이 일찍이 일어나서 나가보니 군사와 말과 병거가 성읍을 에워쌌는지라 그의 사환이 엘리사에게 말하되 아아, 내 주여 우리가 어찌하리이까 하니 대답하되 두려워하지 말라 우리와 함께 한 자가 그들과 함께 한 자보다 많으니라 하고 기도하여 이르되 여호와여 원하건대 그의 눈을 열어서 보게 하옵소서 하니 여호와께서 그 청년의 눈을 여시매 그가 보니 불말과 불병거가 산에 가득하여 엘리사를 둘렀더라 (열왕기하 6:15-17).

엘리사의 기도로 눈을 뜬 게하시에게 여호와의 엄청난 군대가 보였습니다. 엘리사의 초연함은 타고난 용감함 때문이 아니었던 겁니다. 그가 '눈 뜬 신앙'을 가지고 있었기에 하나님의 역사를 볼 수 있었습니다. 구원하시는 여호와의 역사가 항상 눈에 보인 엘리사였기에, 담대하게 나아갈 수 있었던 겁니다. 반면 게하시의 불안함은 신앙의 눈을 뜨지 못했기 때문입니다. 스승 엘리사의 곁에서 그 모든 역사를 지켜보면서도 신앙의 눈이 멀었던 게하시의 모습이 참으로 안타깝습니다.

게하시는 나아만 장군에게 예물을 받고 돌아와 어디를 다녀왔는지 묻는 엘리사를 상대로 두 번째 거짓말을 합니다. "아무 데도 가지 아니하였나이다." 아니, 이것이 여호와의 영과 항상 동행하는 스승에게 할 소리입니까? 이는 엘리사만을 속이려 한 것이 아니죠. 스승과 동행하시는 여호와의 영마저도 인정치 아니하는 행동입니다. 엘리사가 크게 노한 것은 당연한 일입니다.

> 엘리사가 이르되 한 사람이 수레에서 내려 너를 맞이할 때에 내 마음이 함께 가지 아니하였느냐 지금이 어찌 은을 받으며 옷을 받으며 감람원이나 포도원이나 양이나 소나 남종이나 여종을 받을 때이냐 그러므로 나아만의 나병이 네게 들어 네 자손에게 미쳐 영원토록 이르리라 하니 게하시가 그 앞에서 물러나오매 나병이 발하여 눈같이 되었더라(열왕기하 5:26-27).

참으로 비극적인 형벌입니다. 너무하다는 생각마저 들어요. 그렇게 충성했던 게하시의 마지막 대가가 '나병'이라니요. 당시 나병(한센병)은 공동체로부터 추방될 수밖에 없는 병이었습니다. 그런 나병이 자손에게까지 이어지는 저주를 받은 게하시. 한 번의 불순종과 거짓말의 대가로는 너무 심한 형벌이 아닌가 싶기도 합니다. 헤세드의 하나님께서 이렇게까지 하셔야 했는가, 의문이 들기도 합니다. 그렇지만 이 일화의 교훈은 '나병'이라는 형벌을 받았다는 것에 있지 않

신앙, 그 순례의 여정

습니다. 신앙의 바통을 떨어뜨릴래야 떨어뜨릴 수 없는 '엘리사의 바로 옆자리'에서 기적을 보아 왔던 게하시가 신앙의 눈을 뜨지 못했다는 사실에 집중했으면 합니다. 게하시라는 이름은 문자적으로는 "골짜기"를 뜻하는데 "계시를 받아서 충만하게 채운다"는 의미로 풀 수도 있습니다. 엘리야보다도 두 배나 큰 능력으로 성령의 임재를 드러냈던 스승 엘리사, 그가 여호와와 동행하시는 계시 사건들을 충만하게 채워 담기만 해도 그는 정말 멋지게 스승의 바통을 이어갈 수 있었을 겁니다. 그런데 슬프게도 그의 눈 먼 신앙은 그 소중한 기회를 놓치게 만들었습니다.

혹여 우리의 발걸음이 고작 은 두 달란트와 탐스런 옷 두 벌을 향해 달려가는 발걸음은 아닐까요? 멈춰 서서 반성할 일입니다. 또한 성령의 역사하심으로 이루는 은총의 사건들을 마치 내가 한 것인 양 대가를 받으려 하지는 않는지. 그 또한 생각해 보아야 할 것입니다. 우리에게 볼 수 있는 기회가 주어졌을 때, 신앙의 눈으로 볼 수 있도록 함께 기도합시다.

기도

주님, 오늘은 영적으로 눈이 멀어 스승으로부터 받을 수 있었던 신앙의 유산을 놓친 게하시의 이야기를 배웠습니다. 이 이야기를 먼 옛날에 있었던 한 어리석은 신앙인의 이야기로만 생각하지 않게 하소서. 하나님께서 영안으로 충분히 볼 수 있는 일들을 보여주심에도 저희들이 눈이 멀어 보지 못하고 증인된 삶을 살지 못하는 것은 아닌지요. 당신께서 주시는 진리의 바통을 떨어뜨리지 않도록 늘 임마누엘 동행하시고 우리의 영안을 열어 주시옵소서. 예수님의 이름으로 기도합니다. 아멘.

우리의 발걸음이 탐욕스런 축적을 향해 달려가지 않도록, 신앙의 눈을 밝게 뜨고 성령의 역사하심을 바라봅시다.

신앙, 그 순례의 여정

마흔다섯 번째 만남

복음을 전하는 아름다운 발길: 네 사람의 나병환자
열왕기하 6–7장

지난 시간엔 '눈 먼 신앙' 게하시의 이야기를 묵상했죠. 귀한 스승 옆에서 여호와의 임재가 일으키는 엄청난 일들을 보았음에도 불구하고, 영의 눈뿐만이 아니라 물질에도 눈이 멀어 스승의 바통을 계승하지 못했음에 안타까워했습니다. 그는 왜 바통을 받지 못했을까요? 스승을 통해 이루신 하나님의 역사를 인간적인 계산으로 보상받으려 했기 때문이라고 봅니다. 기적이 멈출까 하는 불신앙으로 부당하게 얻은 재물을 비축하려고 했죠. 그것이 바로 '눈 먼 신앙'이 가져온 비극이었죠. 게하시가 물질적 보상을 받기 위해 나아만 장군을 열심히 뒤쫓아간 그 발걸음은 참으로 안타까운 발걸음이었죠. 오늘 배울 인물들도 열심히 서둘러 발걸음을 옮긴 사람들이었는데요. 그러나 게하시의 발걸음과는 다른 목적으로 인해 바빴던 걸음입니다. '살리는' 발걸음이었거든요. 참으로 아름다운 발걸음이었죠. 후에 많은 이들이 이들의 발걸음을 상기하며 "복음을 전하는 아름다운 발걸음"이란 표현을 즐겨 쓸 만큼이요. 바로 네 사람의 나병(한센병)환자 이야기입니다.

죽음의 도성, 사마리아

열왕기서가 역사서임은 분명합니다. 하지만 엘리사 시절의 사건들이 공동체 안에서 기억되고 전달되고 정리가 되는 과정에서 최후의 기록 상태가 정확히 역사적 순서인지는 의문이 듭니다. 예를 들어 열왕기하 6장 후반부의 묘사에 따르면, 엘리사의 기적으로 눈이 멀어 사마리아까지 끌려온 아람 군대가 여호와의 헤세드(은총, 살림)를 입고 고국으로 돌아가는 이야기가 나옵니다. 그 일화의 마지막은 이렇게 되어 있죠. "이로부터 아람 군사의 부대가 다시는 이스라엘 땅에 들어오지 못하니라"(23절). 그런데 바로 다음 절인 24절에는 아람 왕이 군대를 모아 사마리아를 에워싸는 군사적 대치 상태가 나옵니다. 불과 한 절 사이에 말이죠. 그 상황을 볼까요?

이후에 아람 왕 벤하닷이 그의 온 군대를 모아 올라와서 사마리아를 에워싸니 아람 사람이 사마리아를 에워싸므로 성중이 크게 주려서 나귀 머리 하나에 은 팔십 세겔이요 비둘기 똥 사분의 일 갑에 은 다섯 세겔이라 하니(열왕기하 6:24-25).

신앙, 그 순례의 여정

아람 사람들이 거짓말을 했구나, 안 쳐들어오겠다고 하고는 침략을 한 거야. 그렇게 쉽게 생각하기 어려운 것은 23절의 서술방식이 후대의 역사가가 과거 사건을 최종적으로 기록하는 방식으로 서술되어 있다는 겁니다. 엘리사의 '헤세드'(적들을 죽이는 대신 떡과 물을 주어 주인에게 돌려보냄) 이후에 아람 군대가 다시는 이스라엘 땅에 들어오지 못하는 계기가 된 사건으로 평가하는 것이죠. 그런데 전후 상황을 확실히 알 수 없는 "이후에" 벌어진 일은 아람 군대가 쳐들어와서 이스라엘을 곤궁에 빠지게 만들었다는 겁니다. 이 역시 역사적 사실로 보입니다. 도대체 이걸 어떻게 받아들여야 할까요? 학자들은 구전된 이야기들의 서술 순서가 곧 역사적으로 발생한 순서는 아니라는 것에 동의를 합니다. 그러니 우리는 복잡한 학문적인 편집 순서를 분석하기보다는, 성경 본문 그대로를 두고 사마리아 성이 적의 군대에게 둘러싸인 긴박한 상황에서 어떤 일들이 발생했는지에 초점을 맞추도록 하겠습니다.

아람의 수많은 군대가 사마리아 성을 에워싸고 성 안으로 들어오는 인적, 물적 공급을 막아 놓은 겁니다. 식량이나 물이 들어오는 것을 차단하고 장기전에 들어가면, 결국 고립된 성 안의 사람들이 버티다 버티다 항복할 수밖에 없게 만드는 전략이지요. 어찌나 오래 버텼는지 성 안에 먹거리가 거의 동이 날 지경입니다. 자연히 물가가 상승하죠. 성경에 보면 나귀 머리 하나가 은 팔십 세겔까지 되었다고 합니다. 보통 나귀 머리는 당시 사람들이 거들떠보지도 않던 것이었대요. 우리로 치자면 닭똥집, 닭발, 설마 닭머리? 어쨌든 평소 먹거리가 넉넉하다면 버리는 부위였나 봅니다. 그런데 워낙 굶주리다 보니 나귀 머리 고기조차도 소위 '금값'이 되어버린 겁니다. 1세겔은 노동자의 4일치 일당입니다. 80세겔이면 도대체 얼마인가요? 거의 한 해의 임금과 맞먹는 금액인데요, 말도 안 되는 물가죠. 심지어 "비둘기 똥"으로 불리는 하찮은 식물조차 비싼 가격에 판매되었습니다. 이러니 웬만큼 돈이 많지 않고서는 그야말로 끼니를 이어갈 수 없는 형편이었지요. 그 상황이 얼마나 처참했는지. 왕이 도성 시찰을 나갔다가 실상을 전해 듣는 장면을 보면 그야말로 기가 막힙니다.

> 또 이르되 무슨 일이냐 하니 여인이 대답하되 이 여인이 내게 이르기를 네 아들을 내놓아라 우리가 오늘 먹고 내일은 내 아들을 먹자 하매 우리가 드디어 내 아들을 삶아 먹었더니 이튿날에 내가 그 여인에게 이르되 네 아들을 내놓아라 우리가 먹으리라 하나 그가 그의 아들을 숨겼나이다 하는지라(열왕기하 6:28-29).

도저히 상상하기 힘든 상황입니다. 그만큼 굶어보지 않았기에 장담할 수는 없겠지만, 저라면 함께 굶어 죽는 한이 있어도 내 아이를 먹을 생각은 할 수 없을 것 같습니다. 그러나 역사적으로 이만큼의 곤궁한 상황에서 어린 자녀들을 먹거리로 사용했던 끔찍한 일들이 전혀 없었던 것은 아닙니다. 사람이 참으로 잔인하지요. 세상이 악하고 삶이 처절할수록 가장 큰 희생을 치르는 것은 언제나 가장 약

신앙, 그 순례의 여정

한 존재입니다. 어른 여자들보다도 더 약한 존재, 즉 아이들이 희생되는 끔찍한 일이 사마리아 도성 안에서 벌어지고 있었습니다. 이 정도까지인 줄은 몰랐던 왕이 사연을 듣고 심정이 어땠을까요? 성경의 기록을 읽어보겠습니다.

> 왕이 그 여인의 말을 듣고 자기 옷을 찢으니라 그가 성 위로 지나갈 때에 백성이 본즉 그의 속살에 굵은 베를 입었더라 왕이 이르되 사밧의 아들 엘리사의 머리가 오늘 그 몸에 붙어 있으면 하나님이 내게 벌 위에 벌을 내리실지로다 하니라(열왕기하 6:30-31).

"옷을 찢는다"는 것은 극도의 애통함과 참담함을 표현하는 상징적 행위였습니다. 그런데 그렇게 겉옷을 찢어 드러난 왕의 속옷을 보니 굵은 베입니다. 자복하고 회개할 때에 두르는 천이죠. 그러고 보면 이 왕은 자기만 배불리 먹고 사는 것을 당연히 여기는 그런 악한 왕은 아니었나 봅니다. 오랜 시간 사마리아 성의 고립으로 어느 정도 힘든 상황이라는 것은 왕도 알고 있었을 일입니다. 그러나 왕이 먹을 것들은 어떻게든 마련해 놓았겠지요. 그럼에도 굳이 베옷을 입고 민간 시찰을 나온 것을 보면 백성을 아끼는 마음이 큰 왕이었음에 틀림없습니다.

그런데 여기서 궁금한 것이 하나 있습니다. 애통하는 것까진 좋은데 왜 왕은 엘리사에게 화를 냈을까요? 상황이 이 지경까지 되도록 하나님이 그들을 도와주지 않았기 때문일까요? 하지만 하나님에 대한 원망이라면 굳이 엘리사에게 비난의 화살을 돌릴 이유가 없어 보입니다. 혹시 이전에 아람 군대에게 헤세드를 베풀도록 한 엘리사를 원망하는 것일까요? "그때 기회가 있을 때 살려 보내는 것이 아니었어. 다 죽였어야 하는데." 만약 이런 마음이었다면 엘리사를 향한 왕의 분함이 어느 정도 이해가 됩니다. 이렇게 본다면 성경에 기록된 순서대로 일이 발생한 것 같기도 합니다. 괜한 질문으로 더 복잡하게 만들어 버렸네요.

또 한 가지의 가능성은 왕이 여호와를 인정하지 않게 되었다는 해석입니다. 분노한 왕의 표현에는 '하나님'이라는 묘사가 나오죠. '엘'은 일반명사 '신'이라고 했잖아요? 이스라엘의 역사 가운데 구원과 해방 사건을 일으키신 '여호와'의 이름이 아니라 일반 명사로 신을 부르고 있습니다. 그리고 그 분노는 여호와의 사람 엘리사에게 향해 있고요. 왕의 사자가 엘리사에게 전달한 메시지는 이러했습니다. "이 재앙이 여호와께로부터 나왔으니 어찌 더 여호와를 기다리리요"(33절). 이스라엘이 바알/아세라 신앙과 여호와 신앙 사이에서 왔다 갔다 하면서 혼합 종교적 모습을 보였던 것을 기억한다면, 이 왕은 '여호와'와 그의 선지자 엘리사에게 분노한 것으로 읽히기도 합니다. 혹은 여호와를 제대로 알았더라도 순간적으로는 그럴 수 있습니다. "구원의 하나님이시라며, 어찌 우리를 이렇게 안 돌아보시나?" 이런 절망감이 분노로 표출되는 것이죠. 우리도 종종 극한 고통 앞에서 간절히 믿었던 신에게 배반감을 느끼고 절망하여 분노할 때가 있잖아요.

신앙, 그 순례의 여정

앉은 자리에서 나아만이 오는 것을 미리 알고, 게하시가 예물을 챙기러 뛰어간 현장에 영으로 함께 하기도 하는 능력자인 엘리사가 설마 이 상황을 파악하지 못했을 리가요. 이미 모든 상황을 알고도 엘리사는 요동치 아니합니다. 그리고 자신에게 내려진 여호와의 말씀을 전하죠.

엘리사가 이르되 여호와의 말씀을 들을지어다 여호와께서 이르시되 내일 이맘때에 사마리아 성문에서 고운 밀가루 한 스아를 한 세겔로 매매하고 보리 두 스아를 한 세겔로 매매하리라 하셨느니라(열왕기하 7:1).

스아는 곡식을 세는 단위였습니다. 1스아는 요즘 우리에게 익숙한 단위로는 7리터가 조금 넘는 분량이라고 합니다. 그만큼의 분량이 한 세겔이라는 이야기는 밀가루 가격이 엄청나게 싸진다는 뜻입니다. 서민들도 충분히 살 수 있는 가격이죠. 이제 그들에게도 먹고 살 수 있는 상황, 즉 '구원'이 임할 것이라는 '복음'을 구체적으로 표현한 것이지요. 과연 이 성읍에 하룻밤 사이에 이러한 기적이 일어날 수 있을까요? 아이를 식량으로 삼을 정도로 처참했던 성 안에서 이 말씀은 어떻게 받아들여졌을까요? 실제로 한 장관이 그의 말에 비아냥거렸습니다.

그때에 왕이 그의 손에 의지하는 자 곧 한 장관이 하나님의 사람에게 대답하여 이르되 여호와께서 하늘에 창을 내신들 어찌 이런 일이 있으리

요 하더라 엘리사가 이르되 네가 네 눈으로 보리라 그러나 그것을 먹지
는 못하리라 하니라(열왕기하 7:2).

여호와의 말씀을 부정했다기보다는 인간적인 생각으로는 불가능
하다는 것을 언급한 것이었겠지요. 우리의 눈으론 이것이 그렇게나
큰 잘못으로 보이지는 않습니다만, 성경은 이 장관의 불신앙을 매
우 호되게 꾸짖습니다. 무조건 계산 없이 믿는 것이 신앙이라는 말
은 아닙니다. 하지만 인간적인 힘으론 도저히 해결할 수 없는 문제
에 직면해 있는 상황에서, 여호와께서 손을 펼치시겠다고 하면 아멘
으로 화답함이 옳은 신앙의 자세이지요. 인간이 손쓸 수 있는 것을
해결하지 않고 속수무책으로 여호와의 기적만 바라는 자세와는 다
른 이야기입니다. 이를 구별했으면 합니다. 물론 "왕이 그의 손에 의
지하는 자"였다 하니 재무부장관쯤 되었는지도 모르겠습니다. 한정
된 물량 안에서 매일 사투에 가깝게 물가를 조정하느라 현실적인 계
산 감각이 훤한 사람이었을 테죠. 하지만 자신이 할 수 있는 것이 하
나도 없는 상황에서, 여호와께서 그 구원의 손을 펼치신다는 예언을
듣고 굳이 비아냥거릴 이유가 있을까요?

성 밖의 사람들이 발견한 기쁜 소식

자, 이제 여호와께서 약속하신 드라마틱한 구원이 어떻게 전개되
는지 볼까요? 성 밖은 아람 군대가 포위하고 있었습니다. 사마리아
성 안의 이스라엘 사람들은 굶어죽고 있었고요. 그런데 성 바깥에도

이스라엘 사람들이 몇 명 있었나 봅니다. 누구였을까요? 물론 포위된 뒤에는 상황이 다르지만, 보통 성안에 거주해야 안전한 법인데. 아람 군대가 사마리아 성을 둘러쌀 동안 성 바깥에 남아 있는 이스라엘 사람들이라면 그들은 어떤 부류일지… 이 이야기에 등장하는 '성 밖의 사람들'은 나병 환자들이었습니다. 그 병은 부정한 것으로 여겼기 때문에 공동체 밖으로 추방된 것이죠.

네, 오늘의 주인공은 바로 이스라엘 공동체로부터 추방된 네 명의 나병환자입니다. 원치 않았으나 공동체 밖으로 쫓겨났던 이들은 엉겁결에 아람 군대와 이스라엘 사이에 끼어 있게 되자 함께 모여 회의를 합니다. 어차피 그들에게는 성 안이나 밖이나 다 호의적이지 않은 공간입니다. 어떻게 하지? 혹시 아람 군대에 가서 항복하면 살 수 있지 않을까? 사마리아 성 안으로 들어갈지 아람 군대에게 갈 것인지 치열하게 고민하던 네 명의 나병환자들은, 그나마 살 가능성이 있는 아람 군대에 항복하는 선택을 했습니다. 성 안에는 들어가 보았자 먹을 것이 없잖아요. 이런 계산 하에 넷은 적진을 향해 출발합니다. 그런데 막상 아람 군대 진영에 도착한 그들의 눈에 믿지 못할 광경이 펼쳐졌습니다. 보이는 것은 빈 막사에 가득한 보물과 음식들뿐이었습니다. 모든 것은 그대로 남아 있는데 사람들만 없어진 거예요. 사마리아 성에서 볼 때에는 전지가 구축되어 있었기에 아람 군대가 있는 것으로 판단하고 있었지만, 사실 막사 안은 텅텅 비어있었던 거죠. 무슨 이유인지는 몰라도 아람 군대는 모든 것을 그대로 두고 떠난 상태였던 것입니다. 무슨 일이 벌어졌던 걸까요?

이는 주께서 아람 군대로 병거 소리와 말소리와 큰 군대의 소리를 듣
게 하셨으므로 아람 사람이 서로 말하기를 이스라엘 왕이 우리를 치려하
여 헷 사람의 왕들과 애굽 왕들에게 값을 주고 그들을 우리에게 오게 하
였다 하고 해질 무렵에 일어나서 도망하되 그 장막과 말과 나귀를 버리
고 진영을 그대로 두고 목숨을 위하여 도망하였음이라(열왕기하 7:6-7).

전형적인 '여호와 전쟁'의 모습이지요. 여호와 전쟁의 전개는 인
간적으로 불가능해 보이는 일들을 통해 상대 진영의 혼란을 야기함
으로 이뤄내는 것이었거든요. 아람 군대는 엄청난 병거 소리와 말소
리를 듣고, 이스라엘의 지원 군대가 온 줄 알고 도망했던 것입니다.
헷 사람과 애굽 지원병이 밖에서 치고 들어오고 사마리아 성 안에
서 이스라엘 군대가 협공을 하면 자기들은 사이에 끼어서 꼼짝달싹
못하고 전멸이니까요. 급한 마음에 도망하느라 아무것도 챙기지 못
한 것이죠. 그러고 보면 아람 군대가 정보전에 있어서는 좀 어두웠
나 봐요. 먹을 것도 없는 사마리아 성에서 무슨 돈으로 외부 병력을
사나요? 또 무슨 힘이 있어서 공격을 주도하나요? 하여튼 오해로 인
해 도망간 아람 군대 덕분에 이것을 가장 먼저 발견한 나병환자 네
사람은 그야말로 횡재를 했죠. 만약 이들이 아니었다면 사마리아 성
안의 사람들은 죽을 때까지 그곳에서 '아람 군대가 언제 물러가나'
한탄하고 있었을 겁니다.
  네 사람의 나병환자는 그야말로 신바람이 났습니다. 실컷 먹고 의
복을 걸치고 금은보화를 챙겼습니다. 그러다가 문득 성 안의 사람들

신앙, 그 순례의 여정

이 생각난 거죠. 자신들의 동족이요 한때 이웃이었던 그 사람들, 그러나 그들은 '나병'이 걸렸다는 이유로 네 사람을 공동체 밖으로 쫓아낸 이들이기도 합니다. 어찌 서운함이 없었겠습니까? 인간적인 생각으로는 금은보화를 챙겨서 다른 곳에 가서 떵떵거리고 살까, 싶기도 했을 겁니다. '나병'을 천형으로 여기지 않는 곳이 있을 수도 있고, 혹은 돈이면 병쯤은 아랑곳하지 않고 굽신거릴 사람들도 있을 테니까요. 하지만 네 사람의 나병환자들은 다른 가능성을 생각하지 않았습니다. 오히려 자신들을 버렸던 이스라엘 백성을 떠올립니다. 미우나 고우나 그들은 동포요 형제자매였으니까요. 그들이 나눈 대화는 참으로 감동을 줍니다.

> 나병환자들이 그 친구에게 서로 말하되 우리가 이렇게 해서는 아니되겠도다 오늘은 아름다운 소식이 있는 날이거늘 우리가 침묵하고 있도다 만일 밝은 아침까지 기다리면 벌이 우리에게 미칠지니 이제 떠나 왕궁에 가서 알리자 하고(열왕기하 7:9).

사람의 마음씨가 어찌 이리 고울 수 있을까요? 사마리아 성 안의 고통이 어떠한지 뻔히 알면서 밝은 아침까지 기다리면 자신들에게 벌이 내릴 것이라 말합니다. 그들은 급히 가서 기쁜 소식을 전하자고 합니다. 그들은 나병환자가 결코 들어갈 수 없는 바로 그 성안으로 살리는 소식을 전하기 위해 서둘러 뛰어갑니다. 저는 그 발걸음이 언뜻 게하시의 발걸음과 비교가 되었습니다. 자기와 자기가 속한 공동체의 영달을 위해 뛰어가는 게하시의 영민한 발걸음과 비교되는 발걸음이라고 생각해요. 자신들만 잘 살 수 있음에도, 그 가능성을 버리고 사람들을 살리려 긴박한 발걸음을 옮기는 네 사람의 마음이 참으로 아름답습니다.

너희들이 우리에게 어떻게 했지? 하루쯤은 더 고생해 봐라. 그런 마음을 품을 수도 있었을 겁니다. 자기들이 병이 걸렸을 때에 모진 소리를 했던 사람들의 얼굴, 등 떠밀며 성 밖으로 내몰았던 사람들의 몸짓이 생생하게 떠올랐다면 말이죠. 너희도 좀 당해 봐라. 그런 생각이 왜 들지 않겠습니까? 그런데 오히려 한시가 긴박하게 그들에게 좋은 소식을 전하러 가다니! 네 사람의 마음이 참으로 아름답습니다. 이것이 바로 여호와께서 기뻐하시는 바, 살리는 신앙이며 살리는 선택입니다. '기쁜 소식'(복음)을 전하기 위해 달려가는 걸음은 참으로 아름다운 발걸음입니다. 비록 나병이라는 피부병 때문에 외관상 아름다워 보이지 않을지라도, 하나님께선 중심과 마음을 보십니다. 그들은 하나님께서 보시기에 그 누구보다 아름다운 사람들이었음에 틀림없습니다.

문전박대를 각오하고 달려간 발걸음이건만, 성 안의 사람들은 그들이 전한 소식을 처음에 믿질 않았습니다. 뭐 눈에는 뭐만 보인다더니, 평소 그들에게 모질게 굴었던 성 안의 사람들은 그리 생각했을느지도 모릅니다. "저것들이 스파이일지도 몰라. 아람 군대들은 매복전을 하고 저들을 통해 우리를 꾀어내는 작전이면 어떻게 해?" 하여 선뜻 믿지 못하고 정탐꾼을 조금만 보내어 사실을 확인하지요.

아람 군대가 떠났다는 것을 안 성 안의 모든 사람들은 한꺼번에 우르르 뛰쳐나갔습니다. 거의 통제 불능의 상황이었죠. 모든 사람들이 음식을 취해 오는 바람에 성안에 음식이 넘쳐나게 되었고 음식들의 가격이 내려갔습니다. 엘리사가 말했던 예언이 들어맞게 된 것이지요.

임마누엘, 구원을 믿는 마음

해피엔딩입니다. 그런데 정말 이 본문은 해피엔딩일까요? 여기서 우리가 생각해 볼 것은 7장의 끝 부분입니다. 앞서 말씀드린 장관의 이야기로 이 에피소드가 마무리됩니다. 보통 긴 이야기를 구성하는 데 있어서 끝마무리는 매우 중요하죠. 보통은 이야기의 주제가 거기 담겨있기 마련이에요. 그런데 별로 중요해보이지 않던, 그래서 이름조차 언급되지 않은 한 장관의 이야기로 마무리가 되다니. 이 장관에게 도대체 무슨 일이 벌어진 걸까요? 결론은 상당히 충격적입니다. 이 장관은 왕에게 질서를 위해, 성의 출입을 관리하자고 제안합니다. 성경 본문에 따르면 그는 성의 출입을 관리하다가 백성들에게 밟혀 죽고 맙니다. 장관이 엘리사의 예언을 믿지 않았을 때에 엘리사가 그에게 한 말이 있습니다. "네가 그것을 네 눈으로 보겠지만, 그것을 먹지는 못할 것이다"(열왕기하 7:2). 아니, 그가 여호와께서 기적적으로 주신 그 음식을 먹지 못한다고 한 말이 죽음을 의미할 줄이야. 엘리사의 말이 이루어지기는 했는데, 너무 끔찍한 결말입니다. 정말 이 사람의 불신앙이 죽음에 이르게 할 정도로 큰 죄였을까요? 제 생각에 이것은 저주의 말씀이라기보다는 "너의 불신앙으로 말미암아 구원의 기쁨을 함께 누리지 못하겠구나." 하는 엘리사의 안타까운 마음의 표현이었던 것이 아닐까 싶어요. 설마 "비아냥거리면 밟혀 죽는다"는 메시지를 저렇게 돌려 말했겠어요?

물론 7장의 구조 전체는 네 명의 나병환자 이야기가 빛나도록 꾸며져 있습니다. 끔찍한 굶주림의 이야기로 시작해서 불신앙의 사람이 죽는 이야기로 끝나지만, 이야기의 중심에는 공동체로부터 사람 대접을 받지 못했음에도 불구하고 "살려라"라고 긴박하게 명령하시는 하나님께 응답하고 순종하는 아름다운 네 사람이 있습니다. 자신들에게 상처를 준 백성에게조차도 복음의 기쁜 소식을 알리려 달려가는 선택이 얼마나 귀한지요. 그러나 7장은 마지막까지도 네 명의 나병환자가 이후 어떻게 되었는지를 기록하지 않았습니다. 엘리사가 그들을 축복하여 병을 낫게 해주었다면 더욱 빛나는 일화였을 텐데. 오히려 그런 아름답고 감격스런 엔딩 대신에 여호와의 구원 사역을 믿지 않고 비아냥거렸던 장관의 죽음으로 끝을 맺고 있지요.

이 서사 구조가 주는 교훈은 무엇일까요? 성경 어디에도 네 사람의 나병환자가 이후 어찌 살았는지에 대한 이야기는 나오지 않습니다. 그들의 나병이 고침을 받지 못했다면 그들은 다시 사마리아 성밖으로 쫓겨나야 했을 겁니다. 예수께서 "엘리사에게 고침 받은 나병환자는 오직 나아만 장군 뿐"이라고 회상하셨으니, 정황상 이 네 사람의 나병이 나은 것 같지는 않습니다. 바로 이러한 이유 때문에, 저는 이 말씀이 더 깊은 차원의 신앙을 증거하고 있다고 보았습니다. 보상이나 대가를 바라지 않고 '그럼에도 불구하고'의 신앙을 갖는 것이 가장 깊은 차원의 신앙이 아닐까요. 우리의 신앙은 보상에 있지 않다는 것을 기억했으면 합니다. "내 삶의 조건 가운데 '살리는 선택'을 할 수 있었다면 그것으로 족합니다. 그 기쁜 소식을 전할 수 있음에 감격할 뿐입니다." 필시 네 사람의 나병환자는 이런 마음이었을 겁니다.

마찬가지로, 비극적인 장관의 죽음을 보면서 결과론에 빠지지 않은 채 우리가 명심해야 할 교훈이 있다고 봅니다. 즉, 그의 죽음이라는 결과 자체보다는, 그 장관이 자기 귀에 들린 구원의 기쁜 소식을 믿지도 기뻐하지도 않았다는 점입니다. 누가 자기보고 홀로 나가서 아람 군대와 대적하라고 했나요? 아니면 밀가루를 빼앗아 오라고 했나요? 내일 이맘때에 백성들이 굶주림으로부터 놓여날 것이라는 그 기쁜 소식을 듣고서 "여호와께서 하늘에 창을 내신들 그게 가능하냐?" 이렇게 비아냥거릴 이유가 무엇이 있겠습니까. 이런 마음은 불신앙을 넘어 이웃을 향한 사랑이 없음을 드러내는 구절이 아닐까 싶습니다. 아람 진영이 텅 비어있음을 확인한 백성들이 저마다 달려나갔을 때도 그렇습니다. 여호와께서 은총으로 주신 먹거리인데, 그걸 왜 인간—왕의 규율로 관리하려 하나요? 은총은 그저 은총으로 감사히 받으면 그만인 걸요.

마술적 신앙과 이스라엘 신앙은 반대 방향에 있다고 말씀드렸지요. 우리를 살리시거나 죽이시는 것은 하나님의 온전한 선택입니다. 우리는 하나님의 선택을 조정할 수 없습니다. "살려라"라는 하나님의 말씀은 내 현재 상태와 상관없이 우리가 순종해야 할 하나님의 절대명령입니다. 그리고 그 순종을 보여준 것이 네 명의 나병환자 이야기였습니다. 이 네 사람이 어떻게 되었는지 나오지 않은 것이 어쩌면 더 깊은 교훈을 주고 있다고, 저는 그리 믿습니다. 네 사람이 살리는 선택을 하여 아름다운 발걸음을 시작했을 때 이미 그들에게 보상이 이루어졌다고 생각합니다. 하나님께 그들은 기쁨의 존재였습니다.

우리는 자주 스스로 생각하기에 하나님이 기뻐하시는 일을 했다고 여기는 순간 하나님의 보상을 바라곤 합니다. 그러나 전적으로 모든 일을 하나님께 맡기고 우리는 그저 '선한 믿음'을 가지고 '살리는 선택'을 하면 되는 겁니다. 그러나 무엇보다 먼저 우리들이 해야 할 것은 우리의 근원에 대한 존재를 기억하는 것입니다. 여호와를 향한 전적인 신뢰를 잃지 않는 것입니다. 이러한 절대적 신앙은 마치 하늘을 향해 두 손을 공손히 펼친 모습과 같습니다. 인간의 능력 너머의 것들에 대해 여호와께서 넉넉히 주실 것을 믿으며 두 손을 펼치지만, 우리에게 살포시 선물로 놓아주시는 것들은 사람이든 물질이든 움켜쥐면 안 됩니다. 하늘을 향해 겸손히 편 우리의 손을 움켜쥐는 순간 그것은 탐욕이 됩니다. 행여 놓였던 것을 여호와께서 다시 가져가셔도, 그건 여호와의 선택이십니다. 사람에게는 사람의 몫이 있을 뿐 우리가 하나님의 권한을 넘보거나 그분을 조정하려들면 안 되죠. 그리 아니하실지라도 언제나 하늘을 향해 두 손을 펼치고 사는 신앙인의 여정, 그것이 우리의 삶인 것이죠. 우리가 살아가는 생의 길목에서 우리는 어떤 기회들을 얻을지 모릅니다. 그러나 그것을 오로지 나의 탐욕만을 위해 움켜쥐지 않았으면 좋겠습니다. 내 노력과 상관없이 선물처럼 주어지는 축복을 그저 겸허하고 순수한 마음으로 받았으면 좋겠습니다. 인간적으로 계산하고 조정하려 들지 말고요. 하늘의 은총을 함께 누리지 못하고 비극적인 최후를 맞았던 그 장관 같은 삶이면 얼마나 슬플까요?

흔히들 인생을 길에 비유합니다. 신앙인의 인생은 천국으로 향하는 순례의 여정이라고요. 그 길을 걷는 동안 우리는 별별 사람들을 다 만나겠죠. 우리를 멸시하고 해코지하고 쫓아내는 사람들도 있을 거예요. 두고 봐라, 성공해서 복수하마! 분한 마음에 이렇게 불끈 주먹을 쥐게 되는 만남들도 많겠죠. 하지만 그런 마음이 들 때마다 우리, 기억하기로 해요. 사람들이 자신들에게 어찌 대했든 상관없이, 먼저 경험한 기쁨을 얼른 전하려 발걸음을 재촉했던 네 사람의 나병 환자를요. 우리의 발걸음이 그랬으면 좋겠습니다. 내가 살릴 수 있을 때 기쁜 마음과 빠른 걸음을 재촉하며, 그렇게 서로에게 복음의 전령이 돼서 말이죠. 그렇지만 이는 우리의 이성과 감정만으로는 불가능하겠죠? 그러니 답은 언제나 '임마누엘'입니다. 주님께서 우리에게 살리는 선택을 하는 선한 마음을 주시기를 매일 기도합니다.

기도

여호와 하나님, 네 명의 나병환자들로부터 귀한 가르침을 배웁니다. 공동체로부터 멸시받고, 부정하다는 이유로 쫓겨난 네 명의 나병환자들은 그 멸시와 천대를 기억하지 아니했습니다. 그들 삶의 근원이신 여호와 하나님을 기억하고 살리는 선택을 했던 아름다운 발걸음을 저희 마음에 새깁니다. 저희들로 하여금 세상적인 대가나 보상에 연연하지 말게 하시고, 어떤 상황이 오더라도 '살려라' 말씀하시는 가장 근원적인 당신의 명령에 응답하는 신앙인이 되게 하여 주시옵소서. 예수님의 이름으로 기도합니다. 아멘.

보상이나 대가와 상관없이, 살리려 서두르는 발길은 아름답습니다. 하나님께서 그를 기뻐하십니다.

신앙, 그 순례의 여정

신앙, 그 순례의 여정

1판 1쇄 인쇄 2017년 2월 1일
1판 1쇄 펴냄 2017년 2월 7일

지은이 백소영
펴낸이 한종호
디자인 임현주
인 쇄 제이케이프린팅

펴낸곳 꽃자리
출판등록 2012년 12월 13일
주소 의왕시 전주남이 4길 17, 102동 804호(오전동 동문굿모닝힐아파트)
전자우편 amabi@daum.net
블로그 http://fzari.com

Copyright ⓒ 백소영 2017
* 이 책은 저작권법에 따라 보호받는 저작물이므로 무단 전제와 복제를 금합니다.
* 저자와의 협의에 따라 인지를 생략합니다.
* 잘못된 책은 바꾸어 드립니다.

ISBN 979-11- 86910-11-5 03230
값 16,000원